U0024849

一個校長的思考（一）

教育的職業與志業——
清華文史與校務

思考
校長的
一個
一

陳力俊——著

自序

　　本人於2010－2014年擔任清華大學校長，期間將在各種場合致詞或演講（後通稱致詞）全文，載於清華官網，凡370餘篇。卸任後，逐步將其轉載於部落格中；本欲以一年期陸續上傳，意外發現拜現代科技飛快進步之賜，上傳文章可同時編錄，計畫提前完成。其後在許多場合致詞也一併轉載於部落格，以與同儕友朋共享。因致詞內容多以一個校長的立場出發，故部落格名稱維持原名「一個校長的思考」不變，也沿用為本書的書名。

　　出版本書的發想，大約始於五、六年前，先是有一位大陸籍作家在清華官網上看到一些致詞稿全文，主動來函建議出版，並表達負責編輯意願，當時認為出書應是卸任以後的事，暫時擱置，最後輾轉作罷；卸任後，也屢有朋友關心出版事宜，並也曾與可能的編者晤談，遲遲未能進行，似總缺動力與急迫感；很大一部分因素，還是對是否值得出版有所疑慮；最後想到本人在學術界浸淫超過四十年，堪稱長年好學深思，擔任過中央部會政務官，又有幸擔任一流大學校長，歷程思維或有為他人參考之處。另一方面，也可將出書視為不過是對過往行述，留個紀念，與親朋好友分享，不須顧慮太多。決心一下，拜現代文書處理與印刷科技之賜，在黃鈴棋小姐編輯協助下，約花半年時間編輯，即將面世，也算完成久繫心頭的一項心願。

　　擔任大學校長，在校內外致詞機會很多。本人初任校長時，認為某些致詞，攸關治校理念與施政的宣導，宜將整理過的文稿公布於官網上；最先是想借重學校相關單位在重要場合的全程錄影，請工讀生逐字錄稿，再加校正，後來發現曠日廢時，口語與書文差異又大，校正一點也不輕鬆；於是改為自行於事後依致詞大綱撰寫全文，一段時期後發現，如果能於事前將草稿寫就，不僅事後僅需做小幅修正，演講時，不須看稿，通常也都能將重點清晰表達，最後，則只要時間允許，儘量於事前寫就文稿，可以蒐集資料，參考文獻，從容

整理思緒，考慮較為周全，立論較為精準，效果最好；而且事後只須補足臨場發揮的部分，不需再多花很多時間，慢慢養成習慣。這些演變，也可對照本人在校長任內致詞稿篇數，從第一年到第四年，由21、56、130到164篇，逐年增加，而後兩年又遠比前兩年多可看出，反映後期才比較完全的整理並收錄致詞稿。

致詞稿由收錄到出版，可以說完全由於擔任校長的機緣。在擔任校長之前，以不同身分，在校內外也有許多機會致詞或演講，除極少數場合，都沒有寫出文稿並發布收存，所以原來並沒有寫致詞稿的需要與想法。倒是致詞時尚能把握受惠於高中時期一位師長的所叮嚀的原則，就是事前想好內容大綱，演講時較有條理，並減少疏漏；另外自我期許的是儘量不講重複的話，有意義，以免流於陳腔濫調；再者希望能為聽眾提供新知，具啟發性，以免浪費大家的時間；在致詞技巧方面，也漸會考慮聽眾的興趣，並加上一些橋段，如名言佳句、趣味新聞、抽樣問答，帶動氣氛，吸引注意力。這些不僅是由經驗累積，也由閱讀他人演講心得，而逐漸改進，進而樂在其中。也算是擔任校長期間成長的一個見證。

在擔任校長期間，一次與新加坡大學交流之時，得知其校長室設有專任寫稿祕書，俗稱文膽，兩名，頗能對照台灣的大學苦於缺乏資源，難有合適專人代為撰稿。但若從另一角度觀察，有專人寫稿，只需稍加潤飾，臨場照本宣科，固然省不少時間，但也比較容易流於形式，而常不能真實表達當時的想法，同時也剝奪省思相關議題的機會。這本書的成形，可謂受惠於資源短缺的環境，再加上自己有意善用致詞機會，整理思緒，有所宣示，並不浪費聽眾時間，「賽翁失馬，焉知非福」，此之謂也。

本書能順利出版，承蒙多位同仁協助。首先是原載清華官網所有致詞稿件均經彭琇姬祕書細心校對，同時書中所附照片，多勞清華各處室同仁費心蒐集，在此一併致謝。最後我要深切感謝現為清大中文系博士生的黃鈴棋小姐，名為業餘，但實際相當專業的精心編輯，讓本書得以問世。

目次
CONTENTS

五、新生講習

六、畢業典禮

七、各項學生活動

八、運動賽事

九、百人會與校友

一、全校性事務

紀錄就職與卸任校長職務的自我期許與心路歷程。同時收錄擔任校長期間參與校慶大會、新春團拜、校務發展議程等全校性事務的致詞,綜述清華大學2010至2013的校務發展成果。

校長就職典禮致詞

2010年2月1日　星期一

　　林次長、陳文村校長、曾志朗政委、張進福政委、劉兆漢副院長，各位清華前校長，各位學界的校長、前校長，新竹市許市長、宜蘭縣林縣長及各位產業界、研究界、學術界的先進，各位同仁與同學：

　　剛才看到林次長沒有用講稿，卻如數家珍的講出清華的豐功偉績、陳文村校長的卓越績效，甚至本人的履歷，絲毫不差，我其實準備了一個講稿，不曉得應不應該拿出來，後來看到陳校長拿講稿出來，我想我也可以放心拿出來，以免漏掉一些該講到的重要事務。

　　非常感謝各位來參加今天的交接典禮，本人與陳文村校長約於三十年前同時到清華任教，又約在同時於清華擔任院長職務，是多年老友，陳文村校長在擔任校長期間，我也有約兩年半的時間擔任台灣聯合大學系統副校長，對陳文村校長用心辦學，而且績效卓越有著深刻的了解，今日接下校長重任，非常感謝文村校長在過去四年打下的良好基礎，謹在此代表清華致上最深的謝意，也祝福文村校長未來一切順利，相信陳校長未來必然繼續給予清華最大的助力。

　　在清華大學校長遴選過程中，我曾經向清大師生及校友提出一個努力方向，讓清華成為世界級卓越大學的四個願景：人文薈萃的學術殿堂、博雅與專業人才的培育場域、創新科技的發展重鎮，以及多元進步社會的推動基地，希望充分運用優勢，將清華打造為華人地區首學，世界一流學府。在八項關鍵策略目標中，最重要的是以人才為本，延攬孕育一流人才的優良師資，不僅在研究教學服務上有優異表現，更能吸引與培育優秀學生，造就傑出的校友，其他在提升教學品質、強化課外活動功能、改善基礎措施、積極開發新校區、推動研究應用及整合區域資源目標上，都希望能逐步落實。

績效評比有助自我策勵提昇，我們知道有一流的評鑑才有一流的績效，校務發展雖不易立竿見影，但擬定適當的績效指標，將有助於努力的聚焦，將檢討清大現有教師、學生及畢業生的表現、重點領域發展、產學合作、研究經費及國際化績效指標，著重質的提升，而非量的增加，做為推動校務的依據。

　　清大在近期內面臨與新竹教育大學合校、新竹生醫園區開發，以及大新竹文化科學城建設的三個重要歷史契機，清大將竭盡全力，與友校、政府相關單位及地方機關緊密結合。本校與新竹教育大學合校，仍有一些問題尚待解決，如果教育部能給與適當協助，相信能夠順利進行；生醫科學園區的推動，與清華生醫相關領域發展息息相關，我們要好好把握這個機會，去年全國科技會議通過在新竹試辦高等研究園區，並在全國科技發展方案列為院管計畫，由國科會主導規劃，希望未來能夠積極推動，付諸實現，另外，本校與台聯大系統的互動，是一個非常獨特的機會，我們可以利用匯聚的資源，創造學校的利基。

　　本人上任後擬立即推動的兩個事項，第一個要打造清華成為新能源綠色校園，針對本世紀人類面臨嚴峻的氣候變遷、能源短缺問題，希望善盡學校力量做出回應，本校在三十年前即已推動電動車計畫，目前為全國唯一具備核能培育人才系所與研發中心的大學，早已奠定良好的基礎，未來在響應政府節能減碳政策，配合能源科技與國家型計畫的推動下，整合全校能量，結合產研界資源全面推行，希望在短期內成為國內新能源綠色科技的重鎮。第二個是綜合體育館的建設，本校現有設施是在只有六千名學生時完成，目前清大學生已達一萬兩千五百人，體育設施嚴重不足，明年適逢清大百年校慶，希望能借重校友的力量，成立清大「百人會」，以每位會員校友捐贈一百萬元的計畫，加上其他的捐助，共同募集建造總經費達一億七千萬元的綜合體育館，並以清大百週年校友紀念體育館命名。今天在場我們有許許多多的校友，其中很多是百人會潛力會員，等一下就可以開始行動了。

　　最後，我特別要感謝三位貴人，每個人的生命中都會碰到許多貴人，有人說「讀萬卷書不如行萬里路，行萬里路不如閱人無數，閱人無數不如貴人指點。」在我生命中特別要感謝的三位貴人，一個是我的母親，母親在我三歲時跟父親因戰亂而分開，獨自辛苦扶養我跟兄姐長大，她不幸在差不多三十年前過世，我相信她如果今天在場會非常的高興，另外，我要謝謝我在新竹中學的校長辛志平校長，他是我多年來做人、做事的榜樣，他所樹立的典範，對我一

生影響至大，最後，我要謝謝我的太太，她總是無怨無悔，讓我能夠做我最感興趣的事情，在背後默默支持從不抱怨。在學校裡，學生常把老師當成他的貴人，事實上，有許多學生是協助老師把工作做好，也是我生命中的貴人，今天在場的很多清華校友，包括本人的學生，可能有五、六十個在場，很多都是我的貴人。

今天承蒙大家的光臨，一起見證清大的新里程碑，隆情高誼，也是清大的貴人，希望在諸位貴人的協助下，清大的校務能蒸蒸日上，最後，祝福大家身體健康，萬事如意，謝謝大家。

▲①清華大學卸任、新任校長交接印信
②希望充分運用優勢，將清華打造為華人地區首學，世界一流學府
③歷任校長合影
④與祝賀學生合影

校長的話

　　清華大學有輝煌的歷史與光榮的傳統，建校可溯至民國前一年（西元一九一一年）的「清華學堂」，乃由清廷將美國退還尚未付足之「庚子賠款」設立，經多年慘澹經營，人才輩出，包括兩位諾貝爾獎得主李政道、楊振寧以及有數學諾貝爾獎之譽的沃爾夫獎得主陳省身等校友。民國四十五年在台灣新竹復校，復校初期重點為原子科學，其後擴展至理工方面，近二十幾年來更積極發展人文社會、生命科學、電機資訊與科技管理領域科系；如今清華已成為一人文社會、理、工、生科、管理領域均衡發展的學府。在台已造就英才超過五萬人，在國內外各行業均有優異表現，校友包括諾貝爾獎得主李遠哲、中央研究院院士十二人，產學研界領袖不可勝數。

　　清華大學的教育目標為：秉持「自強不息，厚德載物」校訓，致力培育德、智、體、群、美五育兼優，具備科學與人文素養的清華人。學校除正規專業與通識課程，提供智、體、美育學習鍛鍊的機會，更藉由導師輔導與課外活動提升道德感、價值觀念與群我互動關係，全力打造清華校園為人文薈萃學術殿堂，博雅與專業人才培育場域，創新科技研發重鎮以及多元進步社會推動基地。同時積極延攬優秀人才，增強師資陣容，提升研究、教學、服務品質，培育優秀學生，同時提供豐富校園生活以及激發學生成長機會，改善基礎設施，營造卓越研究環境，加強產學合作研究，推廣人性關懷科技，把握區域優勢，整合資源。而為面對地球暖化、能源短缺的挑戰，全面啟動「新能源綠色校園」計畫，有效整合現有優勢與資源，使清華成為台灣能源科技以及維護人類社會永續發展的重鎮。

　　在許多學術指標上，清華教師表現均為兩岸三地大學第一。近年來教育部推動頂尖大學計畫，清華每位學生平均獲得全國各大學學生中最高額補助。

「台灣能有大學進入世界前百大」是近年重要的教育政策之一，但觀諸全球大學，根據英國泰晤士報調查，教師規模在1,000名以下的大學，本校排名第37名；而如以教師規模700名以下的大學來評比，本校更排名第11；因此如果台灣希望有大學能夠進入全球前十大，「清華」絕對是唯一的選擇。現階段努力方向是打造華人地區首屈一指學府。

清華過去已有許多開創性的教育規劃，如多元、跨領域學程，領先全國的通識課程設計，最近則有大一不分系雙專長計畫、繁星計畫、國際志工、國際交流學習等計畫。在長年思考改進本校大學部教育，並參考世界著名學府措施後，本校「大學部教育改進工作小組」針對教育目標以及校園生活、共同必修課、通識教育作全面性檢討，已提出整體性改進方案，正陸續施行中。於此過程中，老師是潛能的激發者與引導者，學校致力於結合校內、外與校友資源，期許學生們在清華學習環境中，經由輔導，擴大生活體驗，思索及討論重要議題，參與社會關懷活動，培養獨立思考能力，增長計畫規劃能力與執行力，強化挫折復原力以及人際互動與合作精神。

大學的英文是university源自拉丁文universus（宇宙），代表大學經驗不受時空限制，歡迎同學們，在完成高中學業後，選擇「清華園」作為求知識、求真理的殿堂，清華的優質學習環境，陪伴你體驗豐富的校園生活，「仰觀宇宙之大，俯察品類之盛」，充實自己，以「究天人之際」，得以在未來的人生舞台上「通古今之變，成一家之言」進而
「己立立人，己達達人」。

▶ 現階段努力方向是打造華人地區首屈一指學府

2010年清華建校99週年校慶大會致詞

2010年4月25日　星期日

　　非常歡迎大家參加清大在台建校54週年的校慶典禮，唐朝的天才詩人王勃描述「滕王閣」中聚會說，勝友如雲，高朋滿座，正是今天這個盛會的寫照。

　　清大過去一年在師生同仁、校友及各界支持下，在各方面有相當亮麗的表現，根據去年泰晤士報世界大學排名統計，如果教師人數在700人以下，清大是全世界第11名，如果教師人數在1,000人以下，是第37名。清大在各方面的表現，如果以人均來看，位居兩岸三地第一。而今年年初5年500億計畫評比，清華也再度得到了優等的佳績。

　　時常有人會問，清大的特色為何？我可以歸納成三項：一個是「人傑地靈」，清大在政府支持下於新竹建校，因為庚子賠款經費的挹注，所以能夠延攬最優秀的師資，中研院李遠哲前院長在很多場合提及，當年最優秀的師資都集中在清華，而這個優秀的傳統也一直延續到現在。今天早上跟畢業40週年值年校友聚會時，我也特別提到，清大在台灣能夠迅速變成首屈一指的學府，主要是當年最優秀的莘莘學子都集中在清華，有最優秀的師資，最優秀的學子，當然產生了最優良的產品，也就是我們的校友。

　　清大有優美的校園，座落在科學園區的中心，與科學園區的建造成功，有很密切的關係。當年園區的設立，還是徐賢修前校長在國科會主委任內完成，歷任的局長、副局長，還有國科會主委，以及督導園區的副主委，很多都是清華的同仁。工研院前三任及現任院長，有三任院長曾是清大的教師，目前國研院院長也是清華人，清華有著天時、地利、人和的優勢。

　　清大跟北京清華同根同源是學校的另一特色，根據最近遠見雜誌的調查報導，大陸大學生的家長認為北京清華是大陸最好的大學，而新竹清華是台灣最好的大學，有13億人口的認同，我們有很大的優勢。今年學校跟北京清華有聯

合研究計畫，雙方各約出資2,000萬進行聯合研發，明年我們準備成立「兩岸共同實驗室」，以東方的貝爾實驗室期許，同時，我們也積極規劃從大學到碩士班的「雙聯學位」，目前已完成具體討論，只待政府法規鬆綁即可啟動，原訂目標是明年春天，但樂觀看來，可能今年新學年度就可以施行。

第三個特色是清華校務的推展極具創新性，我們有台灣第一個人文社會學院，第一個生命科學學院，第一個科技管理學院，還有第一個最完整的通識教育學程。推出的繁星計畫，造福到弱勢族群，現在已經由政府推動，並普及到全國大專院校。清大在兩年前推動「清華住宿學院」，仿效歐美名校住宿學院的方式，在生活教育上，我們有專任導師及輔導員，跟學生住在一起進行系統化的輔導，將近兩年的推行期間，展現了可圈可點、有聲有色的成果，所以今年我們決定擴大實施，成立「厚德書院」及「載物書院」，以後也將陸續增加到「自強書院」、「不息書院」，預期會成為台灣高等教育突破性的典範。

最後我要特別提到，清大有今天的成就，要感謝很多傑出校友的貢獻，當然清大的校友遍布在全世界各個不同的行業，有很突出的表現。昨天在與今年選出的傑出校友聚會時，我曾提到：在美國有一個研究結果，如果你得到同儕的高度肯定，最少比別人多活許多年，所以今天要更恭喜今年的傑出校友。

目前學校正在推動兩項重要的工作：「新能源綠色校園」及「多功能體育館」的建造。清大的校友在新能源綠色產業占有重要的地位，對母校的協助也很多，由葉副校長召集的推動小組，最近已經完成規劃，預計通過校內相關會議後將全面實行。而多功能體育館的興建，肇因於現有體育場館的設計是配合當年6,000位學生的需求，現在學生人數已遽增到12,000位，所以對活動場館的需求非常迫切，我們希望利用成立「百人會」的概念，來促成多功能體育館的建造，百人會是希望召集100位校友，每人最少捐贈100萬元。「百人會」活動在二月底開始推動以來，進展非常順利，目前已經達到目標一半以上，剛才我在場外碰到范傳銘校友，他提醒我上次在老梅竹高爾夫球賽頒獎儀式中，他表達希望加入百人會會員，目前還沒收到學校通知，可以看出校友對母校的熱心與愛護，我也感謝曾子章會長，一個人就捐助5個單位，陳繼仁校友跟他的事業伙伴也捐助5個單位，在台上的陳鴻文校友，除了跟他的事業伙伴捐助600萬以外，還熱心邀集別的校友共同響應，在募款過程中有許許多多動人的故事，有的校友捐100元，有的校友捐300元，意義其實一樣重大，這些校友現在

沒有經濟能力，可是他們認為應該幫學校，幫學弟學妹做一些事，這就是清華人的精神。

　　對校友服務方面，清大一定不遺餘力。美國甘迺迪總統曾說過：「Ask not what your country can do for you, ask what you can do for your country」，不要問你的國家能幫你做什麼，要問自己能為你的國家做些什麼。而我們對校友的服務是「ask not what your alumni can do for you, ask what you can do for your alumni」，清華大學是要問校友，我們能為您做什麼服務，而不是問校友能為清華大學做什麼服務。

　　最後，再次恭喜今天的三位傑出校友，也非常謝謝曾政務委員、邱縣長、呂立委，還有伍院長，大家也許最近在報上看到「新竹生醫園區」的建設，因為他們的努力，終於把一度想將醫學中心轉變成國際醫療中心的規劃，讓政府在關鍵時刻有所改變，謝謝你們的幫忙。

　　最後，祝福大家身體健康，幸福快樂，清華校運昌隆，謝謝。

▶ 清大的特色是「人傑地靈」、與北京清華同根同源、校務的推展極具創新性

▲ 頒獎表現優異同學

▲ 與傑出及值年校友合影

2011年清華建校百年校慶大會致詞

2011年4月24日　星期日

　　首先歡迎及感謝各位來參加清華建校百年校慶大會。一百年前滿清政府在北京利用美國退還多索的庚子賠款建校，民國以後，在各方努力下以十幾年時間迅速提升清華為國內一流學府。五十五年前清華大學在原北京清華梅貽琦校長領導下在台建校，也迅速打造新竹清華為台灣頂尖大學。大學之大在精神之偉大，清華人秉持「自強不息，厚德載物」校訓，發揚光大，為民國史寫出燦爛新頁。

　　一世紀以來，清華勵精圖治，銳意進取。招收全國菁英學子，延攬名師，啟迪人才，造就風華。在大陸時期，校友與教師包括胡適、林語堂、梁啟超、王國維、趙元任，陳寅恪、馮友蘭、朱自清、錢鍾書、華羅庚、黃自、李政道、楊振寧、陳省身等，群星璀璨，其行誼與事績足以說明清華人對國家與社會重大貢獻。雖歷經時光流轉，精英之風采，長久留存。

　　在台灣，清華人在政治、經濟、社會、學術、教育各層面，在國家發展史頁上，同樣居功厥偉。在新竹清華園中，原北京二校門模型旁，有1923年畢業的孫立人將軍手植的杜鵑花樹。民國三八年，中原板蕩，國民政府播遷台灣，風雨飄搖之際，孫立人將軍正式就職臺灣防衛司令。三九年接任陸軍總司令兼臺灣防衛總司令至四三年。1921年畢業的吳國楨校友，三八年至四十二年擔任台灣省主席兼保安司令、行政院政務委員，一文一武分別擔任台灣軍政首長，為穩定台灣，建設台灣為自由民主基地奠定良好的基礎。近一甲子來，清華大學校友與教師中出了俞國華、劉兆玄兩位行政院長，四位教育部長，負責我國科學發展的國家科學委員會成立四十四年來，歷任十三位主任委員，包括最先三位，有六位歷時二十五年是清華人，原子能委員會成立五十六年來，歷任十位主任委員，有七位歷時四十四年是清華人，中央研究院自民國四十六年起，

五十四年來，歷任六位院長，其中四位即胡適、錢思亮、吳大猷、李遠哲四位院長歷時四十一年是清華人，台灣大學自民國四十年起，六十年來，前兩任校長，錢思亮與閻振興校長分別是清華化學系與土木系畢業生、任期長達三十一年。同時在學術界清華大學校友出了一位諾貝爾獎得主，十二位中央研究院院士。清華教師中，歷年來有十六位膺選中央研究院院士，十六位教育部國家講座，四十一位教育部學術獎得主，年輕教師中，有三十二位獲得國科會吳大猷先生紀念獎，得獎比例遠遠超過國內其他各校。

另一方面在世界科技產業聚落評比第一，去年產值高達兩兆一千五百餘億元的科學工業園區，是在本校前校長徐賢修校長擔任國家科學委員會主任委員任內設立。對我國產業發展有重大貢獻，有科技產業搖籃，執行長培訓所之譽的工業技術研究院包括現任院長在內的近四任院長，林垂宙、史欽泰、徐爵民三位院長都是清華人。在新竹清華校友中，至少出了五百位高科技公司總經理級高級主管，在新興產業如面板、發光二極體、太陽能電池產業更居舉足輕重的地位。另外台灣民主運動先驅殷海光先生、考古學巨擘李濟先生、文學大師梁實秋先生也都是清華校友。

清華人在各界發光發熱之外，在關係國家與地方發展議題，諸如環保議題、保育、永續發展，在高教諸多創新措施，如繁星計畫、住宿學院、成績等級制、原住民實驗班、國際志工、首先設立人文社會、生命科學、科技管理學院、通識教育中心，為學術、經濟發展與社會進步貢獻良多，贏得廣泛讚譽。

清華有輝煌的歷史與光榮的傳統，但不可諱言的是面臨許多挑戰，如延攬教師與招收學生吸引力加強，基礎設施改善，研究品質提升，國家重大計畫參與，永續科技發展，國際觀培養等。但我們有信心「追求卓越，精益求精」，我們有信心，因為：

清華擁有卓越、優秀的師生同仁。近年來，本校膺選中央研究院院士教師，無一不是在清華長久工作，以在清華的成績獲得殊榮，顯示清華有優異的工作、成長學習環境。去年中央研究院院士選舉，新科院士出自國內大學兩位中，清華人居其一；國科會「學術攻頂研究計畫」決審通過四件中，清華獲得兩件；「教育部國家講座」通過五位中，清華人占兩位；「中央研究院年輕學者研究著作獎」得主，出自國內大學六位中，清華人有三位，在在顯示清華師資的優異地位。

本校同學在指導老師領軍下，在國內外大賽屢傳捷報，如資工系學生團隊榮獲全球最大規模的超級電腦研討會「國際高速計算會議學生叢集電腦計算競賽」世界冠軍，動力機械工程學系學生團隊以綠能、輕便的個人載具「Legway」勇奪宏碁基金會與天下雜誌教育基金會合作舉辦「龍騰微笑競賽」第5屆冠軍，獎金200萬；在國內規模最大的「電信奧斯卡」加值服務應用大賽本校團隊以1冠、1亞、1季、1佳作共四個獎項，成為本屆最大的贏家。

我們有信心「追求卓越，精益求精」，因為清華擁有五萬多傑出而向心力極強的校友，勇於承擔「大學強則國家強、大學興則國家興」歷史使命，台灣社會體認教育為立國之本，對教育的支持力道逐漸加強：

在校友方面，本校工程與系統科學系（原核子工程系）1969級校友李偉德博士，於99年5月捐贈新台幣壹億伍千萬元協助興建「綠色低碳能源教學研究大樓」；物理系校友謝宏亮董事長，捐贈母校價值不菲的羅丹巨型銅雕「沉思者」；本校所發動之清華「百人會」，在校友會理事長曾子章先生率先捐出500萬元外，也促成旗下5家公司的清華校友總經理共同捐贈500萬元，而最後由校友遠東航空公司總經理慨捐一千萬元，達陣成功募得新台幣壹億柒仟萬元，用以興建「校友多功能體育館」；另一方面由企業界校友籌設的大清華基金，已募得三億元資金，將以部分獲利所得挹注母校。

在企業與個人支持方面，本校近年來陸續落成的台積館、台達館、旺宏館、合勤演藝廳、蒙民偉樓多蒙相關企業及個人，慷慨捐贈才得以實現。去年本校獲「東和鋼鐵」侯貞雄董事長捐贈貳億元設立「侯金堆講座」，作為延攬及留任一流人才的經費。旺宏電子公司，在捐贈三億元建設經費外，更加贈壹億元為內部裝修經費；另蒙匿名善心人士捐贈壹億柒仟萬元，協助本校興建生醫科技大樓；另一方面永安船務副總經理陳俊秀先生將收藏的五千餘件珍奇甲蟲標本，全數都捐贈給本校。清華受到各界支持，必當全力以赴，不負期待。

去年九月發佈的泰晤士報世界大學評比，清華位居第107名，在全台居冠。日前教育部第二期「邁向頂尖大學計畫」審議結果出爐，本校獲得12億補助，最近並蒙新竹市政府同意無償撥用緊鄰本校南校區5.63公頃文教用地作為本校新校區，使本校得以持續提昇軟硬體建設，強化教學、研究，並擴展國際化視野，在全校師生的努力下，成為華人地區首學、邁向世界頂尖大學的目標，將指日可待。

一百年前創建清華之時，正值辛亥革命前夕，滿清政府風雨飄搖，列強覬覦瓜分中國之際，如今兩岸清華欣欣向榮，化國恥為國光。期許攜手展望下一個百年，再接再厲，超越巔峰，再造驚奇，為台灣的高等教育與國際社會，帶來新契機。清華大學一本校訓「自強不息，厚德載物」之精神，不斷求新求變，在國內所有大學中，最具備晉升國際一流大學的條件與機會。展望清華校園中薈人才之新風流，開學術之新紀元，莘莘學子來自四方，集聚全球各地一流人才，培育出色前瞻創新人才，致力提升文化，服務社會，促進國家發展工作。面對未來百年人類生存重大挑戰，如人口激增，能源以及其他資源短缺，環境污染，地球暖化，能在科技與思想上有所啟發突破，對社會、國家、乃至全人類做出重大貢獻。

▲ ①大學之大在精神之偉大，清華人秉持，發揚光大，為民國史寫出燦爛新頁
②與傑出校友合影
◀ ③百歲清華Logo集錦

2012年清華大學建校101周年校慶大會致詞

2012年4月29日　星期日

　　很感謝與高興今天有許多貴賓與清華師生同仁以及校友來參加今年的校慶盛會。今天是百歲清華真正滿一百歲的大日子，清華校慶日是以1911年4月29日「清華學堂」開學日而定，循例於四月最後一個星期日舉辦校慶大會。4月29日與星期日碰在一起，以二十八年為週期，平均七年才一次，今年正是這特殊的年份。

　　今年更特別的是適逢梅校長逝世五十周年，梅校長一生奉獻給清華，在兩岸清華擔任校長二十四年期間，奠定了北京清華與新竹清華在兩岸分別成為數一數二名校的基礎，是兩岸清華永久共同校長。梅校長在擔任教務長期間，正是清華成立國學院，振動學術界之際；今天很歡迎清華國學院梁啟超、王國維與李濟三位大師與多位北京清華名師後人能蒞臨參加校慶活動。梅校長於1931年起擔任校長，更積極延攬大師級學者使清華迅速成為頂尖名校，到1941年，清華已有「中邦三十載，西土一千年」之譽。梅校長於56年前在台灣，從尋覓勘查校地到籌措經費，披荊斬棘，蓽路藍縷，創建新竹清華，從親自打字、照料抄寫蠟板、油印考卷、檢齊裝封、監考、閱卷、登記分數，圓滿完成招收第一屆研究生十五人開始，第二屆研究生中即有李遠哲先生日後榮獲諾貝爾化學獎，加上華人中最先獲得諾貝爾物理獎的李政道和楊振寧先生，使得清華成為華人地區唯一擁有三位諾貝爾獎得主的大學，而都出在梅校長任上，誠如名作家岳南先生所言：「這個人才輩出，碩果延綿不絕的局機，不是偶然」。為紀念梅校長逝世五十周年，學校正規劃一系列的紀念活動，包括系列演講、邀請名師後裔訪台以及在十月份舉辦為期兩天的紀念研討會，北京清華的陳吉寧校長已表示將儘量來台參加，屆時將會是兩岸清華盛事。

　　上月荷蘭萊頓大學（Leiden University）公布2011年萊頓世界大學論文引

用排行榜（Leiden Ranking），尤其影響指標及引用次數的面向觀察，不論是以「發表前10%傑出論文之比例」或是「標準化後平均被引用的分數」作為排名統計，本校都居臺灣9所入榜的大學之首，在亞洲104所入榜學校中排第18名。去年一年，清華師生同仁持續在教學與研究上表現卓越，獲得獎項與肯定無數，包括江安世教授榮膺國科會「學術攻頂研究計畫」全國僅通過兩件中之一件計畫主持人；賀陳弘、張正尚教授榮獲「教育部學術獎」；孔慶昌、杜正恭、洪世章、洪哲文、劉承賢、黃暄益、廖聰明、簡禎富等八位教授榮獲100年度「國科會傑出研究獎」；李瑞光、洪樂文、張孟凡、焦傳金、蔡明哲教授榮獲100年度「國科會吳大猷先生紀念獎」；陳建添教授獲聘為99年度「傑出人才講座」；湯學成教授榮獲2010年「中央研究院年輕學者研究著作獎」；黃惠良教授榮獲2010年「產業貢獻獎——個人獎」；李政崑教授榮獲2010年「產業深耕獎」；鄭建鴻、馬振基教授榮獲「侯金堆傑出榮譽獎」；果尚志、潘晴財教授榮獲「有庠科技講座」等。今年本校在頂尖期刊發表論文上，更是喜訊連連，迄今已被接受刊登於Science期刊論文一篇，Nature期刊論文兩篇，Cell期刊論文一篇，充分顯示本校研究實力。

在學生方面，去年總統教育獎得主、大專組八位得主中，包括本校資訊工程研究所莊靜潔同學及人文社會學院學士班沈芯菱同學，人社院趙雪君博士生榮膺去年十大傑出女青年。同時本校同學在指導老師領軍下，在國內外大賽屢傳捷報，如資工系學生團隊榮獲全球最大規模的超級電腦研討會「國際高速計算會議學生叢集電腦計算競賽」世界冠軍連莊榮譽；資工系學生團隊榮獲微軟全球潛能創意盃「嵌入式系統組」冠軍；本校阿卡貝拉人聲樂團「海鷗·K」，到韓國參加人聲樂團亞洲大賽，赴香港參加2011「香港無伴奏合唱比賽」，均順利為台灣抱回大賽冠軍等。

在硬體上，去年已完成之重大工程，包括：教學大樓（台達館）、學習資源中心（旺宏館）、一千床位的清齋學生宿舍……等工程。1969級李偉德校友捐贈協助興建的「綠色低碳能源教學研究大樓」即將動工；清華建校一百年來第一次由校友捐贈全部經費興建的體育館，也就是「百人會」促成的校友體育館，施工非常順利，三月五日在曾子章理事長與多位「百人會」會員見證下舉行上樑典禮，預計約半年時間即可完工啟用。目前其他進行或規劃中新建工程，包括：學人宿舍、創新育成大樓、生醫科技大樓、清華實驗室、一招B棟

新建工程等。清華實驗室規劃由材料系、化學系、化工系以及物理系四系進行跨領域的實驗研究使用，部分工程款由使用單位籌募，原目標兩億元，已募集一億五千萬元，目標已上看兩億五千萬元。在此要特別感謝陳繼仁校友經營的碩禾電子捐贈五千萬元，天瑞公司捐贈三千萬元，上緯企業蔡朝陽校友、承德油脂董事長李義發校友各捐贈一千萬元，化學系在系友會呂正理會長等人捐助下也順利募得三千萬的資金。同時百略科技林金源校友捐贈五百萬元為規劃中的社會創新中心種子基金，曾子章會長捐贈三百萬元為校友會活動經費；由企業界校友籌設的大清華基金，已募得三億元資金，今年以獲利所得六百萬元挹注母校。另一方面沈君山前校長之胞妹與妹婿以沈校長名義捐贈六百萬元，協助完成其在校園中設立奕園的願望，在在都見校友與社會人士對清華的殷切愛護。

　　五十年前梅校長在校長任內去世，正如曾任北京大學校長的蔣夢麟先生執椽祭文中所云：「人才之盛，堪稱獨步全國，貢獻之多，尤彰明而昭著，斯非幸致，實耕耘者心血之所傾注」。今後我清華師生同仁、校友當在緬懷光輝的過去之際，更應把握光榮的現在，全力以赴，創造光明的未來，繼續向成為華人地區首學、世界頂尖大學的目標大步邁進。

▶ 在緬懷光輝的過去之際，更應
　把握光榮的現在，全力以赴，
　創造光明的未來

▲ 與北京清華名師後裔合影

▲ 校慶午宴切蛋糕為清華慶生

2013年清華建校102週年校慶大會致詞
——續寫清華傳奇

2013年4月28日　星期日

　　歡迎大家來參加102年校慶大會；前天本校舉辦清華「鎮校之寶」之一的王國維先生長女王東明女士回憶錄「百年追憶」新書發表會，王女士今年高齡101歲，耳聰目明，每週仍票戲三次；王女士在剛抵達會場時說：「今天一進校門，就看到清華慶祝102年校慶旗幟，我如果早生一年，就跟清華同年」，王女士以健朗生命撰寫傳奇，不僅是清華人102年來過去在各領域創造傳奇的寫照，而且正承先啟後，繼續撰寫傳奇，方興未艾。

　　清華人的傳奇，在過去一年，本校各種活動，包括從約半月前開始，本校舉辦一連串的慶祝校慶活動中，時時處處都會有深切的感受；清華人內含的博大精深，對國家社會的貢獻重大而卓越；三月初清華國學院四大導師之一的陳寅恪先生三位女公子連袂來訪，而陳先生被譽為「三百年來史學第一人」，王國維先生學術成就「幾若無涯岸之可望、轍跡之可尋」；去年九月舉辦的「清華文武雙傑紀念會」紀念吳國楨與孫立人校友，在1949年，中原板蕩，國民政府播遷台灣，風雨飄搖之際，吳國楨省主席與孫立人將軍，一文一武分別擔任台灣軍政首長，對台灣社會政治、軍事局勢發揮了中流砥柱的作用，奠定後來穩定發展，建設台灣為自由民主基地良好基礎；去年適逢梅貽琦校長逝世五十周年，學校舉辦系列紀念活動，而於十月舉行「梅貽琦校長逝世五十周年紀念會」緬懷兩岸清華永久校長，梅貽琦校長是民國以來有數的偉大教育家，典範長存，永遠為人懷念。

　　4月10日為本校榮譽講座，有「華人世界新詩祭酒」之譽的鄭愁予教授辦的「八十壽誕詩樂禮讚」中，我們可以指出清華第二屆直接留美生胡適先生在民國八年出了中國第一本個人新詩集《嘗試集》；最負盛名的「新月詩社」，

除徐志摩外，胡適、梁實秋、聞一多、沈從文、葉公超、林徽因等人都是清華人，連「新月」之名也是受時任清華教務長的張彭春先生建議所取；另一方面，長期擔任清華中文系系主任的朱自清先生除為散文大家外，新舊詩都很有造詣，西南聯大時代的教師陳夢家、穆旦等都是有名詩人。因此清華在現代中國新詩發展中，有不可磨滅的地位；在各項藝術活動中，常會提起王國維先生是中國近代美學最早的開拓者；早在1902年，他翻譯日文書，用了「美學」、「美感」、「審美」、「美育」、「優美」、「壯美」等詞彙。

　　去年本校邀請前美國在台協會駐台北辦事處處長，也是第一位選擇在台長期定居的美國大使級外交家，司徒文博士在「通識講堂」演講；自然會想到在民國外交界大放異彩的清華人，有多位校友擔任駐外大使及公使，舉足輕重；在我國駐美大使中，知名度最高，貢獻最大的三位分別是胡適、葉公超、蔣廷黻先生，也都是清華人；另一方面，1905年至1909年任美國駐華大使的柔克義（William Woodville Rockhill）先生，在任上成功協助清廷駐美公使梁誠先生堅持將美國退還清廷多索的庚款作為高等教育之用，促成設立清華，功不可沒；在這個背景下，我很高興藉此機會向大家報告，司徒文博士已決定接受本校聘請，擔任「葉公超講座」；最新的清華人司徒文先生是英語文學博士，退休前是有三十四年資歷的資深外交官，曾經派駐巴基斯坦、黎巴嫩、南韓及澳洲，並曾兩度派駐北京的美國大使館。2009年至2012年間曾任美國在台協會台北辦事處處長，任內成就包含台灣獲加入免美簽計畫候選國以及促成美國資深官員來訪等，卸任後於台北美國學校任教，2012年7月17日獲頒我政府大綬景星勳章，同年8月1日獲頒表徵在台外國人士特殊成就的外僑永久居留證「梅花卡」。未來將主持本校預定設立的「亞洲政策中心」，將為本校在民國外交政策史上再寫傳奇。

　　清華在學術研究上，正在續寫傳奇；本校師生去年與今年本校師生在頂尖標竿期刊發表論文上，表現突出；去年全台以通訊作者份發表於「科學」（Science）與「自然」（Nature）期刊論文共七篇，本校即有四篇，占一半以上，超過「天下兩分，清華居半」的說法；今年到現在為止，清華已有四篇論文在Science期刊發表或被接受，也就是說本校在不到一年半時間已在Science與Nature期刊發表論文八篇，而與2007－2011年本校教師於此二期刊共發表七篇論文相較，進步驚人。另外今年一月底公佈的國科會傑出研究

獎，本校有十位教授獲獎，平均清華每100名教授就有1.59人得獎，獲獎人均值高居全國第一名，不僅高於居第二名學校人均值1.29，而且遠高於其他學校一倍以上。

清華學生也在續寫傳奇；資訊系同學甫於上週拿下首屆亞洲大學生超級電腦競賽第2名，在棒球與足球方面，均分別在大專棒球與足球聯賽中，拿到同級冠軍，男網與女網隊在昨天於宜蘭舉行之「大專運動會」中雙雙奪冠，桌球隊正在沉穩中衛冕，今年首屆「清華台大友誼賽」，本校也以9：5比數告捷；清華成為「體育大校」並非必然與偶然，而是清華秉持「白強不息」努力經營下的自然。

另一方面，新竹清華校友也在續寫傳奇，除了一位諾貝爾獎得主與十三位中央研究院院士外，在學術研究、教育、產業、公共服務上無不大放異彩，同時對學校的向心力極強；清華建校一百年來第一次由校友捐贈全部經費興建的體育館，也就是「百人會」促成的校友體育館，已與去年十一月十五日完工啟用；1969級李偉德校友捐贈一億五千萬元協助興建的「綠色低碳能源教學研究大樓」（綠能館），將於近日動工興建；由材料系、化學系、化工系以及物理系四系進行跨領域的實驗研究使用的「清華實驗室」，籌募經費以兩億元為目標，在各系校友強力支持下，基本上已達標，亦將於近日發包興建；在此要特別感謝陳繼仁校友經營的碩禾電子捐贈五千萬元，天瑞公司捐贈三千萬元，曾子章理事長長捐贈一千六百萬元，上緯企業蔡朝陽校友、承德油脂董事長李義發校友，正文科技陳鴻文與楊正任校友各捐贈一千萬元，而由企業界校友籌設的大清華基金，今年更以部分獲利所得八百萬元挹注母校。同時特別值得一提的是，在學校各項活動中，常可見到校友熱情參與，是清華的特色與寶貴資產。

在校園軟硬體建設方面，學習資源中心，總圖書館部分，於三月四日啟用，四月十一日則舉行了整個「旺宏館」啟用典禮，除總圖書館外，新的「國際會議廳」、階梯講堂、遠距教室、視訊會議室等也加入了學習中心的行列，使「旺宏館」成為一個更具學習功能的場館，而從新總圖開館以來校內校外佳評如潮看來，初步成效已顯示出來；沈君山前校長之胞妹與妹婿以沈校長名義捐贈六百萬元，協助完成其在校園中設立的「奕園」的願望，「奕園」已初步建設完成，預定6月1日正式開幕；同時在三個月以內將陸續動工的五大建築，

除「綠能館」與「清華實驗室」外，尚包括創新育成中心、生科三館與學人宿舍，在兩、三年內完工後，不僅切合所需，必將成為清華美麗風景線的最新景點。

　　總之，清華在過去一年在優良的傳統、堅實的根基上，加強軟硬體建設，在教學、研究、服務上力求精進，未來將持續以宏觀理念、積極作為，在校友及愛護清華人士支持下，向華人首學大步邁進，繼往開來，續寫清華史詩傳奇。

◀繼往開來，續寫清華史詩傳奇

2010年新春團拜致詞

2010年2月22日　星期一

各位同仁、各位退休的前輩們：

首先跟大家拜個晚年，新年恭喜，祝大家生龍活虎、虎虎生風。

在年前，本人與學校多位主管到教育部報告五年五百億計畫前四年執行成果，毫不意外的，清華繼續獲得「優」等佳績，而這個可喜的成果，當然是由於各位同仁的努力，在此代表學校向大家致謝。另外當天在報告時我特別提到，在倫敦泰晤士報大學調查中，以學校規模而論，教師人數在一千人以下者，清華排名第三十七，如果在七百人以下，清華位列第十一，所以，如果台灣想要有一個躋身世界前十大的學校，清華大學無疑是唯一的選擇。

今年三月起，第二期五年五百億計畫將啟動作業，希望大家共同努力來爭取，特別預算對學校的未來發展非常重要，雖然學校已經有很好的基礎，但往後仍有許多重要工作亟待進行，其中與竹教大合校議題，是學校擴大規模的一個可行途徑，當然，我們還需要經過很縝密的規劃協商，以及相關客觀條件的支持。另外，生醫園區的發展及高等研究園區的開發，都是學校未來發展的契機。目前我們正積極進行「打造新能源綠色校園」計畫，除行政處室已開始啟動外，也籲請各院系所全力推動，打造清華成為真正「水清木華」的綠色校園，一個新能源的發展重鎮，希望在大家齊心努力下，能很快展現出績效。

依慣例我被告知，每年春節聯歡茶會結束時，一級主管要跟大家合唱同樂，而校長則有特權選擇曲目，我今年選的歌曲是〈花心〉，為什麼選〈花心〉呢？我們曉得清華的俊男美女很多，今天倒不是藉機勸大家真心誠意，不要花心，最主要的是，在去年畢業典禮那天，當我開車經過校園時，看到一群穿著袍服的畢業生在路上躺成一列，那時心中突然湧現〈花心〉這首歌，因為其中有句歌詞「心中一定還有夢」，我想這群畢業生，心中一定懷抱著夢想。

事實上，我們在學校從事教育工作，是最有能力幫別人、協助別人的人，是能讓這些學生築成夢想、追逐夢想，進而達成夢想的人，所以，不管是教師或員工，除了為自己圓夢之外，希望也能協助別人達成夢想。

我們曉得美國Carnegie Mellon大學有一位教授Randy Pausch，在他四十七歲時，發現罹患了不治之症，大家可能在YouTube或書上看過他的故事，他在《最後的演講》中語重心長的說道，人生最有意義的事情，除了圓自己的夢以外，是協助別人完成夢想，所以我也希望，我們清華的同仁也都是一個能夠努力協助他人達成夢想的人。

〈花心〉這首歌旋律很美，歌詞也很美，讓人以為是首中文創作歌曲，但它是一首日文翻譯歌，歌詞最後一段，就是我今年對大家的祝福，希望美麗、純潔、快樂的花朵，綻放在每個人的心中，謝謝。

▲ 希望清華的同仁都是努力協助他人達成夢想的人

▲ 與行政主管們合影

2011年新春團拜致詞

2011年2月4日　星期五

　　首先跟大家拜個晚年，祝大家新年行大運，同時也謝謝各位為清華的辛苦付出，讓清華能夠不斷地進步。剛才看到啦啦隊的精采表演，發現裡面沒有一個熟悉的面孔，可謂長江後浪推前浪，一代新人換舊人，藉由他們活潑、精采的演出，相信今年的梅竹賽，我們一定能旗開得勝。

　　今年是辛卯年，適逢建國百年與清華百歲慶，辛亥革命促成亞洲第一個民主共和國的誕生，清華也在辛亥開始建校。在舊曆的干支曆中，辛代表創新，亥代表跟清華息息相關的核子，也是種子的意思，象徵我們當年是一個創新、孕育高等教育的新星，所以前面百年是辛亥清華，而今年為辛卯年，卯代表冒，冒出頭來，因此未來百年將是辛卯清華，我們在持續創新之餘，更能出人頭地。正如剛才兩位司儀所言，去年泰晤士報世界大學評比，清華位居第107名，是全台名次最高的，而在人數700人以下的大學，我們是全世界第9，由前年的11名進步到第9名，這代表清華有非常好的基礎，在這個優良的基礎上，下面的百年，我們不但期望很快成為華人首學，同時也能及早進入世界頂尖大學之林，冀望在10－20年間而不是要100年才能達到目標。

　　剛才司儀提到學校的四大願景，事實上，願景是參考學校的發展軌跡，考慮到清華的優勢、特色與潛力而提出，希望做為清華未來努力的目標。在過年一年，我們做了相當多的努力，而且也有初步的成果。清華第一個願景是成為人文薈萃的學術殿堂，很高興看到許多教師有非常傑出的表現，這是承繼清華在台建校以後，一向能延攬全台最優秀師資的傳統，而這個優良傳統，在去年有了豐碩的成果，其中包括中研院院士的選舉，全台灣學界只有兩位當選，本校張石麟教授就占一席，在國科會獎勵諾貝爾級學者的學術攻頂計畫，去年全台灣共核定四件，清華就有兩件，我們要恭喜劉瑞雄教授與陳博現教授。另

外，在教育部最崇榮的國家講座獎項，全台灣一共五位，清華占了兩位，我們要恭喜許世壁教授及季昀教授，而學術獎部分，則要恭喜王素蘭教授；國科會傑出研究獎，去年我們有六位獲獎，今年剛公佈有七位，2月1日又有一位加入清華，所以我們今年共有八位得獎，另外，還有許多教授在國內外獲得難度很高的獎項，充分反應出我們優良的師資。

在師資延攬方面，因為名譽博士侯貞雄先生的大力贊助，我們能夠很快的延攬到美國一流大學伊利諾大學，電機系前五大的兩位教授，電資院鄭克勇院長及奈材中心謝光前主任到校任教。另外，本學期我們也聘請到前美國紐約市立大學亞洲研究系的系主任，有名的歷史學者李弘祺教授到本校服務，三月還會有一位國際級人士加入清華，將等下個場合再跟大家報告。清華除積極延攬人才外，為提供教師安居樂業的環境，即將動工興建學員宿舍，希望讓教師能夠安心研究教學，為學校盡心盡力，並將這個傳統延續下去。

清華的第二個願景，是希望能夠成為培育專業、博雅的人才的搖籃。清華大學的教育理念，是在充實、豐富、多元的校園生活下，培育未來能夠活出精采人生的清華人，而實際上我們在各方面，都看到同學有非常優異的表現。本學年度清大率先將學業成績由百分制改成等第制，是沿襲清華的教育目標，希望學生在專業上達到要求外，能夠利用多餘的時間，從事有意義的活動，多看一些有意義的書，培養德、智、體、群、美，五育兼備的清華學生，這項改革將來對台灣高等教育界，將會有深遠的影響。另外，在清華學院方面，我們目前已拓展約一倍規模，讓有差不多百分之十八的學生，能夠加入住宿學院，這是結合住宿和課程教育的理念，希望從人本出發，先培育成為公民，最後才是專業人才，這也是清華學院的宗旨所在。

清華在學生課外活動各方面都有相當大的進展，以學生社團而言，就有150個，非常多彩多姿，我也參加了相當多的活動，這些社團經驗對學生是非常有幫助的，其中有很多是國際性的活動，包括國際志工，他們的足跡遍及迦納、坦尚尼亞、尼泊爾及印尼等地方，除同學在國際觀的拓展、境外生活的體驗有很大的收穫外，也讓全世界瞭解清華同學的善舉。

清華的第三個願景，是成為前瞻科技的研發重鎮。清華的地理位置優良，與科技界與園區的關係密切。現任工研院院長、國家實驗研究院院長、同步輻射中心主任，還有資策會董事長等，都是清華人；而且今年新的五年五百億計

畫，學校有六個研究中心通過初審，這也代表我們清華的實力，這六個重點研究領域是基礎科學研究、奈米科技、神經網路體、下世代資訊網路、低碳能源、先進製造與服務管理，雖然複審結果要等三月底才會公布，我們有信心會有很好的成績。另外，學校跟很多高科技公司，共同成立聯合研發中心，也跟北京清華成立兩岸共同實驗室，我們在多方面努力，希冀台灣的科技產業與研發不斷提昇，讓清華成為一股領先的力量。

清華的第四個願景，是要成為社會進步的推動基地。清華的使命，除了培育人才、加強研究外，我們取之於社會，也要用之於社會，對社會進步肩負重任。在社會關懷，觀念的啟發，及引領社會風潮方面，清華做了許許多多的努力，在世界重要的議題，如能源、環保，還有地球暖化等，都有相當大的著墨與貢獻。而對於弱勢的關懷，清華一向領先同儕，包括我們首先提出的繁星教育，讓弱勢族群的學生，有機會進入清華，我們也在屏北高中成立小清華，幫助八八水災受災的原住民同學，輔導他們有機會進入理想的大學，其他還有許多深富意義的活動，如參加有關地球暖化的哥本哈根會議，國際志工，還有盲友會等，清華一直持續在做，未來也會繼續加強。

回顧過去一年，因為大家的努力，清華展現出亮眼的成績，未來我們也要不斷追求精進，往「更好」前進，希望能夠跟同仁一起努力！最後，在辛卯兔年之初，祝福大家：兔飛猛進、鴻兔大展、揚眉兔氣、動如脫兔。

▲ 學校的四大願景是參考學校發展軌跡，考慮清華優勢、特色與潛力而提出

▲ 長江後浪推前浪，一代新人換舊人

2012年新春團拜致詞

2012年2月6日　星期一

　　首先歡迎各位參加今天的新春團拜。根據習俗，正月初一到十五都算過年，所以在元宵節的今天向大家拜個晚年，大家恭喜，祝所有清華人龍年行大運。

　　春節前，承蒙中央研究院一位精於書法的院士朋友贈送「嫻靜高明，清華朗潤」字幅，因為其中包含有清華兩字，也可視為送給清華的聯語。其中「嫻」指大家在公忙之餘，能偷得浮生半日閒，有閒情逸致，做賞心樂事，欣賞生活；「靜」意為保持心情平靜，心靜自然涼，寧靜以致遠；「高」有高才卓識，高瞻遠矚含義；「明」表示能慎思明辨，明德止善，正大光明；「清華」除代表水清木華，景物秀麗外，也有辭藻清麗不俗、人才清秀挺拔之意；「朗」指個性爽朗，心情開朗，思維清朗；「潤」表風調雨潤，溫柔潤澤，滋潤人生；是對清華的期許與祝福。期盼所有清華人都能歲歲年年閒、靜、高、明、朗而潤。

　　上週我與台灣聯合大學系統幾位校長與同仁一起參訪美國加州大學系統總部與幾個大學，返國前有機會與南加州兩岸清華校友聚會，並以「清華100：過去、現在、未來」為題演講。內容主要是兩岸清華歡慶一百周年，除了要緬懷光輝的過去，把握光榮的現在，光明的未來是可以期待的。清華大學在大陸時期，名師雲集，清華人多為各界領袖，在中國現代化的努力中有舉足輕重的貢獻。梅貽琦校長在台灣建校，也迅速把清華建設成頂尖名校。上週五我在Santa Barbara加州大學訪問時，與楊祖佑校長會面。楊校長是徐賢修前校長生前摯友。他提到當年蔣介石總統告訴徐賢修前校長：「台灣的未來靠經濟發展，經濟發展靠科技發展，而科技發展要靠清華」，說動了他辭去美國普渡大學教職返回母校擔任校長。徐校長後來果然不負期望，先於1970－1975擔任校長，1975年轉任國家科學委員會主任委員，工業技術研究院董事長等職。在其

任職國科會期間，對於在新竹設立科學工業園區一事居功厥偉。一方面可見清華在蔣介石總統心目中的地位，同時也可看到清華人對台灣社會貢獻之一例。

清華教授去年持續在教學與研究上表現卓越，獲得獎項與肯定無數，包括江安世教授榮膺國科會「學術攻頂研究計畫」全國僅通過兩件中之一件計畫主持人；賀陳弘、張正尚教授榮獲「教育部學術獎」；孔慶昌、杜正恭、洪世章、洪哲文、劉承賢、黃暄益、廖聰明、簡禎富等八位教授榮獲100年度「國科會傑出研究獎」；李瑞光、洪樂文、張孟凡、焦傳金、蔡明哲教授榮獲100年度「國科會吳大猷先生紀念獎」；陳建添教授獲聘為99年度「傑出人才講座」；湯學誠教授榮獲2010年「中央研究院年輕學者研究著作獎」；黃惠良教授榮獲2010年「產業貢獻獎──個人獎」；李政崑教授榮獲2010年「產業深耕獎」；鄭建鴻、馬振基教授榮獲「侯金堆傑出榮譽獎」；果尚志、潘晴財教授榮獲「有庠科技講座」等。

在學生方面，清華在既有與大陸各知名高校交流合作基礎上招收大陸學生，100學年度起共招收碩士生17名、博士生1名大陸學生來校就讀碩、博士班。去年總統教育獎得主、大專組八位得主中，包括本校資訊工程研究所莊靜潔同學及人文社會學院學士班沈芯菱同學，人社院趙雪君博士生榮膺去年十大傑出女青年。同時本校同學在指導老師領軍下，在國內外大賽屢傳捷報，如資工系學生團隊榮獲全球最大規模的超級電腦研討會「國際高速計算會議學生叢集電腦計算競賽」世界冠軍連莊榮譽；資工系學生團隊榮獲微軟全球潛能創意盃「嵌入式系統組」冠軍；本校阿卡貝拉人聲樂團「海鷗‧K」，到韓國參加人聲樂團亞洲大賽，赴香港參加2011「香港無伴奏合唱比賽」，均順利為台灣抱回大賽冠軍等。

清華以擁有優秀的職技人員自豪，去年本校慶祝百周年，籌辦百項以上活動慶祝，充分感受到各項活動在各單位同仁盡心盡力下，辦得盡善盡美。在校慶前常見行政大樓入晚燈火通明，許多同仁以辦喜事心情工作。另外，本校正在推行的清淨校園工作，也感謝同仁熱心參與，同建綠色而清潔美好環境。在此也要特別感謝退休同仁如工學院宋狄全技正、事務組馮英雄先生以及總務處錢安娜小姐等都經常返校參與清淨校園工作，是職技義工的典範。

在硬體上，去年已完成之重大工程，包括：教學大樓（台達館）、學習資源中心（旺宏館）、一千床位的清齋學生宿舍……等工程。目前進行或規劃中

新建工程，包括：多功能運動館、學人宿舍、創新育成大樓、生醫科技大樓、綠色低碳能源教學研究大樓、清華實驗室、一招B棟新建工程等。清華實驗室規劃由材料系、化學系、化工系以及物理系四系進行跨領域的實驗研究使用，部分工程款由使用單位籌募，目標兩億元，進行相當順利，預計於近期內達到募款的目標。

　　今年在干支年中為壬辰年。根據說文解字，壬者，象人裹妊之形。辰者，震也。今年又屬龍年，龍是人才的象徵。壬辰龍年象徵清華一方面培育傑出人才，另一方面以卓越的教學、研究、服務聲振遐邇。最後祝大家在新年龍騰虎躍，大展鴻圖，如生龍活虎，活潑勇猛，生氣勃勃，如匣裡龍吟，不鳴則已，一鳴驚人，身手靈活，矯若遊龍。

▶ ①期盼所有清華人都能歲歲年年間、
　 靜、高、明、朗而潤
　 ②互道恭喜新年好

2013年新春團拜致詞

2013年2月18日　星期一

　　首先歡迎各位參加今天的新春團拜。今年春節假期特別長，相信大家除歡慶佳節外，也得以充分的修養生息，精神抖擻的迎接新的一年的挑戰，在此向大家拜個晚年，大家恭喜，祝大家蛇來運轉，蛇麼都順利。

　　去年是暖冬，從除夕到初七，都乾爽宜人，校園雖較冷清，但清爽明麗，美不勝收；今年梅園的梅花在一月底前結束了花期，恰好在南校區約有兩百株的櫻花林在新春期間怒放，初試啼聲，吸引不少遊客，其盛況讓人可樂觀期待未來將成為清華勝景之一；如果你內行的話，會發現在物理系館、體育館、生科院一、二館、醫環系館、女生宿舍前邊坡、清華園兩側、東院後段各有一個櫻花聚落，爭妍鬥豔，今年的「櫻花女王」應仍屬梅園東北角、靜齋圍牆邊高聳展闊的櫻花樹，已連續多年奪魁，站在樹下，不禁會問她會年華老去嗎？有一天會功成身退嗎？另一方面，校園中現今處處可見豔紅的火炬刺桐、深紅的粉撲花、暗紅、淡紅、紅白相間的杜鵑花、粉紅的豔紫荊與桃紅的羊蹄甲，再加上各處的仙丹與扶桑花，染紅點綴了校園，襯托無邊綠意，如處人間仙境；清華人何其有幸，得以工作與學習於花團錦簇之中；美學大師朱光潛先生曾引用阿爾卑斯山谷的路上標語：「慢慢走，欣賞啊！」要大家佇足欣賞美景，他又說「美在欣賞中，美在創造中，美更在人生的活動中。」希望大家新年美在生活中，不斷創新發明，有所精進。

　　清華教授去年持續在教學與研究上表現卓越，獲得獎項與肯定無數，包括王素蘭、陳博現教授榮膺第十六屆「教育部國家講座」；宋信文教授榮獲第五十六屆「教育部學術獎」；方維倫、王晉良、宋信文、宋震國、江安世、余怡德、葉哲良、張介玉、蘇朝墩、陳福榮等十位教授榮獲101年度「國科會傑出研究獎」；李夢麟、傅建中、楊家銘、嚴大任、張介玉，及雷松亞等六教

授榮獲101年度「國科會吳大猷先生紀念獎」；孔慶昌、朱創新教授獲聘為100年度「傑出人才講座」；李瑞光及張孟凡二位教授榮獲2012年「中央研究院年輕學者研究著作獎」；陳信龍教授榮獲2011年「侯金堆傑出榮譽獎」；謝光前教授獲2012年「潘文淵文教基金會研究傑出獎」、闕郁倫教授獲2012年「潘文淵文教基金會考察研究獎助金」；黃暄益教授獲第十屆有庠科技論文獎、賴志煌教授獲第五屆「有庠科技發明獎」；簡禎富教授榮獲第22屆行政院「國家品質獎——個人獎」，以及江安世教授獲2012年發展中世界科學院生物科學類「TWAS」獎等。另一方面，本年度本校教師發表在頂尖期刊發表論文數，更是喜訊連連，本年度刊登於Science期刊論文四篇，Nature期刊論文兩篇，以及Cell期刊一篇，不僅居台灣之冠，而且以通訊作者身分發表於此兩頂尖期刊論文更超過全國一百六十二所大學院校之半。

在學生方面，清華在既有與大陸各知名高校交流合作基礎上第二度招收大陸學生，101學年度共招收碩士生23名、博士生1名大陸學生來校就讀碩、博士班；101年度全國大專校院運動會，本校運動健兒以8金6銀4銅之優異成績，在全國165所大專校院總排名高居第9名，游泳隊電機系徐子翔同學更在1500公尺自由式打破大會紀錄，成為國內首位游泳成績低於18分鐘大關的一般組選手；國樂社在101年絲竹室內樂合奏大專團體B組獲優等第一名；管樂社則則拿下101年全國學生音樂比賽管樂室內男隊大專團體B組特優第一名；劍道社也摘下中華民國大專院校100學年度劍道社錦標賽男子組團體得分賽冠軍；台文所朱宥勳同學獲出片第二篇短篇小說集等。由這些例子，可略見清華學生能文能武，潛力無窮。這裡要特別一提生科研究所的羅聿同學，他先到非洲擔任國際志工，再以單車挑戰青藏高原，去年更趁到瑞典「林雪平大學」交換學習一年機會，單騎上路繞行大半個瑞典，親訪遠居異鄉的華僑，為思鄉的遊子寫故事；羅聿把握機會，創造無限可能，極為難能可貴，他的新書《在世界盡頭遇見台灣》已由「清華出版社」出版，這是本校第一次為在校學生出版新書，以為典範，別具意義。

清華以擁有優秀的職技人員而著稱；去年本校主要活動焦點為「紀念梅貽琦校長逝世五十周年」以及「諾貝爾大師在清華月」，熱鬧溫馨，在同仁盡心盡力下，辦得盡善盡美、可以有聲有色、可圈可點形容。另外，由本校退休教職員工、眷屬、校友及清華之友組成的「清華志工團」，於去年12月18正式

開始在行政大樓一樓提供服務，服務內容除了行政大樓的地點指引及服務說明外，未來也會投入校園導覽及社區關懷等社會服務工作。志工們都是深愛清華的「資深」清華人，有經驗、有熱忱，是清華人的表率；在此請與我一起向志工們無私的服務奉獻表示感謝。

在硬體上，已完成之建設包括：（1）學生宿舍清齋改建工程於101年啟用，可提供1006個學生住宿床位；（2）校友體育館於101年落成啟用，解決體育設施不足問題；（3）電話交換線全面更新於101年完成；進行中的硬體或基礎設施包括：（1）學習資源中心旺宏館將於102年4月正式啟用，作為圖書館、國際會議廳與遠距教學等用途；（2）第一招待所B棟工程預訂於102年年中前完成，將結合校史展示、訪賓接待及重要活動使用等多功能方向規劃，未來將成為本校重要地標之一。規劃中，即將於半年內發包施工中的工程有：（1）生醫科學館；（2）創新育成中心；（3）學人宿舍；（4）綠色低碳能源大樓等工程及（5）整合校內共用實驗研究的清華實驗室，清華校園新風貌可期。

今天以干支年而言屬癸巳年，癸象徵萬物萌芽，巳象徵萬物之成，代表清華在新的一年，在壬辰年孕育的希望之種不僅開始萌芽，由伸長振作而得到輝煌成就，也祝大家身體健康、家庭和樂並與清華一起成長進步。

▲ 美在欣賞中，美在創造中，美更在人生的活動中

▲ 同唱〈踏雪尋梅〉

2013年中長程校務發展計畫策略會議致詞

2013年9月5日　星期四

　　中長程校務發展計畫是本校每隔一段時間對於未來中長程校務發展所擬定的計畫，上一次擬定的是自98年8月起「五年發展計畫」，特別的是標明至102年7月，總共四年，據了解，原意是在第五年修訂；去年底學校要展開擬定下一期計畫工作時，認為需要充分討論縝密規劃，而以一年為期，所以最新一期計畫，將自103年2月施行，所以似乎有約半年的空窗期，可能讓人產生「中長程校務發展計畫」是否有必要的疑問。事實上，本校每年年底都會舉辦「校務發展諮詢委員會」，同時每年要到教育部報告「邁向頂尖計畫」作簡報或成果報告，都是本於中長程校務發展計畫「溫故知新」，是「檢討過去，策勵將來」的好機會，而由於國內外主客觀情勢的變易，每幾年在適當時機作比較大幅以及澈底的檢視修正，有其必要。

　　本次計畫之規劃，於今年一月展開，歷經多次策略與工作會議，於七月份開始，各教學、行政單位各自召開策略討論會議及跨組織會議，今天一天的策略會議則由各教學、行政單位依精簡版報告策略規劃，未來經整合後，將提交由一級主管參加的校務會報、校務發展委員會以及校務發展諮詢委員會初審，經修正後，再送校務會報、校務發展委員會複審，於十月底完成校務會議提案版本，提送校務會議審議，最後再請校務發展諮詢委員會提供建議，而於年底前定稿，過程相當嚴謹。

　　今天一天的策略會議則由各教學、行政單位依精簡版報告策略規劃，一方面檢視進度，一方面也讓單位間有互相觀摩的機會，在充分溝通情況下，集思廣益，希望在往後約四個月時間，各單位間能緊密互動，完成規劃，對本校未來的發展產生積極正面的效用。

　　昨天我在同步輻射研究中心「光源啟用二十週年回顧」會之致詞，提到在

二十世紀開始的1900年，英國物理學家凱爾文在一次展望新世紀科學發展的演說大意為物理學已登峰造極，「但是天邊還有兩朵小而令人不解的烏雲。」在校務發展上，清華目前面臨兩片烏雲，一是博士班招生問題，二是學校經費問題，在博士班招生方面，由於種種因素，近年來報考人數逐年銳減，今年招收的學生數約為教師人數的一半，如此趨勢不變，未來每位教師平均每兩年只能收到一位博士生，在台灣普遍缺乏長聘研究支援人力的情況下，對許多領域的競爭力將造成很大的衝擊；同時，由於政府長年編列高教預算不足，本校曾有財務相當困難的時期，近年來，幸有「邁向頂尖大學計畫」挹注每年12億元，讓校務能比較順利推動；但根據教育部的規劃，從明年起，自總額85%，遞減到104、105年各為75%、65%，也就是未來三年將各減少1.8、3、4.2億元，如果成真，將不堪設想，這兩個問題都需動員清華所有的力量，加以克服，清華才有談「華人首學」的本錢。

另一方面，最近公布的「上海交大兩岸四地大學排名」2012年排名，本校排名第三，較2011年進步一名。根據這項調查，北京清華、台大分列第一、二名，第四至十名分為香港科大、香港中文大學、香港大學、北京大學、新竹交通大學、浙江大學、復旦大學；清華雖次於北京清大、台大，但是受限於規模以及資源投入，如將此兩項因素納入考慮，則清華是名副其實的「華人首學」。當然我在此也要提醒，世界各大學評比資料，有些包含學術界人士評比、雇主評比占非常高比重主觀因素，普遍有重研究輕教學、重理工輕人文、重英語輕其他語言、重規模輕特色等問題，不能不加注意。

同時，本校甫於上週五獲頒本年度行政院國家品質獎，是機關團體組唯一獲獎單位，也是第一家榮獲此一殊榮的國立大學！這顯示本校除學術聲譽傲人外，在經營管理方面，也受到相當的肯定；本校將持續推動教育創新和組織變革以提升品質，由校務四大願景展開成具體目標和方針，各單位全員參與通力合作，推動各項全面品質管理相關活動並設計創新的策略。

著名企管大師Jim Collins與Morten T. Hansen合著的新書《十倍勝，絕不單靠運氣：如何在不確定、動盪不安環境中，依舊表現卓越？》（*Great by Choice: Uncertainty— Chaos— and Luck—Why Some Thrive Despite Them All*）中提出三種「長期績效比同業最少好十倍」企業領導人核心模式：貫徹紀律，強烈的目標導向，並能根據核心目標建立明確的績效標準；重實證的創新以及具

體明確、有條理、有方法，同時又始終如一；在不確定環境中，融合創造力與紀律，成功實現創新的能力，為未來預做準備；管理思想家杜拉克（Peter Drucker）有名言：「預測未來最好的辦法，就是創造未來！」紀律代表行動的一致性和價值觀、長期目標、績效標準與做事方式一致，歷經時間考驗，前後一致；重實證的創新決策與行動都根植於實證基礎，以充分的證據為行動的依據，而降低風險；同時在戒慎恐懼，保持高度警覺情況下，建立緩衝機制，拉大安全幅度，開創超越現況的非凡成就，很值得大家在修訂計畫時參考。

校長卸任惜別會致詞

2014年1月24日　星期五

　　時間過得真快，約四年前，在此大廳中就任校長，一晃任期即將屆滿，本月九日，我在「公立大學院校協會」校長惜別會上，曾向與會的校長透露一個祕密，也就是大學校長是個很好的工作，當時引起一片笑聲，但如果認真回想，擔任清華校長卻真是一個非常好的工作。

　　四年多前，有幸被校長遴選委員會肯定，擔任本屆清華校長，在就任前一、兩個月，曾有機會分別到美國與香港參加學術會議；當與會的許多大陸留學生知道我即將接任清華的校長時，紛紛要求合影留念，讓我體會到擔任清華校長的動見觀瞻，責任重大；回到台灣後，有一次與資深校友聚會，記得是陳建邦校友說：「陳校長不僅是清華的校長，而且是清華百周年時的校長。」感覺更是沉重；四年來，本人牢記期許，以發揚光大清華的歷史使命為最高考

▲ 擔任清華校長是一個非常好的工作

量，盡力而為，如果略有成績，應是清華機遇，同時也有賴所有愛護清華的師生同仁、校友以及社會賢達的通力協助，在此要深深的向各位致謝。

清華對我來說，是「生斯長斯」的地方，我於民國四十七年，也就是清華在新竹建校的不滿兩年時，隨家搬到與清華緊鄰的「光明新村」，與清華從此結了不解之緣，二十年後，即民國六十六年到清華任教，再三十三年後，也就是在民國九十九年，開始擔任清華校長，在數字上，有相當的巧合，象徵與清華一起「六六大順」、「長長久久」，也正是我就任時的心願。本人深感受歷史厚待，在清華百周年前後，能在校長任內，為清華做一些事，校務是「承先啟後，繼往開來」，所以校長任內的成就有許多是由前任校長們的播種耕耘，發揚光大是大家共同努力的方向。

回首來時路，我在清華有幾件值得一提而引以為榮的事，都與一百這個數字有關，第一當然是眾所周知的推動「校友百人會」成立，成功的募得一億七千萬元，興建「校友體育館」，第二是我在清華所指導拿到博士學位的學生，也可組成「百人會」，上月二十八日我研究室畢業的學生舉行每年的聚會，參加的連家眷超過百人，在聚會中，有一項活動，叫「敘工號」，就是以從清華拿到博士學位的時間，給予編號，結果敘到98號，加上我研究室還沒有畢業的學生，應可輕鬆破百，這項記錄，在清華應是空前，我衷心的希望，不久能有其他同仁能加入「清華博士百人會」行列。另外則是將學生成績由「百分制」

▲ 與校友合影

▲ 與秘書處同仁合影

改為「等級制」，使學生不致因「分分計較」，而影響學習效果，得以多元發展，由於在國內甚至兩岸四地是創風氣之先，預期對華人高等教育會有深遠的影響。

　　大文豪蕭伯納說：「人生最大喜悅，是能在自己認定的偉大目標上有所發揮」，我能有三十幾年的歲月陪伴清華的成長，並擔任校長，可謂福報破表，何其有幸，夫復何求；我大學時代愛讀陳之藩先生散文，他在〈謝天〉一文中說，「無論是什麼事，得之於人者太多，出之於己者太少。因為需要感謝的人多了，就感謝天吧。」但我還是要藉此機會，感謝各位多年來對我個人與清華的愛護與協助。兩岸清華的永久校長梅貽琦校長在就職時說：「吾愛吾廬。」正是我此刻心聲寫照，未來雖自校長職務上卸任，但仍將盡力為清華服務，也盼望與大家一起，共同努力，最後除祝大家身體健康、家庭和樂、事業順利外，我也要特別感謝我的內人多年來悉心照顧家庭，讓我能全力在工作上衝刺，功不可沒。

▲ 與學務處同仁合影　　　　　　　▲ 與圖書館同仁合影

清華大學新舊任校長交接典禮致詞

2014年2月7日　星期五

　　很歡迎並感謝大家來參加今天的交接典禮；約一個月以前，我在「公立大學院校協會」校長惜別會上，曾向與會的校長透露一個祕密，也就是大學校長是個很好的工作，當時引起一片笑聲，但如果認真回想，擔任清華校長卻真是一個非常好的工作。所以我首先要向新任的賀陳校長在他賀陳以前道賀，同時也要感謝所有在我校長任內多方協助的師生同仁、校友以及先進們。

　　很多人應可認同：「大學是一國皇冠上的明珠」，而清華是台灣高教的明珠；大家可能知道，清華大學是因設立在北京清華園而得名；至於清華的典故，有一說是出自唐太宗李世民《大唐三藏聖教序》：「松風水月，未足比其清華；仙露明珠，詎能方其朗潤。」雖無定論，但清華確為台灣高教的「明珠」；最近上海交通大學公佈的「兩岸四地大學評比」，本校與去年一樣，名列第三，北京清華、台大分列第一、二名；清華雖次於北京清大、台大，但是受限於規模以及資源投入，如將此兩項因素納入考慮，則清華是「華人首學」，並非過譽，這點是「清華人」可以引以為榮的；而四年來，由校友、企業領袖對學校慷慨捐贈，我要趁此機會感謝旺宏吳敏求董事長、台達電鄭崇華董事長、東和侯貞雄董事長、潤泰尹衍樑總裁、鴻海郭台銘總裁、馬來西亞李金友僑領、捐贈「綠能館」的李偉德校友、捐贈「校友體育館」的百人會會員，捐贈「清華實驗室」的陳繼仁、曾子章、李義發、蔡朝陽、張綱維、呂正理校友等，捐贈羅丹「沉思者」銅雕的蔡宏亮校友、捐贈珍稀甲蟲標本的陳俊秀先生、捐贈珍貴書畫文物、書籍的楊儒賓與方聖平教授以及陳琦覺先生等；這些慷慨捐贈顯示校友以及社會對清華的寶貴價值有相當的認同，「明珠」難得，需要讓台灣社會了解與同心協力才能擦亮明珠，放出耀眼光芒。

　　校務推動是「承先啟後，繼往開來」，所以本人在校長任內如果有所成就

的話，有許多是由前任校長們的播種耕耘，發揚光大是努力的方向。現今高等教育，特別是清華大學面臨許多艱鉅的挑戰，清華大學校長是經過遴選委員會慎重的考量的一時之選，尤其賀陳校長在工學院院長任內讓動機系從數一數二到獨占鰲頭，奈微所在亞洲數一數二，同時協助爭取鴻海精密一次提供一百名陸生全額獎學金，功不可沒，未來必定能夠領導清華，創造更美好的未來。

校長根據大學法以及校務章程對外代表學校，負有發展校務之責，我希望清華師生同仁、校友及愛護清華人士能夠協助新校長做到以下幾點：

一、凡事的興衰，與領導者息息相關，領導者無論做得好或不好，都影響他的團體，所以我們要盡力讓校長做得好，快樂的校長才容易做好校長。好的領導不乏批評，大家可以質疑校長的能力與判斷，不要質疑他的動機、出發點，凡事做理性的討論，當然校長也要儘量避免「瓜田李下」之嫌，遭到誤解。

二、「行所當行，言所當言，」校長要顧慮的面向較廣，也要作長遠考量，凡事不免有人不滿，雖然要避免不必要的對立，但必要時，必須「行所當行，言所當言，」以免混淆視聽，不利學校發展；有些事，不在位時，說起來較為容易，在位時，動見觀瞻，適時發言或行動，才能發揮應有的影響力。

三、清華目前有五大建築正在動工興建，落成啟用後，將可大幅改進學研環境，然而在經費方面，原有規劃遭逢「教育部邁頂計畫」經費調整變數，會有很大衝擊，希望能在教育部的特別協助下度過難關。由於政府財政困難，長遠來看，需要籌募「永續基金」支應，根據美國大學院校管理人員協會National Association of College and University Business Officers（NACUBO）統計，2012年美國大學院校永續基金超過十億美金的有六十八所，超過百億美金的有五所，其中哈佛大學達304.35億，如以平均收益4%挹注學校，一年即達近五百億台幣；清華大學在此時籌募「永續基金」有其必要性與急迫性。「永續基金」的遠程目標是一百億元，如此每年至少可挹注學校四、五億元，產生實質的效果，現今募得的五千萬元與一百億元目標相較，固屬杯水車薪，但凡事總要有個起頭，而從近年來多筆對清華上億元的慷慨捐贈，未來必有更多「清華人」與「有緣人」動念，加入「永續基

金」貴人行列，達成一百億元目標也未必是「不可能的任務」，尚須大家共同努力。

兩岸清華的永久校長梅貽琦校長在就職十周年時說：「生斯長斯，吾愛吾廬。」本人深感受歷史厚待，在清華百周年前後，能在校長任內，為清華做一些事，四年來，本人牢記期許，以發揚光大清華的歷史使命為最高考量，盡力而為，如果略有成績，應是在前人基礎上發揮，同時也有賴所有愛護清華的師生同仁、校友以及社會賢達的通力協助，在此要深深的向各位致謝。未來雖自校長職務上卸任，但仍將盡力為清華服務，也盼望與大家一起，共同努力，最後除祝大家身體健康、家庭和樂、事業順利。

▶ ①在黃碧端政次監交下，賀陳弘校長（右一）從陳力俊校長（左一）手中接過印信
②清華未來發展，需要籌募「永續基金」支應

二、校務精實管理

記錄清華推動校務精實管理的各項研習與成果,在各階段工作精實管理與全面品質管理教育訓練課程中,使清華大學行政校務、系統業務更加卓越創新。

2011年精實管理研習會開幕致詞

2011年9月26日　星期一

　　首先感謝陳鳳山教授再度蒞校指導精實管理研習會。去年八月承蒙陳教授對本校一、二級主管做了一天的講習，深感內容精到，很有學習並推廣、落實價值，因而徵得陳教授首肯，協助在學校推動精實管理，一方面擴大講習範圍，一方面選擇總務處、秘書處為試行落實單位，近一年來已初見成效。本次一連三天研習目的是擴大到院系所基層單位，相信參與同仁必然收益良多，對校務推展多有助益。

　　精實管理的英文是lean management。Lean有瘦身的意思，這可能是人人喜歡的。但lean常與mean（嚴厲）並列。國內一位知名度很高的企業家曾說，據他觀察，成功的企業家七成以上屬於比較嚴厲型。清華大學的傳統是不走嚴厲路線，但是嚴格要求大家把事情做好。美國開國元勳富蘭克林所著《窮理查年鑑》曾是美國殖民地時代僅次於《聖經》的暢銷書，其中有一句箴言「把事情做好，不是靠信心，而是靠沒信心。」要義是把事情做好要長存警惕之心。例如有工讀生在寄發通知時，可能是為省時間，把收信人的尊稱省略了，這由學校發出通知的疏失，承辦人員以及直屬上司當然有責任。又如每年要送行政院與立法院的預算書，在送到校長室前，各級主管必須逐字審閱推敲，到校長室後則由校長逐字審核，逐層謹慎以對，才能避免貽笑大方或造成不必要的困擾。

　　在學校工作容易因循舊習。目前做事的方法不見得是最好的方法，這在陳教授講習所舉的範例可清楚看出。學校各單位常感覺少一個人、少一層樓、少一百萬元。事實上，人多不一定好辦事。英國有一位學者Parkinson有一個以他為名的Parkinson's law（帕金森定律），他在政府服務時，發現「公部門只會膨脹，不會縮減。」他以大英帝國殖民部為例，人員逐年增加，直到帝國殖民

地完全消失，殖民部併入外交部時，該部用人竟然達到最高點。人力如不有效運用，光是互相發公文，寫備忘錄，都可以忙得不可開交。大家在桃園國際機場出入境時，應注意到移民署官員檢核每一位旅客，大約花不到二十秒，而在一些東南亞國家，常需要幾分鐘，最離譜的是由幾位官員輪流緩慢地檢視旅客護照，效率差很多。

學校也常容易有本位主義，例如有許多主管反應，系所開大班課時，找大型教室碰到困難，另一方面，看全校大型教室使用率又不是很高。學校從去年起以協助裝修、負擔水電維護費等方法，取得許多大型教室管理權，問題馬上改善很多。唯有適度引入資源共享、增強效率觀念，學校人事、經費與空間才不會永遠捉襟見肘。

清華以擁有優秀的職技人員自豪，今年七月在教職人員退休茶會上，有一位在本校工作超過三十年的退休教授，盛讚職技人員的服務精神，很是感人，也具相當程度的代表性。今年本校慶祝百周年，籌辦百項以上活動慶祝，我個人光是在四月二十二到二十四日三天中，就參加了二十五項活動，整體感覺是各項活動在各單位同仁盡心盡力下，辦得盡善盡美。在校慶前常見行政大樓入晚燈火通明，許多同仁以辦喜事心情工作。另外，本校正在推行的清淨校園工作，也感謝同仁們熱心參與，同建green and clean（綠色而清潔）美好環境。同時我要特別表揚兩件人與事，一是教務處註冊組在許淑美組長領導下，對學生學業成績由百分計分法改採等級制，做了縝密的規劃與分析，得到全校師生的認同，迅速通過各級會議，報請教育部核定於九十九學年度正式施行，此項重大變革對本校以及台灣的高等教育，將會產生深遠的影響。另一是為宣導本校四大願景、目標、策略、行動方案，秘書處綜合業務組在李美蕙組長領導下，製作了精美方尖碑，造形、色調、功能都叫人眼睛一亮。當然校內也有許多其他令人激賞的事蹟，學校一定也會在適當場合加以表揚。

清華是世界頂尖大學，同仁應有一流表現。深盼精實管理研習會協助諸位增強知能，學以致用，與學校一起大步邁進。

▲ 把事情做好，不是靠信心，而是靠沒信心

▲ 與會同仁、來賓大合照

2012年精實管理全校第一次成果報告致詞

2012年8月9日　星期四

　　首先感謝陳鳳山教授再度蒞校指導精實管理。前年八月承蒙陳教授對本校一、二級主管做了一天的講習，深感內容精到，很有學習並推廣、落實價值，因而在陳教授協助下，兩年來陸續在學校推動精實管理，包括「精實概念教導」，「精實管理工作坊」，「精實實作成果檢討」，今天是全校第一次成果報告，各一級單位都推出精實管理成果，與大家分享，可喜可賀。另一方面，前些時有同仁出國「駐點學習」，回來報告駐點學校一些可供取法的措施時，發現有些是本校已在施行，而成效已顯出的方案，因此今天的成果報告也不失為校內溝通，觀摩宣導的好機會。

　　前天與昨天下班時，都遇到同仁帶者晚餐進行政大樓，據告是回辦公室準備今天的成果報告，相信今天各單位都是有備而來，全力以赴，銳不可擋。去年九月二十六日精實管理研習會我曾提出幾項學校同仁讓人眼睛一亮的績效，前些時我在思索過去一年，各行政單位同仁有那些成果可圈可點，很高興不須太多工夫，都可想到各單位的一些範例，為了怕有遺珠之憾，上星期二行政會報時，我請各單位主管提供三項比較得意的精實管理成果，到星期五也都如期收到回覆，也可見受到主管們的高度重視。不太意外的是我注意到的績效與各單位主管提供的成果有「不謀而合」之處，這代表「努力看得到」；在現今時代「為善要為人知」，才能為人表率，達到推廣擴散的效果，「獨樂樂，不如眾樂樂」，本來我打算趁此機會擇要表揚，但知道這次除陳鳳山教授外還請到校外兩位重量級委員參加評審，為免影響評審，將在以後適當時機再與大家分享我的看法。

　　一般精實管理首重人員與物質資源的有效運用，減少浪費，本校推動精實管理方案希望達成調整組織，建立支援校務卓越化的制度，增加行政人員的專

業能力，提升校務之經營管理效能，更能將節省下的人力與物力資源從事業務的創新。據陳教授告知，此次成果報告是先由各單位自選1－2案例，並依格式填妥「自評表」及「成果報告」，由秘書處委請外審委員依格式審查，審查表並於會前送報告單位參考，俾便於口頭報告前改進內容或於現場補充說明，今天報告評審重點在考慮案例選擇適當性（choice）、價值性（value）、實效性（effectiveness）、方法與工具運用（application of tools and methodologies）、創意及其他考量（innovation and others）以及表達（presentation），過程嚴謹而周全，對同仁是很好的教育訓練的機會，這也是今天成果報告評比，相互觀摩學習的目的，同時希望能從學習中，把握持續不斷的改進（continuous improvement）的重點。

從今天行程表，看到各單位報告主題，很多都是攸關校務推動重要問題，能精心檢討並研求改進或創新，是很值得肯定的，如切實施行，將有很大的效果，讓人充滿期待。最後祝大家都能有一個充實的學習經驗，出師順利，抱得榮譽歸，進而促成本校精實文化的落實。

▲ 在現今時代「為善要為人知」，
　「努力看得到」

▲ 獨樂樂，不如眾樂樂

全校主管推動精實管理方案第二階段教育訓練致詞

2012年11月20日　星期二

　　首先感謝陳鳳山教授與校友會理事長曾子章董事長以及欣興電子陳冠富資深副總經理為清華指導精實管理。今天首先會由曾子章董事長分享全面品質管理經驗,再由陳鳳山教授講授進階課程,下午先會有精實管理案例分享,再由陳教授主持精實管理進階課程與案例討論,最後是綜合座談時間,行程滿檔,精彩可期。

　　前年八月即承陳教授對本校一、二級主管做了一天的講習,大家應都能領會到精實管理確實「名副其實」的精到,很有學習並推廣、落實價值,因而在陳教授協助下,兩年來陸續在學校推動精實管理,包括「精實概念教導」,「精實管理工作坊」,「精實實作成果檢討」,以及今年八月舉行的全校第一次成果報告,由各一級單位都推出精實管理成果,與大家分享。今天是第二階段,包括進階課程,希望上次還未就任的主管能夠跟得上。

　　去年九月二十六日精實管理研習會我曾提出幾項學校同仁讓人眼睛一亮的績效,在八月成果報告前我在思索過去一年,各行政單位同仁有那些成果可圈可點,很高興不須太多工夫,都可想到各單位的一些範例,為了怕有遺珠之憾,我在之前行政會報時,請各單位主管提供三項比較得意的精實管理成果,都如期收到回覆,也可見受到主管們的高度重視。不太意外的是我注意到的績效與各單位主管提供的成果有「不謀而合」之處;本來我打算擇要表揚,但知道有評審項目後,為免影響評審,暫時保留,改到今天與大家分享我的看法。

　　本校同仁一般都很優秀,也都有心把自己份內的事做好,但部分同仁習於因循,主動積極性不足,有些則是制度使然;我們可以默默忍受,有時抱怨幾句,也可以儘量試圖改變,以下我就各一級行政單位特別具創新性績效,各舉

一例給大家參考：

一、教務處：推出「清華開放學堂」、「高雄清華講座」以及「臺中清華講座」，鼓勵社會大眾參加，分享大學豐富的學術資源；為了讓更多的高中學生與民眾可以分享學術的趣味，得以一窺學術殿堂之奧妙，推動「高中學術列車」活動，與各地高中合作，於本（101）年2月至6月，邀請本校各領域教師分赴全國12所高中（遍及臺灣全島及金門），於週末午後每校安排4場演講，累計吸引了超過三千位聽眾；本學年度已於11月17日再度以彰化高中為首站發車。同時邀請歷次參與教師，將講座內容整理彙編《DNA搭乘頭等艙》專書，是一本知識含量豐富的好書。

二、研發處：產學合作營運總中心過去兩年來致力於推動新的措施，協助教師們的產學合作，例如推出「新產學技轉獎勵辦法」、「萌芽計畫」、成立「校友商業諮詢顧問委員會」（Commercialization Advisory Board，簡稱CAB）等，獲得具體明顯成效，技術移轉授權金大幅成長1倍，並榮獲首度頒發之「路透智財獎」。

三、學務處：對重大傷病及時協助就醫與處理；推動校園自我傷害防治守門人計畫及網路心理服務，在19場次系務會議宣導，開辦「線上預約」及「線上自我健康評量」服務，有效提供更多元求助管道，並預防學生憂鬱與自我傷害。

四、總務處：「校友體育館」的規劃、通過環評、招標、施工監造、取得使用執照等，使清華建校一百年來第一次由校友捐贈全部經費興建的體育館如期完工與落成啟用，美奐美侖的新體育館並被評定為「黃金級」綠建築。

五、全球處：由教育部委辦臺灣教育中心（Taiwan Education Center, TEC），先後於O. P. Jindal Global University（金德爾大學，JGU）與Amity University（亞米堤大學）設立臺灣教育中心。目前與Jamia Millia Islamia（伊斯蘭大學，JMI）、Jawaharlal Nehru University（尼赫魯大學，JNU）等校皆有聯繫，討論於該校設立／進行「臺灣教育中心／計畫」之合作備忘錄之事宜。

六、秘書處：主辦與協辦一連串大型校內外活動、紀念會、研討會、記者

會與典禮，盡心盡力，考慮周詳，展現創意並精準執行，可圈可點。

七、計算機中心：雲端虛擬主機服務之推動，目前行政單位有41台、教學單位有21台，合計62台。除提昇本校電腦資源應用效益、降低各單位建置管理及維運成本外。同時也落實節能減碳政策，達到綠色節能的目標。

八、圖書館：完成自助借書機、通道門、館員工作站等硬體，以及92萬餘件館藏標籤之建置，並啟用UHF RFID智慧型圖書館；啟用後，除例行的借還書、安全偵測任務外，帶來的改變與效益包括自助借還書，自助取書，盤點尋書，節省人力與時間。

九、人事室：推動「清親校園，水清木華」清淨校園計畫，動員本校全體職技員工一同實行撿垃圾行動，創造最佳學習及生活空間，各單位配合計畫每日安排同仁排班定時分組清淨校園；並設「清親校園有功」獎項，提昇同仁參與意願，維護校園環境之整潔，同時凝聚同仁對學校之向心力。

十、會計室：舉辦邁向頂尖大學計畫教育訓練與各單位座談以及國科會、建教合作計畫與其他補助案經費報銷說明會，提昇邁頂計畫經費執行之行政效率，避免浪費各單位計畫報帳人員的寶貴時間，有利本校會計業務順利推動暨強化內控之落實。

台灣現今政治、經濟、社會一片低迷氣氛，事實上，有許多地方還是全球所羨慕的；主要是社會似乎沾染負向報導習性，有所主張，而又前後不一貫；前天中國時報陳長文先生專欄以「台灣的集體困境」為題，提到「令人不解的是，幾乎每一個台灣人都厭惡這樣的政治文化，都說改革是必要的；但當嘗試改革的人真的出現時，他所得到的支援卻是微乎其微。」如果這樣，政府怎麼會有改革的力量？改革如何會成功？因此我最近在很多場合一方面身體力行，一方面呼籲同仁儘量用語言、文字甚至行動發出合乎公義，使政府發揮應有功能的訊息，否則只能接受我們不喜歡的後果。

另一方面，政府有些事並不需要外力的支援，就可以進行，譬如說，在清華有許多年出差不須票根，乘飛機不須登機證，只因政府有一天發現有人虛報差旅費，一紙命令，即要全國數十萬軍公教人員報差旅費時要票根或登機證，造成出差人與會計人員極大不便，一方面虛報差旅費可以貪污治罪，以身觸法機會本就微乎其微，另一方面，成本效益一定是負，但多年來，即使在部

會內部多所討論更張，至今仍不動如山；最近深愛台灣而宣布要在卸任後定居台灣的前荷蘭駐台代表胡浩德離台，據知就是對會計措施很不諒解；再者，喧騰一時的上百位教授牽涉的假發票事件，很大一部分也因對公務預算嚴格解釋導致，如果被延攬的人才曉得有如此情事，必然被嚇得不敢接受邀請，另一方面，本校一位根據大學法與清大組織章程聘任的專職副校長，即使在他校已曾任專職副校長，被勞委會承辦人員堅持要求須取得教授資格才得兼任副校長，本人已在很多場合提出，公務員一昧尋找法條，就本位從嚴解釋，人事考核應以負面減分處理，這些都是行政人員本身製造的問題，亟須改善。

　　最後我要再次呼籲各位主管協助宣導正確觀念；以昨晚參加一位企業家宴

請美國麻省理工學院（Massachusetts Institute of Technology, MIT）校長Rafael Reif餐聚為例，Reif校長談到MITx，是MIT與哈佛大學於今年各投入三千萬美元開發免費開放式課程，目標是讓學生自主學習，而由教師講解精華部分，由於許多其他名校紛紛跟進，有潛力在不久將來席捲校園；另一方面，該企業家對台灣高等教育的未來，憂心忡忡，他認為現在年輕人有錯誤認知，以為受大學教育是不須靠自己努力與投資爭取的，同時眼高手低，常缺乏基本就業能力，這是非常值得大家檢討的。尤其清華大學是國內頂尖大學有責任與義務培育未來社會中堅份子，導正偏差觀念與視聽，至為重要，各位一、二級主管在這方面需要多盡一分力量，精實管理才有意義與價值。

③

◀①與校友會曾子章理事長合影
　②本校同仁一般都很優秀，也都有心把自己份內的事做好
▲③清華大學是國內頂尖大學有責任與義務培育未來社會中堅份子

2013年精實管理成果發表會致詞

2013年3月7日　星期四

　　首先我要感謝陳鳳山教授、楊大和教授與黃肇義總監再度蒞臨清華大學擔任精實管理成果評審；去年八月舉行的全校第一次成果報告，由各一級單位推出精實管理成果，與大家分享；到十一月二十日「全校主管推動精實管理方案第二階段教育訓練」會上，又有精實管理案例分享；當時讓大家印象最深刻的案例就是去年成果報告的優勝——電機系同仁提出的「出國差旅費報銷系統」，可省掉出國同仁報銷差旅費時不少時間；令人遺憾的是直至目前為止，尚未推廣到全校施行，希望計算機中心能與主計室加快腳步，以優先方式協助推行。

　　寒假中，看完一本長達三十萬字的巨作，書名叫《快思慢想》（*Thinking, Fast And Slow*），作者是2002年諾貝爾經濟學獎得主康納曼，他自列的研究領域是經濟心理學與實驗經濟學（Economic psychology and experimental economics）；有「當代最偉大的心理學家」、「行為經濟學鼻祖」之譽的他，從心理學角度，切入人的經濟理性，以簡單易明的實驗，證實人類思考有許多不理性的盲點，就近以大家熟悉的範例解說，引人入勝；他將人的心智生活分為二類：快的叫做系統一，主導人的直覺；慢的叫做系統二，需要注意力和力氣；在系統一失敗後，系統二才會上場，它雖然不易出錯但是懶惰的控制者，當系統二忙不過來的時候，系統一對行為有更大的影響力，它是你許多選擇和判斷背後的祕密作者，這本書大部分是關於系統一的工作情形，以及系統一和系統二之間相互的影響。系統一人格特質「衝動和直覺」，系統二「理性和謹慎」。這個系統是否能合作得宜、搭配順暢，直接影響我們思考與決策的優劣。

　　在學校裡，整個學校行政工作也是一個互相牽動的系統；本校行政單位同仁素質都非常優秀，而努力任事，但單位間與同僚間系統觀念有待加強。例如星期一本校美奐美侖「學習資源中心旺宏館」中新圖書館開張啟用。提供多項

創新貼心設施，讓進館參觀學生驚嘆不已，可見圖書館同仁非常盡心的力求完美，但因「旺宏館」外牆完工已久，淡黃色外牆沾了不少污塵，經提醒才趕快請總務處設法緊急清洗；巧在開幕後與旺宏電子吳敏求董事長一起參與導覽行程時，吳董事長即提到過年期間他與家人來清華踏青時，注意到外牆不是很乾淨；如果開幕當時沒有事先清洗，是很讓學校顏面無光的。

　　另外一例是上學期發生的陸生學分費事件，本校為國際生權益，調降其學分費，因而使國際生學分費低於陸生學分費，引起陸生抗議；當初國內首先開放招收陸生時，格於立法院三限六不決議，公立大學招收陸生須照私立大學標準收費，由於事涉不公平待遇，導致國際生也比照收費，試行後而有調降國際生學分費之舉，一番美意引來相當大的負面報導；經查教務處負責國際生與陸生學分費業務，分屬不同同仁，由於缺乏橫向聯繫，而各級監督主管也未警覺，片面調降結果，產生新的不平等，最冤枉的是本校對陸生所收學分費，還遠低於許多其他公立大學，因此同仁處理業務時，必需要有系統觀念，如要改變時，會牽動那些變化，必須有所考量；在如今資訊處理電腦化時代，應很容易註明而自動警示，否則承辦同仁或主管有所變動時，類似問題很可能重現，希望各單位同仁能記取教訓，就現有業務建立系統連動機制。

　　今年年假特別長，而天氣又乾爽舒適，校園繁花點點，美不勝收；比較美中不足的是昆明湖上湖在收假前突然漏水而乾涸，造成湖內錦鯉與吳郭魚浩劫；事後檢討，應與有七、八年未清淤有關，這點需要仰賴總務處指定專人定期測試，並列入工作手冊中，如有需要即行清淤，否則數年後又會發生「意外」！

　　以上是我對本校行政工作「精益求精」的期望，希望同仁在分享精實管理成果之餘，也能就各人業務多作檢討，而在系統面與持續改進面補強，最後預祝大家能在評審結束時脫穎而出。

▶ 整個學校行政工作
　是一個互相牽動的
　系統

精實管理與全面品質管理教育訓練進階課程致詞

2013年5月16日　星期四

　　很歡迎大家來參加精實管理與全面品質管理教育訓練進階課程；今天很感謝陳鳳山教授再度來校講授精實管理與全面品質管理教育訓練之進階觀念，吳建瑋教授介紹本校的「創新提案制度」，以及本校前主秘王國明校長分享校務全面品質管理推動經驗。

　　精實管理的英文是「lean management」，平常lean是有瘦身、沒有冗贅的意思，在管理上代表精簡，做好份內之事，把事情辦好；也許管理專家可告訴我們，是誰將lean management翻譯為精實管理，而這種譯法可謂神來之筆，有畫龍點睛的功效，因為精實管理希望做到精緻、精到、精明、精密、精彩、精華、精簡、有精神、成為精品，同時講究確實、實在、實際、實質、實施、落實、具體實現、不斷實驗，可以全面延伸，也就是全面品質管理（total quality management, TQM）。

　　《論語‧陽貨篇》有一段有名的孔子與子路對話「子路曰：『衛君待子而為政，子將奚先？』子曰：『必也正名乎！』子路曰：『有是哉？子之迂也！奚其正？』子曰：『野哉，由也！君子於其所不知，蓋闕如也。名不正，則言不順；言不順，則事不成；事不成，則禮樂不興；禮樂不興，則刑罰不中；刑罰不中，則民無所措手足。故君子名之必可言也，言之必可行也。君子於其言，無所苟而已矣！』」子路是孔子最有名的弟子之一，與孔子常有精彩對話；從工作觀點，正名為什麼重要？因為「名分」清楚，大家各居其位來做人做事，知道該做什麼，如何去做，遵守一定的道理，循序漸進，有一定的要求與期許，成為生活與工作的理念；因而可以「理直氣平」的向人說明，為何如此做，獲得認同與合作，達成目標；所以君子做事，是在「師出有名」且考量

其可行性後，慎重實行，所以得以「言必行，行必果」。

我們常說「名正言順」，在學校能順理成章的做事，與校內外其他單位與校內師生同仁充分的溝通同樣重要；清楚說明的重要性在心理學研究上有相當堅實的根據；2002年諾貝爾經濟獎得主康納曼在近作《快思慢想》（Thinking, Fast and Slow）中告訴我們，心理學研究顯示人的思想受促發（priming）效應影響，由於聯結活化（associative activation），例如言語與文字會激發記憶，記憶激發情緒，情緒激發臉部表情和其他反應，產生自我強化的認知、情緒和生理反應狀態，由聯結記憶，激發很多念頭；神奇的促發作用，不限於文字，意念影響動作，動作亦影響意念，如意識與老年有關字眼，動作會放慢，愉快會帶來微笑，反之亦然；總之人的情緒與行為被連自己都未曾意識到的事件所促發，所以言者諄諄，而能讓人不聽者藐藐，很是重要，學生在學校學習中不僅由教師耳提面命，使學生耳濡目染、而且能由營造氛圍潛移默化，如果吝於溝通，效果將大打折扣。尤其現在資通訊發達，人人可在網路上發聲，一呼百應，偏見與錯誤訊息充斥，而能廣為流傳；再加上媒體偏好聳動的負面報導，以偏蓋全、違反常理、片面之詞，比較有機會被優先引述以及放大處理；最近心理學研究顯示，錯誤訊息一旦「先入為主」，很難得到平反，因此適時的發佈或表達正確的訊息非常重要。

一個在日常生活常見的與促發有關的例子，是一個人的名字對他的個性發展的影響，國人命名常代表父母的期許，國字亦常有一定意義，而一個人從小到大，不斷寫自己名字、經常受人喚叫，自我在心中盤迴不已，促發效應自然不可小覷，大家如果想想熟識的親友故舊，恐怕都可發現不少範例。另外一例是本校即將啟用的「奕園」，設立「奕園」是因為要實現本校沈君山前校長的願望；由於沈校長精通圍棋，所以捐款在學校建立具圍棋意象的「奕園」，最近經聯合報大幅報導，學校收到一些迴響，認為應名「弈園」，而非「奕園」，事實上根據「教育部重編國語辭典修訂本」，奕通「弈」，而奕本身有美好、盛大、超群、舒適、安樂之意，到有圍棋意象之園，得以神采奕奕，豈不更佳？另外，在字典中，國字同奕字音的多達188個，而多為美字，遊客隨性所致，可以有閒情逸致、精益求精、記憶猶新、多才多藝、技藝超群、剛毅果決、超軼絕塵等想像，這又是文字語言的巧妙與威力了。

以上自精實管理名稱，談到工作從名正到言順至事成的現代意義，希望對

大家略有啟發；最後再次感謝陳鳳山教授、吳建瑋教授與王國明校長，嘉惠清華，也祝大家今明兩天有充實的學習經驗。

▲ 精實管理就是全面品質管理　　▲ 工作從名正到言順至事成

2013年精實管理與全面品質管理成果發表致詞

2013年7月9日　星期二

　　感謝陳鳳山教授與各位評審委員再次為清華指導精實管理並評審成果。首先我要向大家宣布一個好消息，就是本校最近已收到行政院的正式通知，榮獲本年度的「國家品質獎」；這項代表國家品質的最高殊榮是屬於大家的，不僅靠各位同仁在平時盡心盡力，也仰賴大家在評審前群策群力，悉心準備，評審期間表現優異，讓我們給清華與自己一個熱烈的掌聲；據了解本校積極推動精實管理的研習對榮獲「國家品質獎」有相當的加分效果，也讓我們給陳鳳山教授與團隊最熱烈的掌聲。

　　自2010年八月起，本校承陳教授指導，展開精實管理的研習，三年來陸續在學校推動精實管理各階段工作，包括「精實概念教導」，「精實管理工作坊」，「精實實作成果檢討」，以及去年八月9日舉行的全校第一次成果報告，由各一級單位都推出精實管理成果，再經今年三月7日第二次成果報告，由各二級單位報告精實管理成果，與大家分享。繼而展開第二階段，包括進階課程，今天則是第三次成果報告。在去年十一月二十日精實管理研習會中，電資院同仁提出的出國報銷精簡方案讓與會同仁大為讚賞，經主計室與計算機中心同仁的努力，現已推廣到全校使用，是具體成果的呈現，從今天報告主題看都是有利推動校務的努力，有些是有相當的共通性，很值得相互觀摩學習，我們期待今天的成果報告，有更豐碩的成就。

　　在五月二十六日精實管理研習會上我曾介紹2002年諾貝爾經濟獎得主康納曼所作《快思慢想》（*Thinking, Fast and Slow*）一書，從心理學觀點探討人性，而應用於生活與工作上，今天我要向大家介紹同一路數的三本書，並不是我把研習會看作讀書會，而是希望與大家分享，對大家了解人性以及應

用於工作與生活上有所助益。這三本書都是著名行為經濟學家丹艾瑞利（Dan Ariely）的作品，丹艾瑞利在十八歲時，因意外爆炸，以致全身有70%的皮膚遭到三度灼傷，經三年大幅度整治才得康復；在復健情間，觀察過去曾是日常例行事務的活動，而最常盤旋在腦海的問題是，人究竟是受到什麼因素驅使，而有這種種的所作所為？丹艾瑞利的特色是經過一串精心設計的實驗透視人性：

第一本書是2008年出版的《誰說人是理性的！》（*Predictably Irrational: The Hidden Forces That Shape Our Decisions*），這是讓在編輯台工作十餘年的天下文化編輯部，選過、編過的書不下五百種的許耀雲總監驚豔不已，打心底讚歎、推崇的書。

大部分經濟學家和我們大部分人對人性所秉持的基本假設，「我們有能力為自己做出正確決策」。《誰說人是理性的！》中，作者觀察到，人類不只是可能不理性，而且是可預測的不理性。我們的行為常受情感、情緒、比較、社會規範等影響，但也常會低估或忽視這些力量，因此認識這些陷阱，才可以提高警覺，避免失誤或乖乖上當，開始改變自己的行為，改善決策品質。

例如有人在大溪地採收黑珍珠，但銷售不順利，在與善於做生意的珠寶商合作後，一方面在紐約名店街櫥窗裡展示，並標上高價。同時，在最時尚的雜誌上大登廣告，把原不值錢的商業變成令人驚豔的絕世精品。另一方面，電視售物台，常會拿售價與百貨公司定價相比，也是一種「定錨」效應。

又如我們看身邊事物時，總是根據它們與其他事物「比較」來評斷，嫉妒和羨慕油然而生。自家小孩平常越看越優秀，但當鄰家小孩考上清大，而我家小孩只考上某大，就覺得他不爭氣，小孩仍是自家小孩，而觀感可大不同，是「比較」的不良後果。

再如到「大潤發」買鬧鐘，看到中意的一款標價600元，如果有人告訴你附近的「愛買」賣400元，你可能會興沖沖轉去「愛買」採購，如果智慧型手機標價10,000元，鄰家賣9,800元，你可能就沒有興致趕去了，這是相對比較效應，同樣是省200元，決定可能大不同。

同時要了解社會規範和市場規範的差別，一是重情重義，一是純商業行為；如你要請人幫忙，很多人會願意幫忙，但如你提起報酬，有的人會斤斤計較，有的人就會掉頭不顧；社會規範用在學校工作上，是增進師生同仁以及校

友認同感，樂意做出貢獻，學校應該多使用獎勵和榮譽作為鼓勵的辦法，避免用嚴厲懲罰辦法，如對學生遲繳學雜費或賠償遺失圖書罰金，保留一定彈性，是比較適當的作法。

第二本是2010年出版的《不理性的力量》，英文是*The Upside of Irrationality: The Unexpected Benefits of Defying Logic at Work and at Home*，也就是不理性有時反導致正面效應，例如無怨無悔生養幼兒，孝養長輩，如純從經濟利益而言，不見得合乎成本效益，但很明顯有益於社會祥和。

人有「樂在工作」的傾向，不理性的由工作中得到滿足感。作者從「樂高遊戲」組裝戰士實驗中，認識「樂在工作」：那些在「有意義情境」中工作的人，即使酬勞減少一半，有65%依然願意繼續；但那些在「沒意義情境」下的工作者，只有20%願意。因此運用「生產線」來降低成本，並不可取，最好是創造使命感來提高生產力。

又如人的適應力，中了樂透大獎的人，一年後的快樂指數差異不大，一個發生重大車禍的人，一年後的痛苦指數和他一年前未發生車禍時相同。這是因為人類為了生存，會將有限的注意力放在一些不斷變化的事物上，而略過不重要的變化，或忽視不再變化的事物，這就是所謂的適應力。

第三本是是2012年出版的《誰說人是誠實的》，英文是*The Honest Truth about Dishonesty*；美國有名的喜劇演員Groucho Marx曾說：「要知道一個人誠不誠實，有個好辦法是直接問他。假如他回答：『誠實』，那他一定是騙子。」，人不可能完全誠實；大多數人都自認是好人，要維持這種自我認知，行為會有所規範，但碰到灰色地帶，藉由一點點認知上的彈性，只要我們撒個小謊、暫時做稍微不合法的事，我們就可以從中獲益，而同時又能維持自身的誠實形象。這是種微妙的平衡法。

艾瑞利舉例說，滿懷服務熱誠的博物館志工，也常有順手牽羊的行為，但稍加強防範措施，即大為改善；冰箱上加裝很容易解開的鎖，知名大學宿舍取用他人食品的案例立即大減；社會中，真正大奸大惡的人少，愛貪點小便宜、矇混過關的人多，而如適時提醒，可減少許多弊端；艾瑞利顯示，測驗前讓人看一遍十誡，甚至請先簽名，作弊情況都會減緩很多，就是大多數人內心是希望維持認知本身是誠實的表現。

俗語說：「拿人手軟、吃人嘴軟」，人總是想答謝別人的恩惠，這樣的想

法會影響我們的看法，即使在年節時收到一些小禮物，在做決定時，常不自覺的有所偏倚，所以對「利益迴避」要特別注意，保持警戒。

同時艾瑞利強調「勿以惡小而為之」，一個人累積許多小小違規，或許多人犯同樣錯誤，不誠實會像病毒一樣傳染，而認為大規模犯錯沒有什麼關係，造成腐蝕效應，有潛力釀成大錯。這也是名人應以高標準檢視，否則給人錯誤印象，有樣學樣，由緩慢、漸進而向作弊妥協，後遺症無窮；令一方面，公開表揚良善行為，也有示範而擴散的效果。

以上三書各有其豐富內容，在此僅能略就少數書中所舉之例說明，如各位同仁能撥空精讀，一定受益無窮；最後再度謝謝諸位評審，祝大家的成果備受肯定，抱得大獎歸。

▲ 本校積極推動精實管理的研習對榮獲「國家品質獎」有相當的加分效果

▲ 與學務處得獎人合影

三、得獎感言與成果

2013年接連榮獲「國家品質獎」、「全民國防教育傑出貢獻獎」，所發表的得獎感言與成果展示。從中彰顯清華「自強不息，厚德載物」的校訓精神，與持續追求學術卓越與培育傑出人才的決心。

國家品質獎得獎感言

2013年8月30日　星期五

感謝各位評審委員的鼓勵和指導，有賴於全體師生同仁長期的齊心努力，清華校務創新及績效有目共睹，此次獲得「國家品質獎」，除給予本校極大肯定外，更賦予清華任重道遠的社會責任。

作為頂尖大學的一員，清華大學不但堅持校訓「自強不息」的精神，持續追求學術卓越與培育傑出人才，更與產業緊密合作共同開發前瞻產業技術，以創造經濟效益，並共同促進台灣高等教育的國際化；秉持校訓「厚德載物」的校風，清華師生亦持續參與社會服務與國際志工，照顧弱勢，建立服務社會的視野與能力，帶動國內高等教育之整體發展。

清華大學以培育德、智、體、群、美五育兼優，具備科學與人文素養，能慎思明辨、具責任感與敬業精神，對社會具影響力的領導者和社會公民為己任。重視學生「堅實深厚的專業素養、自我瞭解與溝通表達、多元觀點與宏觀視野、邏輯推理與批判思考、科學思維與反思、藝術與人文涵養、資訊科技能力與素養、社會反思與實踐」的基本素養與核心能力。

清華大學以世界級卓越大學的四個願景來凝聚共識：「人文薈萃的學術殿堂」、「博雅與專業人才的培育場域」、「創新科技的發展重鎮」，以及「多元進步社會的推動基地」，充分運用優勢，積極建構優勢研究教學環境，進行前瞻研究，豐富教育內涵，同時進行組織再造，強化經營體質，善用社會資源，奠定良好基礎，以朝向世界級卓越大學之目標邁進。清華大學期望在5年內可進入世界百大，10－20年內進入世界前50名，並將有5－6個具潛力成為世界級之頂尖重點學術領域。

清華全面品質管理的推動是從校務永續發展為策略目標，也是教育創新與持續改善的歷程。清華自1956年在新竹建校起，即引領國內學術的發展與國家

科技研發息息相關，從行政電腦化、行政合理化、校務評鑑、教務創新、校友－品牌－社群（ABC）策略、組織再造等一連串推行規劃－執行－檢驗－調整（PDCA）循環的歷程，來落實世界級卓越大學願景理念。

　　清華透過學校自我定位之強項、弱項、機會、威脅（SWOT）綜合分析及以世界頂尖一流大學之標竿分析，進而由各單位根據單位使命，擬訂5－10年中長程計畫，分別送經內外部專家審核，參照專家意見修訂後，提送「校務發展委員會議」審查，修正通過後再送至「校務會議」通過後實施。在執行方面分為學術卓越、優質教研環境、高品質教學、卓越校務經營等策略展開，擬定各項具體行動方案，依據內外部循環之各種檢驗機制加以確認品質成效並修改計畫，不斷追求更高品質。以下藉由不同階段的主要代表性活動來說明清華推動卓越經營與全面品質管理歷程。

　　清華自2012年起導入全面品質管理與策略規劃以建立「中長程校務發展策略規劃」之機制，並和每年定期舉辦「校務發展諮詢委員會」和「校務發展規劃顧問委員會」的檢討與建議整合，定期更新中長程校務發展規劃報告，並使校務卓越經營目標和各教學行政單位的長期策略規劃結合，達到「綱舉目張」的層級展開和PDCA的改善循環。

　　清華為強化行政效能，2010年推動「精實管理」行動方案。藉由全校動員，由上而下課責，先針對全校一、二級主管進行「精實管理主管一日營」，再以秘書處及總務處的同仁為先鋒種子團隊，進行密集的精實管理教育訓練，以組（中心、室）為單位，選定一項以上的業務，依精實管理的原則及工具進行實際操作，六個月後，檢討實施成效及進行回饋修正，再將全校職技人員及行政助理皆納入調訓對象，已逐步推動並落實校內精實管理。並邀請外部顧問、專家學者協助教育訓練與評審，以及組成「全面品質管理顧問小組」，協助持續推動品質提升。

　　對於當前全球所面臨的經濟衰退、環境污染、地球暖化與人口老化等重大課題，清華亦積極思索，整合相關資源，提供永續經營、永續發展、高齡照護等因應策略，期能對社會、國家、乃至全人類做出重大貢獻。

　　「行勝於言」為清華的校風，也是清華團隊追求「高品質」執行力的保證。「國家品質獎」的肯定將鞭策清華更積極推動全面品質管理，持續改善。

①行政院毛治國副院長頒
　發獎座
②馬英九總統接見「第23
　屆國家品質獎」得獎企
　業及團體
③與清華團隊合影，記錄
　清華大學得「國家品質
　獎」光榮時刻

國家品質獎得獎者觀摩活動致詞

2013年9月16日　星期一

　　首先歡迎「國家品質獎」主辦單位經濟部工業局以及財團法人中國生產力中心先進以及各與會貴賓蒞臨清華大學參加「國家品質獎得獎者觀摩活動。」本校此次獲得「國家品質獎」的殊榮，深感榮幸，也體認推廣與分享責任重大，所以在主辦單位指導下，盡力協辦活動；由於預定時間少於實地審查的兩天時間，今天大家將會體驗本校參加「國家品質獎」角逐「濃縮精華版」，時間雖減少，內容不打折。

　　今天的活動與當初實地審查較大的差異是書面資料審查與懇談，另外當然是不如當初緊張；清華決定要參加「國家品質獎」的角逐，是經過一番長考的；一來以往沒有國立大學得獎，二來預期所花精力不少，是否值得需要評估，三來大家都知道，難得的獎項通常確實難得，變數很多，「名落孫山」也頗不是滋味，所以當去年「國家品質獎」個人獎得主，也就是本校主任秘書簡禎富教授提出建議時，本人相當保留；但簡主秘認為本校很有一搏的機會，所以初步決定準備看看再評估，在面臨決定時刻時，發現學校各方都已積極動員起來，有「箭在弦上，不得不發」之勢，因而在頗帶複雜心情下，提出申請。

　　能夠獲得「國家品質獎」，給予本校極大肯定，在懇談時，有評審委員問道：「如果沒有得獎，貴校將如何因應？」直指參加國品獎角逐的意義與價值，如果看當初申請書內容，除學校簡介外，包括推行全面品質管理的經過以及推行全面品質管理的現況，在推行全面品質管理的現況項下又分領導、策略管理、研發與創新、顧客與市場管理、人力資源與知識管理、資訊策略、應用與管理、流程管理、經營績效等分項，涵蓋校務發展所有面相，是一個澈底檢視學校在全面品質管理努力與成效的機會，而在準備申請書、複審補充說明資料、現場評審簡報資料、現場評審詢答說明資料、書面資料以及部門審查階

段，本校相關部門都積極參與以及因應，是非常可貴的經驗，事後檢討，即使沒有獲得國品獎，也是深具意義與價值，重點是施行期間能讓全校各單位一起全心投入。

校務發展自然是「承先啟後，繼往開來，」清華全面品質管理的推動是從校務永續發展為策略目標，也是教育創新與持續改善的歷程。本校能榮獲國品獎，要感謝各位評審委員的鼓勵和指導，並有賴於全體師生同仁長期的齊心努力，如果要我特別推薦清華近年來較有成就的工作，應屬為強化行政效能，自2010年推動的「精實管理」行動方案。藉由全校動員，由上而下課責，先針對全校一、二級主管進行「精實管理主管一日營」，再以秘書處及總務處的同仁為先鋒種子團隊，進行密集的精實管理教育訓練，以組（中心、室）為單位，選定一項以上的業務，依精實管理的原則及工具進行實際操作，六個月後，檢討實施成效及進行回饋修正，再將全校職技人員及行政助理皆納入調訓對象，已逐步推動並落實校內精實管理。並邀請外部顧問、專家學者協助教育訓練與評審，以及組成「全面品質管理顧問小組」，協助持續推動品質提升；今天在會場樓下，圖書館穿堂琳瑯滿目的成果展示，是清華覺得很值得與今天參加活動貴賓分享的經驗。

最後祝大家在經營管理上精益求精，來年榮獲大獎。

◀ 國家品質獎得獎者觀摩活動海報

全民國防教育傑出貢獻獎得獎感言

2013年8月30日　星期五

　　清華大學很榮幸獲得本年度「全民國防教育傑出貢獻獎」，據了解，選拔表揚評選指標包括計畫作為（10%）、執行作為（70%）、考核作為（20%）：

　　在計畫作為方面，評選指標為單位辦理全民國防教育「學校教育」、「政府機關（構）在職教育」、「國防文物維護、保存及宣導教育」及「社會教育」等相關法規之研訂或訂頒相關計畫；本校作為提報五項：

一、為激發同學愛鄉愛土愛國之情操，使其關懷土地、認識歷史，圖書館於2012年3月8日至18日於圖書館一樓輕閱讀區舉行【釣運文獻館網站啟用暨釣魚台珍貴資料展】，讓同學們對釣魚台事件認識外，也燃起對國事關心與認同，本次陳展資料為本校長期推動「海外留學生刊物暨保釣運動文獻」工作，保存1960－1980年代海外留學生學思軌跡及政治社會參與之珍貴文獻。

二、孫立人將軍臺灣發展有重要貢獻，尤其在國民政府播遷來臺之初，肩負著軍事局勢穩定發展重責，奠定今日臺灣成長進步的基礎，其從1982年開始其軍旅生涯後，參與過無數大大小小的戰役，於101年9月21日假本校合勤演藝廳舉辦「吳國楨主席與孫立人將軍紀念會」會中除邀請孫立人將軍之子孫天平先生外，也請中央研究院朱浤源教授及揭鈞教授做主題講演，主題為孫立人將軍的青年教育思想及孫立人案的來龍去脈。

三、策訂全民國防教育－實彈射擊體驗活動，培養全校師生戰時自我防衛能，使學生了解全民國防教學的多元，藉由射擊活動，凝聚師生國防共識。

四、清華大學校園中最大的湖泊–成功湖，位於清華大學校門口左側約50公尺處，從日據時代保留至今，因早期附近的公道五路沿線，是日據時代海軍的油料補給站，因此成功湖早先是日軍海軍為了安全所開鑿的滅火湖，為保存及維護相關文物，校內訂定各項成功湖邊鳳凰木及朴子老樹醫治護育工程計畫；另因水中優氧化嚴重，魚群無預警暴斃，本校策頒相關整治計畫並公告。

五、為增強學生體能訓練，鍛鍊個人體魄，使能順利銜接未來服役之各項軍事訓練，藉以強化全民國防教育課程之實效為目的，修習軍訓課學生於101學年度第8週實施，計有923位同學參與。

在執行作為方面，評選指標為策辦全民國防「學校教育」、「政府機關（構）在職教育」、「國防文物維護、保存及宣導教育」、「社會教育」等多元化活動（40分），規劃相關文宣作為（10分），建置網站、資料庫等作為（10分），單位執行或策辦全民國防教育創新、積極作為或提供重要興革建議（10分）；本校作為提報七項：

一、欲保國防教育恆穩久立，實賴國防教育，而大學國防教育為國防之一環，在整體教育歷程中，扮演舉足輕重之地位，教育是廉價的國防，亦是健全國民教育之基礎，更可為平時戰時轉換之關鍵要素，協辦教育部年度【全民國防教學卓越與續優論文研討會】有效增進全民國防教育研究發展。

二、結合「全民國防教育」辦理101學年度【生存遊戲體驗活動】，增進同學對戰場肅殺與狀況未明的臨場反應，進而培養同學的抗壓力與決策力，領導與合作之精神，以期提升防衛動員能知，實踐全民國防之終極目標。

三、為精進教育部對軍訓教官教學知能、技巧及品質提升，配合辦理桃竹苗區101學年度第1學期軍訓教官授課計畫提報及教學演示活動。

四、為提升校內師生對意外事件之應變能力、強化自身安全，實施自我保衛能力與危機處理教育，有效建立師生對自身生活意外之認知，同時結合校內外各項人力、物力及資源，積極有效推展【心肺復甦術

—CPR】自救救人的急救教育概念，提升應變處置知能，減少意外事故，達到「保護自己、愛惜生命」之目標。

五、「全民國防教育」不單單只是從正式課程中學習，在潛移默化中有效融入生活體驗與實踐，跨校際推展全民國防教育之實踐理念，赴新竹陽光國小實施全民國防教育。

六、為提升全國各級師生防災與逃生應變能力、強化校園危機管理與教育，有效建立師生對天然災害防震防災之認知，由教官協助拍攝「國家防災日宣導教育影片」藉由影片宣導讓全國各級學校了解地震之防救，深化防災素養，奠基永續安全校園，並達到「保護自己、愛惜生命」之目標外，也納入101學年度新生訓練——防震防災訓練。

七、輔導學生多元職涯發展及協助國軍人才招募工作，每年大專程度義務役預官考選均擴大宣導，獲相關單位肯定與行政獎勵，並且利用校內網頁公告國軍招募之各項訊息，以期讓同學能迅速掌握各相關國軍考試訊息。

在考核作為方面，評選指標單位推動全民國防教育工作，獲得主管（或相關）機關辦理獎勵者（10分）、對所屬推動全民國防教育工作實施考核、獎助評鑑（5分）以及單位足額薦報全民國防教育傑出貢獻獎選拔（5分），提報項目有：

一、101學年度第1學期教學意見調查統計結果，軍訓室教學方面有多位教官表現優異，獲教務長感謝函。

二、辦理全民國防教育教學卓越與績優論文研討會，獲教育部獎勵。

三、辦理年度義務役預備軍士官考選成效卓著，獲教育部獎勵。

四、辦理實彈射擊體驗活動表現良好，獲嘉獎乙次。

五、辦理國家防災日地震避難演練活動，表現良好，獲嘉獎乙次。

很感謝評審委員的肯定，讓本校榮獲「全民國防教育傑出貢獻獎」，清華大學自將再接再厲，在全民國防教育上有更卓越的表現與成就。

四、教師與職退

包含對新進教師的關懷期望、優秀教師的表彰勉勵與退休教師的慰勞祝福，以此展現清華卓絕超群的優秀師資，亦表清華對教師們的深切重視。而於退休致詞中可窺見從甫上任的積極精神到退休後的閒適情懷心態轉變。

2011年新進教師研習會致詞

2011年9月1日　星期四

　　首先歡迎新進同仁加入清華大家庭。清華在某種程度上可謂家大業大，但非常需要持續輸入新血，才能保持活力，發揚光大。

　　我剛才提到家大業大，並不是代表清華的自滿，而是要強調清華的光輝傳統。自去年九月以及，本校在世界三大世界大學評比均有亮麗表現，首先是泰晤士報世界大學評比，清華位居第107名，在全台居冠。英國高等教育調查機構QS公司近日陸續公布各領域的大學排名，本校在生命科學與醫學，工程與技術、科學及人文領域有十一個領域居前兩百大；其中三個領域居前百大，四個領域居前一百五十大。上海交大兩岸四地大學排名，本校名列第四名，而本校在每位教師的頂尖論文、國際論文及國際專利三項平均數、專任教師中有博士學位的教師比例，以及畢業生獲得重要獎項的總數及平均數，都超越前三所學校。

　　清華擁有最卓越、優秀的教師。學有專精，研究傑出、認真教學、熱誠服務，關心學生是清華教師的特質。本校自建校以來，除獲政府重點支持，又接受美國退還超收「庚子賠款」所設基金會長期支持，善用優勢，盡攬菁英。教授在教學或研究領域上表現傑出，數十年來國內所有重要學術獎項，本校教授獲獎率都遠超過其他大學。以去年度到今年而言，中研院院士的選舉，全台灣學界只有兩位當選，本校張石麟教授就占一席，在國科會獎勵諾貝爾級學者的學術攻頂計畫，去年全台灣共核定四件，清華就有兩件，今年核定兩件，清華佔一件。另外，在教育部最崇榮的國家講座獎項，去年全台灣一共五位，清華佔了兩位；另一方面，頒發獎額高達100萬元的「有庠科技獎講座」得主，本校在四位中佔兩位，「有庠科技論文獎」得主，本校在八位中佔四位。最近剛公佈的「國科會吳大猷先生紀念獎」，本校有五位年輕學者獲獎。顯示清華在

研究上，資深與年輕教師均有優異的表現。

　　清華擁有五萬多傑出而向心力極強的校友，工程與系統科學系（原核子工程系）1969級校友李偉德博士，於99年5月捐贈新台幣壹億伍千萬元協助興建「綠色低碳能源教學研究大樓」；1973級物理系校友謝宏亮董事長，捐贈母校價值不菲的羅丹巨型銅雕「沉思者」；本校所發動之清華「百人會」，達陣成功募得新台幣壹億柒千萬元，用以興建「校友多功能體育館」；另一方面由企業界校友籌設的大清華基金，已募得三億元資金，將以部分獲利所得挹注母校。

　　台灣社會對清華的支持力道逐漸加強，本校近年來陸續落成的台積館、台達館、旺宏館、合勤演藝廳、蒙民偉樓多蒙相關企業及個人，慷慨捐贈才得以實現。去年本校獲「東和鋼鐵」侯貞雄董事長捐贈貳億元設立「侯金堆講座」，作為延攬及留任一流人才的經費。旺宏電子公司，在捐贈三億元建設經費外，更加贈壹億元為內部裝修經費；另蒙匿名善心人士捐贈壹億柒千萬元，協助本校興建生醫科技大樓；另一方面永安船務副總經理陳俊秀先生將收藏的五千餘件珍奇甲蟲標本，全數都捐贈給本校。清華受到各界支持，必當全力以赴，不負期待。

　　有人形容清華的學生是在人生樂透摸彩得到頭彩的幸運兒，這在許多家長與學校的互動得到驗證。去年新生家長會後，一位家長寫了一封長信給我，並附上一張匯票，主要是認同清華辦學理念，希望幫助學校發展，後來又陸續有兩次來函建言與捐款，另一位家長則一次捐贈給清華五百萬元，他們共同的要求是匿名尤其是不讓其子弟知道，但愛屋及烏之親情，對清華的殷切期許盼望，令人深深感動。

　　四月初教育部第二期「邁向頂尖大學計畫」審議結果出爐，本校獲得每年12億元補助，最近並蒙新竹市政府同意無償撥用緊鄰本校南校區6.53公頃文教用地作為本校新校區，使本校得以持續提昇軟硬體建設，強化教學、研究，並擴展國際化視野，在全校師生的努力下，成為華人地區首學、邁向世界頂尖大學的目標，將指日可待。

2011年教師節茶會致詞

2011年9月21日　星期三

歡迎大家來參加今天的教師節茶會。首先我要謝謝各位資深教師多年來對學校盡心盡力，勞苦功高，歡迎新進教師加入清華大家庭，恭喜各獎項得獎教師，你們的傑出表現，清華與有榮焉。有人說，一個人一輩子能深深正面影響一個人，即不虛此生。清華教師有很多這樣的機會，是人生難得的機遇，優良的教師會很有成就感。

各位教師同仁在三百六十行中，選擇教師為志業，應是最明智的抉擇。大學教師在研究教學工作上有相當的自主性，尤其擔任清華的教師，在社會上受到尊重，在學校受到尊敬，在優美校園中，傳道授業解惑，得天下英才而育之，不亦樂乎。

唐宋八大家之一的韓愈在〈進學解〉中，教誨學生說：「業精於勤，荒於嬉；行成於思，毀於隨」等大道理，言未既，學生笑於列，認為不切實際，可見約一千三百年前，師生之間，並不一昧老師莊嚴肅穆，學生唯謹受教。近百年來，西力東漸，社會風氣丕變，學生也多元化，但所幸在台灣仍大體維持尊師重道的優良傳統。多年前，我的博士論文指導教授Gareth Thomas在訪台而對台灣情況略有瞭解後，曾表示甚為羨慕台灣的教授在社會上受到尊重，在學校受到尊敬，不像美國師生關係相對淡薄，尤其開學時選課如購物，稱謂shopping around。教師是心靈的工程師，是經師也是人師。清華教師的挑戰是要做到名實相符，實至名歸。

去年清華蒙「東和鋼鐵」侯貞雄董事長捐贈貳億元設立「侯金堆講座」，作為延攬及留任一流人才的經費。侯董事長為紀念其先翁設立的「侯金堆文教基金會」，二十年來以「侯金堆傑出研究獎」獎勵國內各重要領域學者，而其頒獎典禮盛事之一為特邀演講。我因長期擔任該基金會董事，並曾為得獎人，

所以常參加其頒獎典禮。記得有一年邀請苦學出身的前台大校長、國防部長、經建會主委孫震先生演講，他歷數其求學治學的艱難困苦，第二年同一場合，中央研究院李遠哲前院長則大談學問的樂趣，認為世界上最快樂的事是有人願意花錢讓你做最感興趣的事，可見做研究如人飲水，冷暖自知，可以苦不堪言，也可以樂在其中。教學研究是苦是樂與人資質、性向、經驗有直接關係。教師是良心事業，對學生的課業、生活以及生涯的關心永遠不嫌多。各位新進教師在體驗教師生活同時，思索是否為你的最愛，與你的人生目標是否相符，也是最嚴肅的課題，畢竟校外的天空同樣非常的廣闊，適才適性非常重要。

今天頒的傑出教學獎、產學合作績優獎、以及講座、特聘教授都是校內設置的獎項，但校內獲獎往往是榮獲校外各獎項的先聲。得到對各位最了解的師生同儕肯定，常是校外各獎項評審的最佳參考，也是新進教師的榜樣。祝大家得獎連連，為校爭光。最後祝各位同仁教師節快樂。

▶ ①校內獲獎往往是榮獲
　校外各獎項的先聲
　②教師是心靈的工程
　師，是經師也是人師

2011年「傑出產學合作獎」、「新進人員研究獎」、「指導大專生參與研究計畫創作獎」頒獎典禮致詞

2011年11月24日　星期四

很高興參加今天的頒獎活動，首先我要向榮獲「傑出產學合作獎」、「新進人員研究獎」及「指導大專生參與研究計畫創作獎」的十二位同仁致賀，恭喜你們的努力獲得肯定。

民國四十五年清華大學在台復校，以理學院起家，到民國六十一年才成立工學院。一直到七十年代初期，校園裏仍有許多人認為產學合作是不務正業。但近年來，大家對大學使命的思維有了很大的轉變，高級人力集中的大學應對產業發展、民生經濟有所貢獻，以回饋社會，所以產學合作開始受到相當的鼓勵。本校設置「傑出產學合作獎」，今年已是第六屆。由於規定一人只能得獎一次，剛才我問研發長，往後會不會有難覓得獎人的顧慮？研發長告訴我說，本校產學合作績效快速上升，有資格得獎人來源不虞，是一個可喜的現象。另外我要一提的是，最近有國內某大學做過分析，學校執行計畫，所須成本大約是計畫金額的百分之三十，而目前產學合作的管理費不超過百分之二十，如單以成本分析，產學合作成績越好，學校負擔越重，由此觀點，可將學校不調整差額看作一種支持與鼓勵。

本年度第十四屆「新進人員研究獎」五位同仁分別以在微分幾何、拓樸學、生物影像、表面物理、低能量電子繞射、奈米結構中生物分子、奈米材料合成等領域有傑出成果獲獎。新進教師代表學校的未來，清華大學不管以前在大陸或目前在台灣，都以師資優良著稱，大家能脫穎而出，出類拔萃，誠屬不易。學校自當努力培植「明日之星」，助成諸位充分利用在台灣與清華從事研究工作的優勢，克服困難，有所發揮。我認為在當今資訊網路世代，跨國合作

藩籬漸除，清華應努力加強基礎建設與國際合作，營造「安居樂業」環境，另一方面，重點增強招收優秀學生的競爭力，需要大家一起多付出一分心力。

　　學務處每年都會安排「與校長有約」活動，讓校長與近一年在校內外表現優異的同學見面，一方面對學生表達學校以他們的表現為榮；另一方面，藉進一步了解他們的光榮事蹟，提供學校在適當場合表揚的題材；再者是聽聽他們的建言。今年很高興有許多同學在不同場域有可圈可點的表現，以致人數多到讓活動須分兩梯次進行。昨天在第二梯次座談會中，有同學說明他們組隊到校外比賽獲得優勝名次，但卻無指導老師是因為適合的老師無意願。清華大學目前生師比高達十八比一，與此對照的是美國加州理工學院生師比約為五比一，哈佛大學與麻省理工學院的比例約為十比一，教師不太可能對各種活動都踴躍投入。譬如說大學生研究是很好的訓練，但學校不具備要求所有大學生都要做專題研究的客觀條件。今天很高興有四位同仁因指導大學部學生參與研究計畫，成果優異而獲得國科會所頒創作獎。指導大學部學生參與研究計畫要規劃得好，具執行力才會有好的成果，老師付出的心力與同學的努力，初試啼聲即傳回喜訊，值得大書特書，很恭喜參與研究而得獎的同學與指導老師們。

▶ 清華應努力加強基礎
　建設與國際合作，營
　造「安居樂業」環境
▼ 大家能脫穎而出，出
　類拔萃，誠屬不易

2012年第四屆傑出導師頒獎典禮致詞

2012年6月7日　星期四

　　首先恭喜今天得獎的三位傑出導師。清華大學在九十八年起，開始每年自全校六百多位教師中選拔三位傑出導師表揚。所以每位傑出導師是自兩百多菁英教師中選一脫穎而出，甚為難能可貴。在此我要代表學校深深感謝三位導師對學生輔導工作的卓越貢獻。

　　從字面上看，「導」是一寸一寸將學生引向大道，瞭解安身立命，做人做事的大道理。在座師生同仁一定都熟悉韓愈〈師說〉，文中開宗明義即說「師者，所以傳道授業解惑也」，「道之所存，師之所存也」。韓愈「文起八代之衰」，「匹夫而為百世師，一言而為天下法」，影響到當代以迄宋代思潮。一個時代的主流文學代表當時的風尚，周作人先生在《新文學的源流》一書中，把中國文學主流分為載道與言志兩派，與時代治亂有關。大抵政治安定一統時期，以載道派為主流；紛亂離析時期，以言志派佔上風。唐代文學創作雖以唐詩為代表，而唐詩包羅萬象，以言志為主，但文學理論以韓愈為領袖，「學以為道，文以為理」，白居易倡導「文章合為時而著，歌詩合為事而作」，宋代「文以載道」盛行、「唐宋八大家」皆屬載道派，影響宏大。因此教育以傳道為主旨思想相當根深蒂固。

　　現今在大學裡，專業課程多與傳道無關，通識課程與課外活動，也難謂系統化的發揮功能。至於授業與解惑部分，在各級教育中，先生授課，學生聽課，老師解惑早已習以為常，邇近也受到相當的衝擊。在資通訊科技迅速進步的今日，近來在美國許多頂尖大學推波助瀾下，網路課程如海嘯排山倒海似的捲向大學校園，已不難想像以後至少基礎課程漸以網路課程為主流，大學教育將受到很大的衝擊，教師在課堂中授課的角色將會減輕，大學要如何因應呢？我在每兩週為「中國時報都會版」寫的短文最近一篇中，提出採取如明太祖朱

元璋稱王前策略：「高築牆，廣積糧，緩稱王」，高築牆即加強大學教育不能被網路課程取代的部分；如跨領域課程教學，討論、自學報告式學習，與大師對談，教師解答疑難，導師對人生問題輔導，實驗與實作課程，產學合作與工廠實習，專題研究，田野調查，社會服務，住宿教育，國際交流，課外活動，體育活動等，設計學程培養團隊合作、領導、溝通、書寫與口頭表達能力。教育傳道與解惑功能重要性將會增長。導師的功能是網路課程無法取代的，未來的導師將扮演比現今遠為吃重的角色。從此觀點，加強導師的功能是為清華的未來作準備。

　　最後再次恭喜與感謝三位傑出導師。

▶ 與第四屆傑出導師馮開明教授合影

2012年第2期退休人員惜別茶會致詞

2012年7月18日　星期三

　　歡迎大家參加本年第二期退休同仁的惜別茶會，送別今年四月到八月的退休同仁。在我國的送別詩中，李白〈送友人〉是比較感人的一首，「浮雲遊子意，落日故人情。揮手自茲去，蕭蕭斑馬鳴。」道盡離情別緒。本期退休同仁，有五位是屆齡，三位是屆滿年資。服務年資少則二十三年，多則如林文雄教授，長達四十年，對學校貢獻良多，清華能發展成世界知名，國內頂尖高等學府，大家功不可沒，本人首先要代表清華感謝諸位。

　　根據美國最近戶口普查結果，密西根州亞裔人口壽命最長，平均可達九十歲，因此可推論依亞裔人的體質，在良好環境中，高壽可期，日本甚至有人喊出「百歲人生」。今天退休同仁在學校優美環境中長期修心養性，未來將有一長段的退休活躍期，相信各位都有妥適規劃。有人說，中國歷史上最簡潔的自傳是孔子自述：「吾十有五而志於學，三十而立，四十而不惑，五十而知天命，六十而耳順，七十而從心所欲，不逾矩」，又說「樂以忘憂，不知老之將至」。今天屆齡退休的同仁與孔子同樣是學者，撫今思昔，可能會心有戚戚焉，祝大家都能所聽所聞皆順耳，從心所欲。

　　從去年開始，退休同仁都屬於戰後世代，人的一生受大環境影響很大。後天學校會舉行「紀剛數位資料館網站」啟用典禮，紀剛先生以約四十萬字寫的自傳式《滾滾遼河》，描寫一個抗戰期間醫學院畢業年輕人，在東北從事地下工作，冒險犯難，出生入死的經過，是一個世代年輕人在戰亂頻仍時代的寫照；而戰後世代，大部分人在大致承平局勢中，完成學業，在充滿期待中成家立業，親身參與臺灣社會從農業到工業，清貧到小康轉型，共同創造經濟奇蹟，經歷過風光歲月，在功成身退之際，可謂無怨無悔，是一個樂觀的世代，但如為下一代展望未來，一方面也許會欣羨其多元豐富的開放人生，一方面也

難免會為其面臨的世界擔憂。

　　十九世紀工業革命以迄二十世紀後半葉科技革命，對世界造成鋪天蓋地的變化；有人估計，目前全球七十億人的生活，要靠1.5個地球資源支撐，才能永續經營，同時世界上許多重要資源，僅有約五十年即將用罄，科技進步帶來繁榮，也種下蕭索之因，而近年來，科技進步減緩，不足以解決人類社會的問題，下一代人所面對的是何等嚴峻的世局，臺灣在此大環境中，深陷民主政治「選票至上」僵局，以關係約九百餘萬勞工的勞保為例，據勞委會估計，勞保基金將於109年產生赤字，120年即有破產危機，專家們指出，要解決技術上不是問題，政治才是問題；我們今天可想像到任何一位政治人物肯甚至有能力在他當權的時候解決問題嗎？「全民健保」問題叢生，大學為什麼會過多？為什麼常常一雨成災？光是一個八八水災，就造成兩千億的損失，一連串的問題，主要靠我們的下一代承受，他們被叫做不安世代，我們能安心嗎？

　　各位退休同仁一生求學任事，兢兢業業，在生活事業上有一定成就，人生美好的仗已經打過，在以往退出江湖，安享餘年是理所當然；但以現代人退休為「延長的中年」觀念，戰後世代最有錢、最有閒、人多、選票多也最有權，實應為我們的後代多所謀畫；作家王鼎鈞先生曾以「好奇心還沒滿足，求知慾還沒喪失，美好的想像還沒模糊，單純的善意還沒污染，感情依然豐富而敏銳」形容爾雅出版社發行人隱地為「七十歲的年輕人」，我也以此祝福大家，並期待大家一起為下一代年輕人的未來努力。

▶ 與2011年退休同仁合影

▲ 現代人退休為「延長的中年」

▲ 祝大家都能所聽所聞皆順耳，從心所欲

2012新進教師研討會致詞

2012年9月3日　星期一

　　首先歡迎各位加入清華大家庭。清華去年歡慶一百周年，兩岸清華各是兩岸數一數二世界名校，從現在起，大家將與有「光輝的過去、光榮的現在、光明的未來」的清華大學永久聯結，可喜可賀。

　　去年有一位電機系的教師退休，他回憶當年接到大專聯考成績單後，到可能選擇的各校逛逛，到清華後看到優美的環境，決定「就是她了」，後來在國外學成又回到清華任教直到退休，一輩子在清華過著充實而愉快的生活，很是感恩；我本人可做為另一位見證人，我在三十五年前進入清華教書，在清華教學相長，深覺清華是一個值得珍惜，「安身立命」的地方，也祝福大家未來能擁有與清華大多數同仁一樣美好的經驗，在清華成長茁壯。

　　中國近百年來，學術史上，有兩位「但開風氣不為師」的思想家，影響力最大；五四以前是梁啟超先生，以後是胡適先生；而梁啟超先生是清華國學院四大導師之一，胡適先生是清華第二屆直接留美生。清華是在1911年，以美國退還多要的庚款建校，最先是以招收直接留美生成立。歷年來，有超過一千名由庚款支持的留美生自美學成歸國，在各行各業，多成為領導人物，在中國現代化的過程中，有重大貢獻；北京清華自始不遺餘力，招攬名師，迅速成為國內頂尖名校，到1941年，清華已有「中邦三十載，西土一千年」之譽。

　　梅貽琦校長於五十六年前在台灣創建新竹清華；今年適逢梅校長逝世五十周年，梅校長一生奉獻給清華，在兩岸清華擔任校長二十四年期間，奠定了北京清華與新竹清華在兩岸分別成為數一數二名校的基礎，是兩岸清華永久共同校長。清華在台建校首設原子科學研究所，第一屆招收碩士生十五人，第三屆研究生中即有李遠哲先生日後榮獲諾貝爾化學獎，加上華人中最先獲得諾貝爾物理獎的李政道和楊振寧先生，使得清華成為華人地區唯一擁有三位諾貝爾獎

得主的大學，而都出在梅校長任上，誠如名作家岳南先生所言：「這個人才輩出，碩果延綿不絕的局機，不是偶然」。

　　清華人對台灣的貢獻始自吳國楨省主席與孫立人將軍，文武雙傑在政府遷台之初對台灣社會政治、軍事局勢發揮了中流砥柱的作用，奠定後來穩定發展基礎，本月二十一日，學校在紀念梅校長逝世五十周年系列活動中，將舉辦「清華文武雙傑紀念會」，一方面紀念梅校長一生奉獻清華，培育英才，同時彰顯清華人對台灣的貢獻。

　　新竹清華在建校初期，以累積聲譽，加上庚款經費的優勢，得以延攬最優秀師資，為當年歸國學人毫無疑問的首選；多年來清大積極維持延攬人才的優良傳統，因此教師的平均表現始終在兩岸四地大學中居首，不僅在中央研究院院士中以及國內難得的學術獎項，如教育部國家講座、學術獎與國科會傑出研究獎得主，清華教師的比率都遠比國內其他大學高，在今年六月公佈的中央研究院「年輕學者研究著作獎」與剛出爐的國科會「吳大猷先生紀念獎」這兩項專給年輕學者的大獎，本項年輕教師同樣表現亮麗，顯示清華後勢看好。

　　清華在台灣已培育五萬多畢業生，而校友對母校的向心力比任何其他學校強，顯示在校時受到良好照顧，離校時留有美好回憶；即以近兩年而言，1969級李偉德校友捐贈一億五千萬元協助興建的「綠色低碳能源教學研究大樓」即將動工；1973級謝宏亮校友捐贈價值不菲的羅丹巨型銅雕「沉思者」已成清華地標；清華建校一百年來第一次由校友捐贈全部經費一億七千萬元興建的體育館，也就是「百人會」促成的校友體育館，近日即可完工啟用。在台積館旁即將興建的清華實驗室，規劃由材料系、化學系、化工系以及物理系四系進行跨領域的實驗研究使用，部分工程款由使用單位籌募，原目標兩億元，已募集一億五千萬元，現目標已上看兩億五千萬元，而由企業界校友籌設的大清華基金，由募得三億元資金，以部分獲利所得挹注母校，在在都見校友對清華的殷切愛護。

　　今年三月荷蘭萊頓大學（Leiden University）公布2011年萊頓世界大學論文引用排行榜（Leiden Ranking），尤其影響指標及引用次數的面向觀察，不論是以「發表前10%傑出論文之比例」或是「標準化後平均被引用的分數」作為排名統計，本校都居臺灣9所入榜的大學之首，在亞洲104所入榜學校中排第18名。剛公佈的上海交大排名，本校列全球第258名，本校居全台第二，並較

去年進步68名，是國內進步幅度最大的學校。

今年本校在頂尖期刊發表論文上，更是喜訊連連，迄今已被接受刊登於Science期刊論文兩篇，Nature期刊論文兩篇，在台灣居冠，充分顯示本校研究實力。大陸清華「三個九年，分三步走」計畫，在1994－2002與2003－2011執行的前兩個九年計畫，成績斐然，今年起，第三個九年，目標是整體推進，全面提高，努力在總體上達到世界第一流大學水準，2020年後爭取早日成為世界著名一流大學；與此為對照，本校目前已進入第三階段，在現有各領域追求卓越，邁入世界頂尖。

美國「史丹佛科技創業計畫」執行長Tina Selig在新書《學創意，現在就該懂的事》（*inGenius: a Crash Course on Creativity*）扉頁上說寫道：「永遠不要錯過能讓你大放異彩的機會（Never ever miss an opportunity to be fabulous）」；深盼各新進同仁在清華「安居樂業」，成長茁壯，祝福大家。

2012年侯金堆講座頒獎典禮致詞

2012年9月11日　星期二

今天我們很高興又再次舉辦「侯金堆講座」頒獎典禮。首先我要感謝侯貞雄董事長蒞臨頒獎，其次我要恭喜三位新科講座，最後我要代表清華「沾沾自喜」，三位講座都是極為難得的傑出人才，有他們的加入，清華將如虎添翼，有令人興奮的遠景。

約兩年前承蒙本校名譽博士侯貞雄董事長，表達為母校發展盡一份心力的願望，學校經審慎討論後，向侯董事長提出幾項增強軟硬體建設的需求，而侯董事長強調以「對清大最有幫助」方向發想，選擇在清華設立「侯金堆講座」，作為延攬及留任一流人才，提昇教學與研究品質，朝學術卓越之頂尖大學邁進之經費。這項捐款是清大及時雨，也是邁向國際頂尖大學的利器之一。本校在聘任特優教師方面，首先聘請到美國伊利諾大學電機系鄭克勇教授及謝光前教授到清華任教。一次能聘到兩位美國名校正教授回國任教的情形，在台灣是空前之舉。此外，本校「終身國家講座」陳壽安教授，已於前年八月退休，也因「侯金堆講座」得以打破以往人事制度的限制繼續留在學校。這兩年來，兩位返國任教的教授建立符合國際水平的實驗室展開科技前沿研究，也很恭喜鄭克勇教授及謝光前教授分別榮獲去年及今年國內半導體領域極為難得的「潘文淵獎」，陳壽安教授則持續積極進行高水準的研究，著有佳績。

今年三位新科講座，無疑的都是鑽石級的一時之選；伍焜玉講座是國際馳名血液學、腫瘤學、血管與幹細胞生物學頂尖學者，早在民國八十三年即當選中央研究院院士，在美國德州大學醫學院（The University of Texas Medical Center, Houston）擔任講座教授與研究中心主任多年，九十五年返國擔任國家衛生研究院院長，上月底方任滿屆齡卸任。未來在校將領導生科院整合研究與對外合作研究。

馮達旋講座為國際知名理論物理學家，美國物理學會會士，擔任美國費城Drexel大學講座教授多年，其間曾擔任美國國家科學基金會（NSF）的理論物理部門主任，於1998－2000年，擔任SAIC公司副總裁；2001年，擔任德州大學達拉斯分校（The University of Texas at Dallas, UTD）研究副校長（Vice President for Research），並兼任物理系教授。負責增強學校研究質量的內涵與深度，提升國內及國際上的研究信譽，2007－2010年擔任國立成功大學資深執行副校長。2011年二月起，擔任本校全球策略與企劃研考副校長。馮副校長有難得的跨國、跨領域、跨機構經驗，在本校必可大展長才。

李文卿講座為國際數論、編碼理論頂尖學者，曾在哈佛大學、伊利諾大學芝加哥分校任教，擔任美國賓州州立大學教授多年，曾榮膺難得的Alfred Sloan Fellow榮譽，自九十八年起擔任國家理論科學研究中心主任兼數學組主任，領導中心工作順利推動，卓有貢獻。

新竹清華在建校初期，以累積聲譽，加上庚款經費的優勢，得以延攬最優秀師資，為當年歸國學人毫無疑問的首選；多年來清大積極維持延攬人才的優良傳統，如今又有「侯金堆講座」加持，與庚款基金同時輝映，也奠定清華出類拔萃的基礎，在此要特別感謝侯貞雄董事長「對清大最有幫助」遠見，同時祝前後六位「侯金堆講座」在清華持續發光發熱，大放異彩，共同為清華「打造華人首學，邁入世界頂尖」努力。

▶與會貴賓與三位傑出的新科講座合影留念

2012年教師節茶會致詞

2012年9月24日　星期一

　　首先歡迎大家來參加教師節茶會，今天茶會重頭戲是表揚績優教師，清華教師在現今台灣社會中，是很受人稱羨與尊敬的，大家能在各種獎項中脫穎而出，難能可貴，可喜可賀。

　　本校榮譽講座，哈佛大學教授，創新大師克雷頓・克里斯汀生（Clayton Christensen）花了幾十年的時間才澈底了解他的人生，雖然近年經歷癌症、心臟病，以及中風的煎熬考驗，仍勉力完成新書「你要如何衡量你的人生」（How Will You Measure Your Life?），他希望每個人都要能回答的三個重要問題，「如何使工作生涯成功、快樂，如何從工作中得到快樂？」「如何擁有美好的家人、朋友關係」？「如何堅持原則過正直人生」？並了解「衡量人生，不是用金錢，而是我可以幫助多少人，變成更好的人」，是一本很值得推薦的好書。但最可供參考的是，在他分享自己曾嚮往成為《華爾街日報》編輯、被自己創設的公司開除、而最終發現擔任教師是他的最愛，他說：「我希望你也能有這種感覺：每天早晨一睜開眼睛，為了可以做自己喜歡的事而欣喜」，我相信今天在座的績優教師們，都有幸做自己喜歡的事，而有成就感，有快樂人生，是很值得珍惜的。

　　與此相關的，「美國線上」前任集團總裁兼副董事長、華盛頓首都曲棍球隊老闆、創業家、電影製片人、慈善家泰德・李昂西斯（Ted Leonsis）在一九八四年，二十八歲時，剛剛以六千萬美元賣掉自己創立的新媒體公司，卻搭機碰上緊急迫降的情況，就在機輪無法放下、飛機得在空中盤旋三十五分鐘以耗盡油料，而大家必須立刻學會如何為迫降做準備時，他想到如果飛機迫降失敗，在面對人生盡頭時，他並不是個快樂的人，他在逃過一劫後下定決心要追尋真正的快樂、過個了無遺憾的人生，等到未來真正面對死亡的那一刻，要

能心滿意足的含笑而終。從此，他將追求快樂當成一項創業計畫，列出一○一件這一輩子要完成的事情。本以為只要能夠盡力完成清單上的事項，當死亡的那一刻真正來臨，將完成自己的最高目標：成為快樂的人。但他在多年後逐一完成當初所擬清單上的許多項目，才真正意識到，擬出清單只是漫長旅程的第一步。他從自己的人生經歷中提煉出來追尋快樂六大秘訣，寫成新書「快樂，讓我更成功」（The Business of Happiness），這些秘訣包括確定目標、參與緊密的群體活動、有適當表達自我的管道、正向思考、從事公益與慈善工作、具有使命感，這些似乎都是績優教師的特色，所以我要恭喜大家是個快樂的人；當然每個人在不同項目下，或有可加強之處，也可作為未來努力的目標；李昂西斯在書後列出一○一件這一輩子要完成的事情，以及標明那些已達陣，其中包括已做到捐贈母校喬治城大學美金一百萬元，我想大家可以從中獲得的啟示是，如果你在有能力時捐贈清華大學一百萬元，可使你更快樂，也更成功，如李昂西斯所說：「成功不一定能帶來快樂，但保持快樂的人較容易成功」，又何樂不為？祝大家永遠快樂，「獎不完」。

▲ 績優教師們，做自己喜歡的事，而有成就感，有快樂人生，是很值得珍惜的

▲ 祝大家永遠快樂，「獎不完」

2012年退休人員聯誼會餐會致詞

2012年10月18日　星期四

　　很高興參加退休人員聯誼會餐會。去年餐會前兩天臨時接到通知道立法院備詢，不克參加，今年幸好沒有故事重演，有機會見到許多好久不見的老朋友，也很高興看到大多數退休同仁健朗依舊；美國歷史上最高齡的在職大法官Oliver Wendell Holmes曾說：「老年人對我來說，是比我大十五歲的人」（Old age is fifteen years older than I am)，也祝福大家永遠有一顆年輕的心。

　　清華在過去一年，承蒙大家多年打下的堅實基礎，在教學、研究、服務上都有良好的表現，多位教師與學生團隊榮獲國內外難得的獎項，尤其難能可貴的是新進教師表現非常優異，例如今年國科會「吳大猷先生紀念獎」與中央研究院「年輕學者著作獎」，本校各有六位與兩位同仁獲獎，除維持占全國比率最高的佳績外，比友校交大與成大多出一倍；同時本校今年在標竿頂尖期刊論文發表上，大放異彩；另一方面，本校學生團隊在國際大賽屢傳捷報，如資工系學生團隊榮獲全球最大規模的超級電腦研討會「國際高速計算會議學生叢集電腦計算競賽」世界冠軍連莊榮譽；資工系學生團隊榮獲微軟全球潛能創意盃「嵌入式系統組」冠軍；本校阿卡貝拉人聲樂團「海鷗‧K」，到韓國參加人聲樂團亞洲大賽，赴香港參加2011「香港無伴奏合唱比賽」，均順利為台灣抱回大賽冠軍等。

　　在學校硬體建設方面，教學大樓（台達館）與達一千床位的清齋學生宿舍已正式啟用；清華建校一百年來第一次由校友捐贈全部經費興建的體育館，也就是「百人會」促成的校友體育館，已拿到使用執照，預計於月底啟用，屆時將可供羽球、排球、韻律操以及啦啦隊活動用，原羽球館改為桌球館，現桌球運動場地將移用為較現規模大三倍的健身房；另一方面，學習資源中心（旺宏館）正進行內裝，預定於下學期開學前啟用。一招B棟新建工程預定於本月

下旬上樑，預定於明年校慶前啟用，目前規劃的功能是訪客與接待中心、名人堂等，在此我要感謝本校退休同仁籌組志工團，未來與學校配合經營與接待中心，也希望大家告訴大家，踴躍參與，「清華因為有你將更精彩」。

再次，沈君山前校長之胞妹與妹婿以沈校長名義捐贈六百萬元，協助完成其在校園中設立奕園的願望，已順利以公共藝術邀請比件方式選定設計施工團隊，預定明年初即可完成。值得一提的是，奕園規劃由蔣亨進教授全程主導參與，並蒙林海峰國手協助，月蒐集到世界頂尖六位圍棋大師，包括吳清源、林海峰、日本木古實、韓國曹薰鉉、中國大陸聶衛平以及陳祖德大師墨寶及珍局，讓奕園深具潛力成為未來的世界圍棋勝地。在即將動工的建築方面，包括1969級李偉德校友捐贈協助興建的「綠色低碳能源教學研究大樓」、學人宿舍、創新育成大樓、生醫科技大樓、清華實驗室。清華實驗室規劃由材料系、化學系、化工系以及物理系四系進行跨領域的實驗研究使用，部分工程款由使用單位籌募，已很接近原目標兩億元，已上看兩億五千萬元。

今年適逢兩岸清華永久校長梅貽琦校長逝世五十周年，新竹清華舉辦一系列紀念活動；在此要特別邀請大家參加本月二十六、七日舉行的「梅貽琦校長逝世五十周年」紀念會，屆時與梅校長有密切互動的鄧昌黎院士、北京清華顧秉林前校長等將全程參與，同時二十六日下午四點半將舉行祭梅典禮，也請大家不要錯過。

前面提過的Holmes先生另一句有關老年的經典名言是「我們不會因年老而停止活躍，不活躍才代表你已經老了」（We do not quit playing because we grow old, we grow old because we quit playing.），敬祝大家永遠精神奕奕。

國立清華大學退休人員惜別茶會

▶ 祝福大家永遠有一顆年輕的心

2012年資深優秀與競賽優勝同仁表揚會致詞

2012年12月26日　星期三

　　很高興與感謝在接近歲末之際來參加資深優秀與競賽優勝同仁表揚會，據人事主任告訴我，今天接受表揚同仁也正巧高達101位，同仁們的優秀大家看得見，可喜可賀。

　　上星期天下午參加本校與交大、竹教大三校「福智青年社」聯合舉辦的感恩禮讚活動，他們的對象是父母與師長，其中本校同學對父母的禮讚是以朗誦方式，並由五位同學講述親子互動的故事，包括一位同學與他父親在十七樓層高地作工領悟父親的艱辛、有父親為女兒要參加重要比賽趕時間而開快車，也有父親長期遠道不辭辛勞接送女兒上下學，母親背兒子就醫的焦灼與內疚等，非常感人，主要是因為他們講的故事都以各種形式曾經發生在我們或周遭親友身上，非常有真實感，讓人有感同身受的感覺；深厚的親子之情是很普遍的，而我們對自己與後代的未來當然都有所期待；最近有一位美國的專欄作家對未來的評論是：「你所預訂的未來生活方式已經不存在了」（The lifestyle you have ordered is out of stock.），也就是原先的期待將落空；大家都會感受到現今社會是處於一個高速變化的時代；以往視為理所當然的事，很快就不再成立，最近的例子是軍公教年終慰問金，從議題掀起，到政府撤守只有很短的時間，所以這位專欄作家的警語有相當的真實性；思索問題、充實自己與教育子女勇於面對急速變化的未來可能是必要的，而閱讀經典著作，自前人的智慧中溫故知新應會很有助益。

　　本校中文系於日前舉辦「宋朝的文學與思想研討會」，在整理我個人對此主題的看法時，讀到王安石所著〈風俗〉一文，其中提到當時「奢而不制，殫極財力僭瀆擬倫以追時好」、「且更奇制，夕染諸夏。」與現今流行文化相對

應，只看舉世為iphone系列首賣瘋狂即見，「物有未弊而見毀於人，人有循舊而見嗤於俗。」道出時人浪費虛榮而不知節制，「天地之生財也有時，而日夜之費無窮，如之何使斯民不貧且濫也？」正中目前地球資源逐漸枯竭，而世人對物質的追逐日增之弊，「窶人之子，短褐未盡完，趨末之民，巧偽未盡抑」貧富不均益顯，「彼人也，我人也，彼為奉養若此之麗，而我反不及！」頓生怨懟，造成階級對立，「愚下之人，有逞一時之嗜欲，破終身之資產。」無一不是約一千年後的現況寫照；王安石主張：「命市納賈，以觀好惡。有作奇技淫巧以疑眾者，糾罰之；下至物器饌具，為之品制以節之；工商逐末者，重租稅以困辱之。民見末業之無用，而又為糾罰困辱，不得不趨田畝；田畝闢，則民無飢矣。」顯然不是今時現世的解決之方；王安石變法主要內容為「變風俗，立法度」，最後並未成功，罷相後，北宋也在幾十年後覆亡，不能不為現今世人之警惕；王安石在含飴弄孫時期許他的孫子「長成須讀五車書」；閱讀經典著作，可以幫助我們思索並更深刻的了解問題，在歷史長河中借古鑑今，開拓視野，作為自己與家人的精神食糧，為多變的未來多作準備，是我在歲末向大家高度推薦的。

　　最後再度感謝與恭喜今天接受表揚的同仁，清華有你們而更美好，祝大家新年行大運。

◀①同仁們的優秀大家看
　得見，可喜可賀
②自前人的智慧中溫故
　知新應會很有助益
③清華有你們而更美好

2012校外獎項得獎人表揚餐會致詞

2012年12月26日　星期三

　　「唐宋八大家，一門三學士」是我國文壇的佳話，三蘇之中又以蘇軾最出名，所以有「天下文章蘇家好，蘇門文章蘇軾好」之說。今天我們可以說「台灣文章清華好，清華文章此廳好」，恭喜大家在過去一年多中，屢得校外大獎，而創清華歷年新高；我在校外最常說的話，正是清華有最優異的師資，在各位身上得到見證，尤其可喜的是，在很多情況下是「百尺竿頭，更進一步」。

　　今天大家得的研究獎項，有些是終身成就獎，有些是傑出表現獎，更難得的是針對新進教師的獎項；這裡我要特別提醒新進教師，大部分的研究獎項，除論文獎外，決勝點往往是教師整體表現；譬如說在決選時要從五人中選三人得獎，此時多半情形是這五人的研究領域不完全相同而表現不容易分出高下，此時評審往往會考慮或甚至討論到候選人是否熱心於校內外服務或社會公益工作，是否認真教學，這些常靠口碑或印象；因為一般獎項在獎勵傑出研究之餘，常有推舉典範，以矜後式的意義，所以常看人到某一階段以後，連連得獎，也是評審比較穩妥的做法；另一方面，如果對候選人在學術倫理方面有所疑慮，則會有很大的殺傷力，尤其在很多情況下，由不夠嚴謹的助理或學生擬稿，如有不察，將會很難澄清，雖很可能是無心之過，而評審也往往缺乏足夠的資訊，很容易造成遺憾。

　　大家都能感受到清華有很優良的環境與傳統，但近年來也面臨嚴峻的挑戰；最迫切的當然是優秀博士生銳減的現象，其次是大學部與碩士班招生的問題，博士生的問題，本校已通過獎勵辦法來吸引優秀博士生；大學部與碩士班招生在近年則似漸難與台灣大學抗衡；在積極招生的考量中，社會觀感很重要，學生在校受到的教育，畢業生是否能有好的起跑點，都會影響考生、學生家長與用人單位的觀感；在月初發生的本校學生在立法院指責教育部長事件

中，學校本於教育理念，同時認為會對社會觀感造成很大衝擊，故決定在第一時間發表道歉聲明；危機處理，在事後看來，都有可以改進的地方，但校方是做綜合的判斷，效果見仁見智，但在校內引起相當大的爭議，有相當多的教師表達不同的意見；不同的意見在多元校園本為常態，但教育理念與方式差異的鴻溝需要加強對話與溝通，這點我想在座的同仁以往多以身教的形式教育學生；在社會與高等教育處於迅速變遷時代，我個人期盼大家對教育理念與方式多所思索與發表意見，對清華的發展不僅會很有幫助而且極為重要。

上星期天下午參加本校與交大、竹教大三校「福智青年社」聯合舉辦的感恩禮讚活動，他們的對象是父母與師長，其中本校同學對父母的禮讚是以朗誦方式，並由五位同學講述親子互動的故事，包括一位同學與他父親在十七樓層高地作工領悟父親的艱辛、有父親為女兒要參加重要比賽趕時間而開快車，也有父親長期遠道不辭辛勞接送女兒上下學，母親背兒子就醫的焦灼與內疚等，非常感人，主要是因為他們講的故事都以各種形式曾經發生在我們或周遭親友身上，非常有真實感，讓人有感同身受的感覺，父母確實值得我們感恩；另一方面，在座已婚同仁應該感恩的對象是你的另一半，沒有她／他的照護與包容，你／妳是沒有辦法得到這些難得的獎項的；為了落實我們的深切感恩之情，我有幾句口訣給大家參考；口訣用語為了方便，暫以太太為對象，如你要感恩的是先生，用替代法即可：

太太的要求就是我的追求；太太的意願就是我的意志；太太的脾氣就是我的福氣；太太的鼓勵就是我的動力；太太的想法就是我的做法；太太的表情就是我的心情；太太的愛好就是我的嗜好；太太的意向就是我的方向。

如果您能身體力行，在另一半的加意呵護下，您未來連連得大獎的機會必然大增，這也是我對大家新年的祝福。

▼ 台灣文章清華好，清華文章此廳好

2013年第一梯次退休人員茶會致詞

2013年1月16日　星期三

　　今天是以非常不捨的心情來參加退休人員茶會，許多屆退同仁是多年老友，尤其還有兩位是住同棟公教住宅的鄰居，而其他同仁最少也在清華服務二十幾年，貢獻良多；唐朝初年大詩人高適曾有贈別詩：「莫愁前路無知己，天下誰人不識君。」大家為清華奉獻多年，讓清華成為「台灣頂尖，世界一流」，走到外面，以共同打造清華品牌人員身分，必然受人高度尊重，清華也永遠感謝與懷念你們。

　　唐朝時「文起八代之衰」的韓愈曾在致其親侄十二郎書有云：「吾年未四十，而視茫茫，而髮蒼蒼，而齒牙動搖。」隔年十二郎去世，他在祭文中說自己「蒼蒼者或化而為白矣，動搖者或脫而落矣。」今天即使屆齡退休同仁，都有健朗的身體，大家多年保養有成，是很值得欣喜的；最近讀到的〈六十而不惑〉一文，將孔子「四十而不惑」延後了二十年，反應現代人較為長壽，但在一般世俗眼光中，六十歲已算步入老年；有人說「生是既然，老是自然」，這是亙古已然，是所有人的宿命，因而生而為人，就應該順其自然；美國科學院彙刊（Proceedings of National Academy of Sciences, PNAS）中近期刊載UCLA學者Shelley Taylor等研究報告，由掃描腦部發出訊號是推斷出老年人比較信任人，呼應所謂正向效應（positivity effect），也就是老年人整體而言比年輕人快樂，這是好消息，但由於警戒心較低，對騙徒格外小心，研究者給人的勸告是：「不要立刻答應人家的要求，先與近親好友商議再說」，可供大家參考。

　　去年有國內大報與知名企業聯手選出年度代表字為「憂」，某種程度反應社會大眾的心情；最近幾個月來，由於勞保基金可能破產，引發對各種退撫基金的檢視，影響到退休人員年終慰問金發放，再延燒到國營事業績效獎金；如看二〇一三年的政府預算書，中央政府總預算約一兆九四四六億元，高達六九

‧五％，是動彈不得的政府法律義務必須的支出；支出金額前三名分別是社福支出、人事費、教育科學文化經費，各佔總支出約二二‧六％、二一‧五％、一八‧五％；台灣的社福支出卻有高達八八‧九五％，是政府依法必須支付項目，且大部分用於補貼社會保險，以及現金津貼；未來在政府財政無力提振下，各種退撫基金只有往投入多、領的少與／或領的遲方向發展，這一方面牽涉到民主時代的正義問題，更深層的是民主問題。

　　台灣自解嚴後，正式進入民主時代，釋放各種社會力量，朝野政黨在選票考量下，競相加碼，舉凡勞基法修正、無預存的年金的推出與加碼、普設大學、科學園區、興建各種蚊子館等，將以往積存老本揮霍殆盡，再遭遇人口老化、少子化、經濟轉型不順、社會難聚共識等多重衝擊，整個社會以二十世紀的思維，迎接新世紀的挑戰，怎不教人憂心？

　　民主對中國來說是新奇的事務，歷史上雖有「天視自我民視，天聽自我民聽。」、「君輕民貴」等說法，但還是認為君有天命，並無民治思想；民國以來，我國長期處於無民主政府時代；在中國現代化運動中，如五四運動，提倡「德先生」（democracy）與「賽先生」（science），即「民主」與「科學」，不幸在約一百年後來看都不十分成功。

　　中央研究院院士林毓生在約三十年前發表的〈論民主與法治的關係〉一文中，首先揭櫫中國原本沒有主權在民的民主觀念，在民有、民治、民享三大概念中，頂多只重視民享；現世大家已看出民主制度不是最有效率的制度，但它是解決衝突最平和、保障自由、給予大眾公共教育的機會，是所有不完善的制度中，最能照顧所有人福祉而必須珍惜保衛的制度；但民主制度面臨社會、文化、政治的挑戰，在社會方面，民眾有「自主的權利」，但往往欠缺「自主的能力」，由於傾向棄絕家庭、學校、社會典範，父母、教會以及其他傳統權威皆不再可信，但自己必須有所根據才能做決定，但個人發想構思能力有限，根基不固，容易受流行風尚影響，造成民粹當道；民主是獲致自由的手段，如以民主為基調，最容易一窩蜂、趕時髦，接受同儕壓力，也最不容易養成獨立性；在文化方面民主重平等，傾向重量不重質；最須讓人警惕的是可能流於極權政治（totalitarianism），極權不同於集權（authoritarianism），如暴君、獨裁政治，政治力量控制擴及於文化、藝術及社會上一切行為；如納粹德國，希特勒當年是靠選舉勝利奪得政權，在民智相對較開通的德國，仍能翻雲覆雨，

造成人類浩劫；實行極權主義的人，常自認站在公理正義一邊，論述高人一等，要別人凡事都聽他的，與民主背道而馳，不能不讓人引以為戒。

在中國現代化努力中，科學似較民主成功，從華人在世界科學界的卓越表現，到台灣科技產業的長足發展，在科學方面似有可喜的進步；另一方面，民主不夠成熟，可能也與科學未能內化有關；科學精神是「驗偽不驗實」，科學的進展常代表以往學說的推翻或修正；現代科學以實驗為基礎，石破天驚的牛頓力學，也必需要接受相對論與量子力學的修正，許多科學家的共同體驗是習以為常的概念必須修正時，常是科學往前邁一大步的時刻；在納粹德國時期，由於愛因斯坦是猶太人，德國學界曾發起「百人反相對論」連署，愛因斯坦回應說：「如果相對論是錯的，一個人能提出反證就夠了。」這是科學的真義；但在台灣民主化過程中，常見各種訴求，先假設己方意見代表公理正義，要求對方照單全收，否則抗爭到底，難怪衝突不斷，而多數時候於解決問題無補；民主貴在「服從多數，尊重少數」，每個人都有權發表自己意見，但不能強求別人一定要同意自己意見，如果連「尊重多數」都做不到，有何民主可言？

何謂公理正義，是很值得深思的問題，最近應邀訪台的哈佛大學教授在《正義：一場思辨之旅》（*JUSTICE: What's the Right Thing to Do*）一書中，有很深刻的闡述，尤其可貴的是拋出許多與正義有關議題，反覆思辨，讓人見識到南宋理學家呂祖謙所云「理未易察」，需要多方思考辯解，是民主社會大眾應有的素養。

今天在大家退休日，談到民主，一方面是有感而發，一方面也想藉助諸位，在淡出專業工作之餘，能對台灣未來發展至關緊要的民主問題，多所思辨，共同為深化民主努力，對社會大眾產生正面影響力。

最後我想藉〈六十而不惑〉一文要點與各位同仁分享：「人生不滿百，常有千古憂。」退休後的歲月裡，名利都不如健康重要，從此不必太節省，該花的錢要花，該享受的要享受，該捐助的要捐助，「兒孫自有兒孫福」，考慮太多，使「能者失志、愚者更愚」；要和別人比誰活得更愉快、健康、長壽！你無力改變的事，就不必太操心，因為操心也無用，反而影響了自己的健康；幸福靠自己努力創造，快樂要千方百計去尋找，只要心境好，每天想愉快的事，做愉快的事，自己找樂趣，就能天天都過得高興；這也是我對大家的祝福。

▲ 幸福靠自己努力創造，快樂要千方百計去尋找

▲ 莫愁前路無知己，天下誰人不識君

2013年第五屆傑出導師頒獎典禮致詞

2013年5月31日　星期五

　　歡迎大家來參加導師會議，首先恭喜今天得獎的三位傑出導師。現今學子在許多方面需要輔導，而學校能提供的資源相當有限；各位傑出導師能得到導生與評審委員共同肯定，在學生生活上有所指引，協助生涯探索、發展與規劃，發揮啟蒙、激勵、諮詢、催化、引航效果，增強就業力、競爭力、復原力、彈性與挫折容忍力、創意與想像力方面表現傑出，極為難能可貴。在此我要代表學校深深感謝三位導師對學生輔導工作的卓越貢獻。

　　本星期二，也就是5月28日，本校在合勤演藝廳舉行第十四屆「朱順一合勤獎學金」頒獎典禮，這項獎學金的金額是大學部獎學金中最高者；大學部每屆約有一千五百人，而只有十三個獎額，得獎同學超過「百中選一」，能脫穎而出，可謂菁英中的菁英；但在頒獎時發現有超過一半的同學，在儀容整齊方面，需要加強，有人在朱董事長頒獎時從頭到尾不帶一絲笑容；學校辦頒獎典禮，受獎同學是主角，眾多師長、家長、同學齊聚祝賀，不會自覺的微笑，總非人情之常；學務長發現後，在這位同學與其學院院長留影時，特別提醒，才見到一些微笑，這個場景，讓我感覺本校學生的生活教育需要加強，而提醒是有效果的；一個人的成長靠模仿與認知，典範非常重要，在自以為酷的風潮下，對基本禮儀缺乏概念，是很令人遺憾的，而必然會影響以後發展。

　　我在當天致詞時曾特別提到「第十名效應」；這是一個被廣泛討論的現象，就是大學畢業二、三十年同學會時，環顧四周，發現成就比較高的人，往往是在學時成績在第十名附近的人，這是因為要有相當程度的成功，除了專業表現優秀以外，也需其他的特質配合；第十名代表專業達到一定水準，比較有機會經歷來自課堂外成長、成熟與發展過程，有健康的體魄，具同理心。能與他人合作，謙卑、誠信、無私，有恆心毅力，勝不驕，敗不餒，知道如何面對

失敗，這樣日後才會有大成就。

　　朱董事長在致詞時，勉勵同學要維持純真，但不要天真，讓熱情被民粹糟蹋，他舉是否停建核四為例，許多主張立即停建核四的人，強調風險與災害，即使不管其他經濟因素，對最有效的節能減碳「以價制量」方案卻不支持；替代的燃煤、燃燒天然氣發電會造成立即影響健康的污染以及地球暖化溫室效應等問題、選址問題則避重就輕，同時對風力發電機的設置選址問題也不願認真面對，對許多類似議題，往往無限上綱，如此何以達成協議，共同解決問題？社會的菁英應協助解決問題，而非製造問題，仰賴並不存在的萬能政府來解決，最後只會使問題惡化，影響施政效能，而讓全民承擔；另外他強調正直的重要，一個有影響力的人，如果不正直，對社會國家將會造成很大的損害，他以一些司法判例而言，一審法官，如枉顧證據，做出非常不合常理的判決後，二審以後法官常不願認真審視，或疏忽職責，或官官相護；如在法院常出現明顯不公判決，將會使民眾對司法失去信心，喪失對公平正義的堅持，會嚴重影響社會的祥和發展，不可不慎重以待。

　　從以上頒獎典禮的觀察與感想，可看出學生輔導是非常重要的，在家庭、中小學甚至社會輔導有所不足之時，如果大學老師也採自由放任態度，不加提醒，到學生出了校門，面對現實，或有時甚至殘酷的職涯生活時，準備不足，就是「教不嚴，師之惰」了；教育除潛移默化，讓人耳濡目染，比較直接的耳提面命也很重要；2002年諾貝爾經濟獎得主康納曼在近作《快思慢想》（*Thinking, Fast and Slow*）告訴我們，文字語言促發（priming）的影響力要比以往了解的大得多，發人深省。

　　在人的思考中，由於聯結活化（associative activation），例如字會激發記憶，記憶激發情緒，情緒激發臉部表情和其他反應，產生自我強化的認知、情緒和生理反應狀態，由聯結記憶，激發很多念頭；神奇的促發作用，不限於文字，意念影響動作，動作亦影響意念，如意識與老年有關字眼，動作會放慢，愉快會帶來微笑，反之亦然；比較讓人意外的是非自心底發動的點頭與搖頭的動作會影響對社論的認同度，有關支持教育經費增加的投票行為會受投票所是否設在學校影響；在不斷提醒金錢文化中，金錢會以我們不了解，也不會引以為傲的方式塑造我們的行為與態度；總之人的情緒與行為被連自己都未曾意識到的事件所促發，因此不同社會常提醒尊重別人、信仰上帝、張貼領袖照片等

都會對人的心理產生相當的效果；其他讓人驚訝案例包括：由輪盤得到數字高低，即隨機錨點，明顯影響到是試者對非洲國家數目的估計，而有十五年經驗的法官們，仍受到擲骰子點數是3或9影響，平均對大賣場竊犯判對應的5或8月刑期，仍很令人震撼，可看出建議數字促發效應大到不可思議，錨點作用的心理機制讓我們太容易受人影響，有很多人很樂意，也有辦法利用我們的愚蠢。

　　不久前，哈佛大學工學院院長Cherry Murray來訪，談到其住宿學院情況，各住宿學院均有住宿於學院內的資深教授擔任導師（Master），有些導師一做二、三十年，本校設立的清華學院也是基於歐美名校住宿學院理念，但要讓資深教授積極參與，始終是一個大問題；諸位傑出導師在繁忙的教學、研究之外，熱誠悉心輔導學生，足為典範，在此再次表達學校的感謝與祝賀。

▶ 教育除潛移默化，
　讓人耳濡目染，比
　較直接的耳提面命
　也很重要

2013年新進教師講習致詞

2013年9月2日　星期一

　　首先，歡迎大家加入清華大學這個大家庭，今年加入清華的教師，比前兩年要少些，主要因為員額已趨近上限，大家在高度競爭情況下進入清華，可喜可賀，當然清華也很慶幸有諸位「青年才俊」的加入。

　　清華大學素有「山明水秀，人傑地靈」之譽，校友對學校有極強的向心力，顯示清華教育的成功，另一方面，對教師而言，是值得珍惜，教學相長、「安身立命」的好地方；我們先來看看清華的現況與前景（where we are and where we are heading to），稍後，研發長、教務長、學務長、總務長與全球長會就各面向報告具體的數據，我先在此概括說明；兩年前，清華慶祝百周年，紀念郵摺上有兩句話：「邁向華人首學，進入世界頂尖」作為清華的目標，這點可以適當的以大學評比資料作參考；每年不同時候，世界各評比機構會公佈大學評比資料，有些包含學術界人士評比、雇主評比占非常高比重主觀因素，普遍有重研究輕教學、重理工輕人文、重英語輕其他語言、重規模輕特色等問題；「上海交大兩岸四地大學排名」雖也有類似問題，但程度較輕，而本校在其最近公布2012年排名，本校排名第三，較2011年進步一名。根據這項調查，北京清華、台大分列第一、二名，第四至十名分為香港科大、香港中文大學、香港大學、北京大學、新竹交通大學、浙江大學、復旦大學；清華雖次於北京清大、台大，但是受限於規模以及資源投入，如將此兩項因素納入考慮，則清華是名副其實的「華人首學」。

　　另一方面，本校甫於上週五獲頒本年度行政院國家品質獎，是機關團體組唯一獲獎單位，也是第一家榮獲此一殊榮的國立大學！這顯示本校除學術聲譽傲人外，在經營管理方面，也受到相當的肯定；本校將持續推動教育創新和組織變革以提升品質，由校務四大願景展開成具體目標和方針，各單位全員參與

通力合作，推動各項全面品質管理相關活動並設計創新的策略。

　　新竹清華在建校初期，以累積聲譽，加上庚款經費的優勢，得以延攬最優秀師資，為當年歸國學人毫無疑問的首選；多年來清大積極維持延攬人才的優良傳統，因此教師的平均表現始終在兩岸四地大學中居首，不僅在中央研究院院士中以及國內難得的學術獎項，如教育部國家講座、學術獎與國科會傑出研究獎得主，清華教師的比率都遠比國內其他大學高；值得欣慰的是中央研究院「年輕學者研究著作獎」與國科會「吳大猷先生紀念獎」這兩項專給年輕學者的大獎，本項年輕教師同樣表現亮麗，顯示清華後勢看好。當然我不能不提清華在頂尖標竿期刊發表論文上，表現突出，去年全台以通訊作者身分發表於「科學」（Science）與「自然」（Nature）期刊論文共七篇，本校即有四篇，占一半以上，超過「天下兩分，清華居半」的說法；今年到現在為止，清華已有四篇論文在Science期刊發表或被接受，也就是說本校在約一年半時間已在Science與Nature期刊發表論文八篇，而與2007－2011年本校教師於此兩期刊共發表七篇論文相較，進步驚人。

　　清華目前面臨較嚴重的挑戰，也是會直接影響到大家的有兩項；一是博士班招生問題，二是學校經費問題，在博士班招生方面，由於種種因素，近年來報考人數逐年銳減，今年招收的學生數約為教師人數的一半，如此趨勢不變，未來每位教師平均每兩年只能收到一位博士生，在台灣普遍缺乏長聘研究支援人力的情況下，對許多領域的競爭力將造成很大的衝擊；同時，由於政府長年編列高教預算不足，本校曾有財務相當困難的時期，近年來，幸有「邁向頂尖大學計畫」挹注每年12億元，讓校務能比較順利推動；但根據教育部的規劃，從明年起，自總額85%，遞減到104、105年各為75%、65%，也就是未來三年將各減少1.8、3、4.2億元，如果成真，將不堪設想，這兩個問題都需動員清華所有的力量，加以克服，清華才有談「華人首學」的本錢。

　　另一方面，大家在此時加入清華，可謂正是時候，各位應都接到通知，首任教師，可享受國科會今年才推出的「彈性薪資方案」，而有七十七單位的「學人宿舍」已開始興建，另外，美奐美侖的「校友體育館」、華人地區最現代化的「學習資源中心」都完工啟用不久，將成為各位在清華生活的一部分。

　　最後祝福大家未來能擁有與清華大多數同仁一樣美好的經驗，在清華成長茁壯，期許大家，清華因為有你們而更好。

2013年度第二梯次榮退惜別茶會致詞

2013年7月8日　　星期一

　　上星期五參加國家理論科學研究中心晚宴，歡迎College de France的Jean—Pierre Serre教授；Serre教授是現今世界上唯一榮獲數學界三項最高榮譽的大師，現年87歲，這星期將在理論科學研究中心做三場各兩小時的學術演講，所以今天參加最多是65歲屆齡同仁退休茶會，對適當退休年齡與時刻問題，感觸良多。

　　今天是本年度第二次榮退及惜別茶會；今天榮退的同仁，是帶著榮譽退休的；清華前校長羅家倫先生在《新人生觀・談榮譽與愛榮譽》一文中，談到榮譽與名譽的不同；名譽是外界的稱許，榮譽則是內部所發出的光榮再加名譽相合而成，所以榮譽具有內心的價值，較名譽還要可貴；榮譽是人格最光榮的完成，西洋雖有名譽為第二生命的話，但榮譽卻簡直是第一生命，或是第一生命的一部分；所以我除了要感謝大家對清華多年的服務，也要恭喜大家榮退。

　　上月中旬，我到法國最知名的酒鄉波爾多（Bordeaux）的美麗莊園Relais de Margaux出席清華大學接受國科會委託主辦「第六屆台法前鋒科學論壇」（6th France—Taiwan Frontiers of Science Symposium）；我曾於致詞時提到幾位與曾到清華訪問的諾貝爾物理獎得主Dr. Claude Cohen—Tannoudji有關的其他諾貝爾物理獎得主，其中1964年諾貝爾物理獎得主Charles Townes現年98歲，兩度得諾貝爾化學獎的Frederick Sanger現年95歲，是研究結果顯示大學教師因成就感大以致心情愉悅而長壽的具體見證。

　　根據內政部公布最新統計顯示，台灣人口老化持續創新高。截至2012年底，台灣65歲以上老人所占比率達11.2%，老化指數（65歲以上人口占0－14歲人口）更高達76%！而隨著醫學科技的進步，「人生百年」的長壽時代就在眼前，今天退休的同仁，年紀最大的不過六十五歲，加上長年在清華工作的

「身心健康紅利」，未來至少有二十年的健朗生活，是可以期待的，相信大家對退休生活都早有規劃，也祝大家「心想事成」；另一方面，我注意到幾位標竿人物的退休生活，頗有意義，趁此機會提出來給大家參考；

第一位是台灣科技界教父級的施振榮先生，他在六十歲時帶著感恩的心，從一手創辦的宏碁集團退休；他認為從工作崗位退休，不代表自社會退休，人是為創造社會價值而存在，把別人放在眼裡，更能看到自己的價值，只要還有能力，就應該做出貢獻，創造快樂，人生的意義，在於你的貢獻對別人所創造的價值；他認為走在前頭的人，應該分享已知或已走過確認是不可行的事，讓後進者可以在前人的基礎上，去解決新發生的問題，從經驗中不斷學習，社會整體才能持續進步，因此他成為快樂分享家，關切的議題也更廣泛，花時間公開演講、定期發表文章與出書，真實掌握分分秒秒及每個機會，將人生經驗不吝與青年、社會、企業及政府分享，透過團隊實踐與智慧，創造更多正面價值。

第二位是唐宋八大家中宋朝六家之領袖歐陽修；按照宋朝官制，以七十歲為退休年齡，提早退休要拿月退金必須皇帝恩准；唐宋八大家中宋朝六家之領袖歐陽修在六十一歲開始二十幾次申請退休（致仕），「乞其身於朝者三年矣」，「夫士少而仕，老而休，蓋有不待七十者矣。吾素慕之，宜去一也。吾嘗用於時矣，而訖無稱焉，宜去二也。壯猶如此，今既老且病矣，乃以難彊之筋骸，貪過分之榮祿，是將違其素志而自食其言，宜去三也。」因宋神宗另有考量，官反越做越大，最後才獲成功；晚年自號六一居士。他在自己寫的〈六一居士傳〉中，解釋六一的由來，他說：「吾家藏書一萬卷，集錄三代以來金石遺文一千卷，有琴一張，有棋一局，而常置酒一壺。以吾一老翁，老於此五物之間，是豈不為六一乎？」，其樂也融融。

第三位是活到九十六歲的管理學大師杜拉克（Peter Drucker，1909－2005），有「十年律」之說，他主張一個人精心研究某一項主題，十年功夫便可以，他在七十歲時出了一本研究日本繪畫的專業書籍《筆鋒之樂曲：三世收藏的日本畫作》（Song of the Brush: Japanese Painting from Sanso Collection），並且還在他教管理的大學開起賞析日本繪畫的課程，之後的20年裡他居然還出版了超過20本書籍。

第四位是活到九十二歲的哈佛大學前校長艾略特（Charles William Eliot,

1834–1926），艾略特擔任哈佛大學校長長達四十年，於1909年七十五歲時自校長任內退休，由於他曾在演說中說過：「如果一個人每天能花十五分鐘閱讀可以裝在五尺高書櫃中的經典著作，可獲得博雅教育的精髓」，受邀與英語系教授William A. Neilson合作選書、導讀，推出《哈佛選經典著作》（*Harvard Classics*），共五十一冊，每一冊約400－450頁，精選經典著作之全部或完整段落（so far as possible, entire works or complete segments of the world's written legacies），以後再接再厲，於1917年與William A. Neilson合作推出二十冊《哈佛選經典小說》（*Harvard Classics Shelf of Fiction*）。值得一提的是，我在美國當研究生時，曾以美金80元買了一套《哈佛選經典著作》，後來在美兩度搬遷終至散失，扼腕不已；所幸該選集因已出版一百多年，不在智財權保護範圍，所以全集已為「古騰堡計畫」（Gutenberg Project）收錄，可免費在網路上甚至下載閱讀。

　　日本的精神科權威名醫保坂隆，曾以輕鬆的寫法、貼近讀者的口吻，著有《最無憂的老後》，提出76個快樂生活提案，讓你「老了更快樂」！其中幾項如：包括「不要到了現在才想盡辦法『硬要增加資產』」、「要有靜態和動態的興趣，如果興趣「只有一個」，風險太大」、「雖然被需要是值得開心的事，但是千萬不可以演變成『為家庭犧牲』」、「如果只是靠『節省』而結束了一生，人生也太過悲涼了」，是我覺得很有道理的提案，特別提出與大家分享。

◀榮譽則是內部所發出的光榮再加名譽相合而成

▲ 從工作崗位退休，不代表自社會退休

▲ 標竿人物的退休生活，值得大家參考

2013年教師節茶會致詞

2013年9月25日　星期三

　　歡迎大家來參加教師節茶會；本月初在新進教師講習會上，我曾談到對教師而言，清華是值得珍惜，教學相長、「安身立命」的好地方；今天在座的除新進教師外，還有各種教師獎項得主，是清華優秀教師群的典範，在此先恭喜大家，並祝教師節快樂。

　　教師在學校最主要是培育下一代年輕人；我大學畢業後出國留學到回國教書，前後不到十年期間，已經感覺當時的學生遠沒有我唸大學時的學生用功；但以我教了好幾門課的材料系79級而言，全班約五十人，有二十幾位拿到美國名校博士學位，十幾位在國內外知名大學任教，也有好幾位成功的企業主，成就毫不比我唸書大學時頂尖學校畢業班遜色，也可以說，兩個世代的年輕人有差異，但無所謂「一代不如一代」問題。

　　另一方面，現在學生也有令人憂心的趨勢，以往大多數學生成績不好，會檢討自己不夠用功，但現在常會歸咎於老師教的不好，所以教師給成績有逐漸增高之勢，造成成績膨脹（grade inflation）現象，同時教師因應學生較少花時間在課業上，課程內容簡易化（content depreciation），兩者合起來，形成內容趨淺，成績趨高現象，不利於深度學習。

　　日前有台大教授以「比一千顆飛彈瞄準台灣更驚悚」形容兩岸大學生競爭力的落差，很引起社會注目；月初本校新生講習邀請「天下雜誌群」創辦人兼董事長殷允芃女士蒞臨演講，殷女士在演講中曾放了一段採訪兩岸學生群的影片，有趣的是兩岸學生都異口同聲的認為要比對岸學生有競爭力，所謂「沒在怕」；美國一項大型研究，大學生中有百分之九十認為自己表現在同儕中前百分之五十，有自信心固然很好，但也不能忽略客觀評估，畢竟多了解自己，才能適切擬定方向與目標，「盡其在我」而有所成就。

近年來，一連串的心理學研究，讓大家對人類心理多了幾分了解，有些相當值得教師們參考：

人是理性動物嗎？2002年諾貝爾經濟獎得主康納曼在近作《快思慢想》（*Thinking, Fast and Slow*）中告訴我們，我們並沒有自己想像中那麼理性，是「人類自我認識的轉捩點」。

在大學教育實務上，可以借鏡康納曼研究結果的地方很多，例如教師改考卷，如果看到一份卷子，先改到較難的一題，而學生答的較好，造成好的印象「定錨」，再改其他題時，常會先入為主，曲意維護，分數打得寬鬆些，這是康納曼所謂的「月暈效應」，他的做法是先改所有考卷的同一題，並把分數打在考卷背頁；另外每年都要碰到的甄試入學問題，康納曼的經驗是一般的入學審查，用客觀數據以外的甄試方法「勞民傷財」而無效，同時在擔任評審時，審查品質受疲勞影響而下降，改考卷是情緒與體力影響，也是教師要極力避免的；而由於記憶自我常常凌駕經驗自我，近期或深刻的記憶，常常抹煞掉整個過程的經驗總和，所以教學時可以非常嚴格，但要在最後時多鼓勵學生，可留下較好印象；另外，在某些情境中表現卓越並不代表未來會有優異成績；現時台灣各大學創意創新高唱入雲，並鼓勵創業，康納曼舉加拿大政府的數據，創業者偏向樂觀，反而需加以警示，而不聽勸告者，無一得以創業成功，康納曼說，「如果你是樂觀的人，你應該既快樂又擔心。」

著名行為經濟學家丹艾瑞利（Dan Ariely）研究人究竟是受到什麼因素驅使，而有種種的作為？大多數人都自認是好人，要維持這種自我認知，行為會有所規範，但碰到灰色地帶，藉由一點點認知上的彈性，只要我們撒個小謊、暫時做稍微不合法的事，我們就可以從中獲益，而同時又能維持自身的誠實形象。這是種微妙的平衡法。

艾瑞利舉例說，冰箱上加裝很容易解開的鎖，知名大學宿舍取用他人食品的案例立即大減；社會中，真正大奸大惡的人少，愛貪點小便宜、矇混過關的人多，而如適時提醒，可減少許多弊端；艾瑞利顯示，測驗前讓人看一遍十誡，甚至請先簽名，作弊情況都會減緩很多，就是大多數人內心是希望維持認知本身是誠實的表現。

同時艾瑞利強調「勿以惡小而為之」，一個人累積許多小小違規，或許多人犯同樣錯誤，不誠實會像病毒一樣傳染，而認為大規模犯錯沒有什麼關係，

造成腐蝕效應，有潛力釀成大錯。這也是名人應以高標準檢視，否則給人錯誤印象，有樣學樣，由緩慢、漸進而向作弊妥協，後遺症無窮；另一方面，公開表揚良善行為，也有示範而擴散的效果。

作者尼克‧塔斯勒（Nick Tasler）在《別讓性格壞了你的決策》（*The Impulse Factor: Why Some of Us Play It Safe and Others Risk It All*）一書中引述腦科學、遺傳學、生理學與心理學研究顯示，現代人類從約五萬年前，自非洲向外出走，與部分人基因突變而具有「追求新鮮感的基因」有關；約有四分之三的人偏向謹慎守成，另外約四分之一的人較勇於冒險，從演化學觀點，由於不是太長時間以前發生突變的基因，能涵蓋約四分之一的人口，表示有一定的優勢；兩類人比例在不同族群或有差異，但衝動的人比謹慎的要少很多，但也相當可觀，可能頗接近事實；在學生中，個人情性天生故有差異，但外在環境也是決策重要變數。作者塔斯勒結合了研究與現實生活中的例子，告訴我們，不論你是屬於謹慎型或衝動型的人，都可以透過控制個人風格，幫助自己做出得以改變工作與生活的有效決策。了解自己性格的優勢與劣勢，面臨困難的抉擇時，你將不再因猶豫不決而錯失良機，或因過於衝動而做出令人扼腕的決策！做為教師，如何使學生能適性發展，是一個值得努力的方向。

心理醫師、作家王浩威醫師最近出了一本新書《晚熟世代》，認為「一個從父母到子女都晚熟的世代，已然來臨！」他認為，這個世界在面臨十倍速時代的時候，過去的社群或家族已經消失無蹤了。在這情況下，這一代的父母幾乎是第一代要自己負責養育小孩的父母。他們一切從頭學習，才發現有太多的環環相扣的知識埋藏在裡頭。在這一切情形下，一個晚熟的時代就這樣誕生了。年輕人覺得自己還沒準備好，而父母卻又是不夠成熟。

人類的活動隨著這個世界的資訊化和全球化，愈來愈加速。然而，對這世界大部分的人口，他們的應變方式，只是更緊張地想要自我保護。人們的反應是和動物的本能反應一樣，戰鬥或逃逸，而大部分的人選擇了逃逸。但過去觀念中的美好工作、美好職業，或美好的人生未來已經遙不可及，大部分的人於是就這樣地一直還在等待著。年輕人處在還沒準備好的狀態，即便不得不低下頭一試，還是覺得是沒有退路所逼的，不是自己準備好了。就這樣，大家的大學讀得愈來愈久，賴家賴得愈來愈晚，單身階段也愈來愈不可思議的長。

以上是我從最近閱讀對有關人類心理與處境得到啟發的部分，是各級教

育，尤其針對年輕人與大學生的教育，應正視的問題，謹提出供各位教師、同仁與同學參考，希望大家在生活中多所思索討論，使學校教學與輔導得以精益求精，更臻完善。

▶ ①如果你是樂觀的人，你應該既快樂又擔心
②公開表揚績優教師，有示範與擴散的效果
③學校教學與輔導應精益求精，更臻完善

2013年系所關懷導師會議致詞

2013年10月7日　星期一

　　很歡迎大家在新學期開始，來參加諮商中心舉辦的系所關懷導師會議，除了讓關懷導師們齊聚一堂，彼此交流外，更安排工作坊來引導導師們進入助人領域、學習助人技巧等，以協助關懷導師，並提升輔導年輕人的效能；本次會議以「從人的困境解套──談與90後世代的有效對話與陪伴」為主題，同時要感謝資深諮商工作者黃玲蘭心理師蒞臨演講，讓關懷導師能領會如何在有限時間，做重要而有效的事，實用性高，內容豐富，精彩可期。

　　最近我在102年教師節茶會中提到，當年初回清華教書時，離我大學畢業後出國留學還不到十年，已經感覺當時的學生與我唸大學時「大不同」，如以十年為一世代，我在清華已超過三個世代，現在的大學生自然又很不同，常聽人感歎「一代不如一代」，正如我在茶會致詞時說，不同世代年輕人間有差異，每況愈下則是迷思。

　　前幾天有機會重溫美國爵士樂歌手路易斯‧阿姆斯壯（Louis Armstrong）唱的1967年老歌〈世界多神奇〉（What A Wonderful World），歌中讚嘆世界紅花綠樹綻放生長、藍天白雲美景任人觀享、天空展佈炫麗彩虹以及人間充滿溫情，更羨慕初生啼哭的嬰兒，成長後會有遠為豐富的學習經驗（I hear babies crying, and watch them grow, they will learn much more than I ever know），以今視之，一樣都沒有少；在社會遠比當年富裕，國人不需簽證即可走遍天下時代，「天涯若比鄰」的願望已經成真，「陽春召我以煙景，大塊假我以文章」，不僅「江上之清風，山間之明月」，「取之不盡，用之不竭」，而且「世間美景盡收眼底」；同時由於資訊網路科技的突飛猛進，又讓「天下知識垂手可得」不嫌太誇張，「秀才不出門，能知天下事」接近事實，可以說世界更神奇了，人生可能性更多了。

另一方面，最近國內外一連串報導，也讓人對年輕人的未來感到憂慮；由於世事變化迅速，世界性的資源枯竭、環境污染、氣候變遷、經濟不振、失業率高漲等問題接踵而來，有失控跡象，歐盟不少國家年輕人有超高失業率；而根據美國勞工統計局2012年資料，2010年，美國成年人在18－46歲間，平均要換11.3個工作的趨勢來看，未來工作不穩定應是常態，「不確定年代」已經來臨；國內也有高齡化、少子化、政府財政惡化、政局動盪不安、經濟不振、產業升級遭遇瓶頸、學用落差等一連串影響年輕人未來的問題，年輕人面對未來，很難樂觀。過去觀念中的美好工作、美好職業，或美好的人生未來已經遙不可及，年輕人會感到徬徨與焦慮，就不足為奇了。

　　心理醫師、作家王浩威醫師在新書《晚熟世代》中，認為「一個從父母到子女都晚熟的世代，已然來臨！」他認為，這個世界在面臨十倍速時代的時候，過去的社群或家族已經消失無蹤了。在這情況下，這一代的父母幾乎是第一代要自己負責養育小孩的父母。他們一切從頭學習，才發現有太多環環相扣的知識埋藏在裡頭。在這一切情形下，一個晚熟的時代就這樣誕生了。年輕人覺得自己還沒準備好，而父母卻又是不夠成熟。事實上，在最近與一些家長的接觸中，也確實能感受到這問題，如此導師對學生的輔導與關懷就更顯重要。

　　王浩威列舉美國人第一次婚姻的平均年齡一直在增加，從七〇年代的女性21歲、男性23歲，到2009年女性26歲、男性28歲，在台灣，2012年平均結婚年齡，男性是31.8歲，女性則是29.5歲；但在1989年，男性是28.8歲，女性則是25.6歲，約二十年間，不論男女，結婚年齡均增加約3－4歲，而出生率（平均每位女性一輩子所生子女數）在2008年開始為全世界最低，2012年受「龍年」影響，升為1.256，是全世界倒數第三；同時根據教育部統計，大專校院學生延畢人數近10年逐年上升，從98學年度3萬6399人、99學年度3萬8260人、100學年度4萬342人，101學年度大學延畢生再攀至4萬1845人，占全體畢業生16.17%，而據分析，多數學生都是因為想要延後服兵役、準備考研究所，或是對就業環境沒信心，希望延後進入職場工作而延畢。

　　《晚熟世代》中談到針對晚熟現象，美國社會學者亞奈特（Jeffrey Arnett）在2000年提出「成年湧現期」（emerging adulthood）這一名詞，指那些「已經離開了兒童和青少年階段的依賴」，卻還沒辦法承受成年期應有的責任感的人，因而在愛情關係、工作和世界觀上，發展出許多可能的樣態。他在2010

年《成人湧現期和青少年》（*Adolescence and Emerging Adulthood*）一書則提出這個階段的五個特色：自我認同的探索（迷惘）、不穩定、只關心自我（自私）、感覺兩邊都不是（疏離），和充滿可能性。應很值得導師們參考。

　　據報導，上月初台大新生講習中，不僅出席率不高，而且許多新生「打瞌睡」、「滑手機」，引起一陣感嘆；剛好隔兩天清華舉行新生講習，同學們不僅出席率高，而聽講時絕大多數都能「聚精會神」；我除了在致詞中予以嘉勉外，也不免同時思索清華妥善教育這些優秀學子的重責大任。各位關懷導師身居第一線，可謂任重道遠，在此要特別感謝各位的無私付出；培養出勇於面對未來，活出精彩人生的清華人，將是我們獲得的最好回報。

2013年退休人員餐會致詞

2013年10月16日　星期三

　　很高興再度參加退休人員餐會，學校在過去一年雖不能說事事「一帆風順」，但大體上可謂在「穩定中進步」，最值得向大家報告的是：

　　一是本校甫於8月30日獲頒本年度行政院國家品質獎，是機關團體組唯一獲獎單位，也是第一所榮獲此殊榮的國立大學！二是最近「上海交大兩岸四地大學排名」公布2012年排名，本校排名第三，較2011年進步一名。根據這項調查，北京清華、台大分列第一、二名；清華雖次於北京清大、台大，但是受限於規模以及資源投入，如將此兩項因素納入考慮，則清華是名副其實的「華人首學」。三是今年的招生，據指考分析專家告知，今年清華新生指考相對成績，較往年進步很多，這趨勢在今年甄試作業時就普遍感覺到，也就是甄試錄取成績與報到率，雙雙提高，是可喜的現象。四是清華在頂尖標竿期刊發表論文上，表現突出，去年全台以通訊作者份發表於「科學」（Science）與「自然」（Nature）期刊論文共七篇，本校即有四篇，占一半以上，超過「天下兩分，清華居半」的說法；今年到現在為止，清華已有四篇論文在Science期刊發表，也就是說本校在約一年半時間已在Science與Nature期刊發表論文八篇，成果斐然。五是今年清華體育代表隊在大專運動會上大放異采，勇奪一般組（無體育系所院校）冠軍，戰果輝煌，再加上在大專聯賽一般組得到冠軍的棒球與足球隊，創新竹清華校史上最佳戰績，由這些例子，可略見清華學子能文能武，潛力無窮。六是去年底與今年初由校友捐贈全部經費一億七千萬元興建的體育館以及學習資源中心旺宏館分別完工啟用，目前有「育成中心」、「清華實驗室」、「綠色低碳能源教學研究大樓」、「學人宿舍」以及「生醫三館」五大建築施工興建中；最後要預告的是「清華名人堂」將於十二月十九日揭幕啟用，當天楊振寧與李遠哲校友都會親臨參加。

由於我也會在不久後退休，所以在今天場合可以不避諱說「老」，最近美國紐約時報有兩位專欄作家David Brooks與Gail Collins有「如何變老」？（How to be old？）的對話，從退休規劃說起，首先退休是個錯誤的觀念，是工業時代裡文化錯置的遺物，根據年屆八十歲的醫生兼作家Oliver Sacks描述，老年是自由生活時代，他提倡穿著靴子往生，諾貝爾獎得主Francis Crick在得知他的大腸癌復發後，僅停頓了一分鐘，又去處理眼前的事，後來他解釋他的達觀說：「任何生命必有結束的一天」，而他一直從事創意工作直到八十八歲逝世才停止。另一個例子是大提琴家Pablo Casals到93歲時還每天練琴三小時，他認為人生要如樂曲中音調漸次加強（Crescendo），而不是逐漸微弱（Diminuendo）；還有一種可能是在老年時更為慷慨，從事各種志工服務，對未來世代有所回饋，這些都是非常正面的人生觀。很值得參考效法。

　　最後祝大家身體健康，萬事如意！

◀ 學校在過去一年在「穩定中進步」

▲ 向同仁敬酒（一）

▲ 向同仁敬酒（二）

2013年清華大學國際教師聚餐致詞

2013年11月18日　星期一

　　歡迎大家來參加清華大學國際教師聚餐；今天可能是清華擁有相當數目國際教師後第一次聚餐，有歷史性的意義。

　　國際教師可能有多重意義，如果說擁有外國國籍，則本校有許多原在台灣生長，出國留學後，獲得其他國籍，可以算為國際教師，但今天邀請的國際教師，則為非台灣出生，不曾擁有中華民國籍的教師。所以做這樣的區別，是因為各位離鄉背井，有類似的經驗，而這正是本校在行政服務上，亟待改善的區塊。值得一提的是，馮達旋副校長出生於印度，成長於新加坡，擁有美國國籍，是在本校較狹窄定義下的國際教師。本校另一位副校長，葉銘泉副校長，在澳門出生以迄高中畢業，到臺灣讀大學畢業後，轉到美國得到博士學位，再回到台灣教書，擁有中華民國國籍，則不在今天受邀之列，可見要細數本校國際教師有複雜性。

　　不久前，我以東亞研究型大學協會（Association of East Asia Research Universities，AEARU）現任會長身分受邀到歐洲大學聯盟（European University Association，EUA）年會演講，在與主辦單位立陶宛科技大學校長晤談時，他問我清華有多少國際教師？與我同行的同事答約十位，當時我就覺得遠為低估，心中默算了一下，已達約二十位；回來後，知道至少有三十七位，我想能較精確的掌握數字，是一項進步。

　　最近幾年，本校國際教師人數逐漸增加，原來由各用人所系接待與服務模式顯有不足，且缺乏效率，所以在馮達旋副校長建議下，在秘書處下增設專人，主要工作是應國際教師的需要，做為窗口，在各方面加強服務；因為是在草創初期，業務或有不夠熟稔地方，還望大家有所海涵，不吝指教，讓工作能加速邁入正軌，發揮應有功能。

各位到清華時間或長或短，在華語方面，有些流利，有些僅達基本所需，有些則是初學，來自不同地方，分布在不同單位，到清華碰到各式問題，可能事涉教務、學務、總務、研發、全球處業務，再加上事權或不清楚，業務熟悉度不一，如果沒有適當窗口，即使有各用人單位協助，效率上會差很多，我們期待由專人的設置，未來會有大幅度的改善；另一方面，國際化雖是台灣追求的目標，但政府機構與相關法令規章並沒有都能相應改進，尤其對國際教師諸多規定，並不合時宜，這些問題，有些學校耳熟能詳，也在各個場合，甚至聯合其他學校，呼籲或具體建議改善，也展現了部分效果，但也有許多仍待改善之處；同時，若各位有什麼意見，也可經研商後，透過學校提出，進行各項可能的努力，未來才有改善的可能。

　　對於海島台灣，各位都可謂遠渡重洋，來到清華，將您的學識、經驗與人脈賦予清華，豐富了校園文化，在清華國際化的努力上扮演重要角色，在此我要代表清華感謝諸位，清華也當全力為各位服務，使賓主盡歡，相得益彰。

▶ 清華已在秘書處增
　設專人，加強接待
　與服務國際教師

2013年傑出產學合作獎與新進人員研究獎等頒獎典禮致詞

2013年11月28日　星期四

很高興參加今天的「四合一」頒獎典禮，所頒的獎項包括產學合作績優、新進教師研究獎、國科會指導大專生參與研究計畫創作獎、學生國際會議獲獎論文獎，首先恭喜今天接受頒獎的同仁與同學。剛才學務長給我看手機裡的照片，顯示他的研究室同學今天中午享用的一隻烤火雞，提醒了今天適逢今年的感恩節（Thanksgiving Day）；未來大家很容易記得是在今年感恩節當天接受頒獎，是一個快樂的巧合（happy coincidence）。

新進人員研究以及同學們獲獎，特別值得鼓勵，大家在研究的路途中，初試啼聲，獲得肯定，希望能再接再厲，更上層樓。今天新增的學生國際會議獲獎論文獎，是希望同學們不僅在研究上追求卓越，而且要講求如何發表優良研究成果，事前在準備資料時，善用簡報軟、硬體，讓內容清晰、有力、吸睛，在口頭髮表時，注重儀容、言詞、語調、風度、姿態，喜見今天得獎的同學相當多，大家為校甚至是為國爭光，很值得慶賀。

榮獲傑出產學合作獎代表研究具有產業效益，雖然從事科學研究並不一定要有立即的應用，但也應重視有益社會民生的應用價值，產學合作不僅對產業有益，學者也常能從先進研發中，從宏觀角度了解問題癥結並協助解決，提升研究水準，而在公共資源漸形匱乏情況下，成本效益成為資源取得的重要因素，得到企業的支持，也有助於研究的推動，可謂相得益彰。

產學合作希望能協助產業創新，本校榮譽特聘教授克里斯汀生（Clayton Christensen）是管理學大師，以首先提出破壞式創新（destructive innovation）觀念著名；克里斯汀生教授將創新分為三大類，分別是破壞式創新（destructive innovation）、維持性創新（sustaining innovation）與效率創新（efficiency innovation）；破壞式創新，尤其是破壞式的產品創新，如個人電腦，不但創造企業的成長，同時也創造了工作；維持性創新，是創造出取代性產品，這不會增加工作機會、不會為企業帶來成長，但是可以讓企業保持活力。例如，豐田創新出非常出色的油電混合車Prius，但每賣出一台Prius，就少賣一台Camry；效率創新，是用最有效率的方式、更低的成本，為既有顧客生產現有產品。因為提升效率，實際上還減少了工作機會，但是可以為企業增加收益。他又認為，如果企業的核心事業逐漸成熟、要創造新成長，就必須將更大比例的研發，投入破壞式創新的產品。如果企業缺乏資金，就需要投入效率創新，增加金流。另一方面，一般的認知是亞洲長於效率創新，歐洲長於形式創新，美國長於科技創新，如此以創新而言，美國產業最為看好，而事實上近年來有世界影響力的創新，如iPod、iPhone、iPad、Google、Youtube、Facebook等、幾乎都源自美國，以iPhone為例，大陸作家曾帆在《一隻iPhone的全球之旅》一書中問「一顆蘋果誰咬得最大口」？答案是「大陸人工成本1.8%，台灣利潤0.5%，蘋果利潤58.8%」，同為創新，但效益差別很大，最重要的衡量面向就是，判斷這個創新，到底是不是企業需要的創新，很值得投入產學合作的同仁參考。

克里斯汀生教授以為企業要有效創新，就要培養、訓練主管和員工，養成聯想、疑問、觀察、社交、實驗這些創新技巧。卓越研究與有效創新須具備豐富的聯想力（association），例如大家以後可以將得獎之日與美國的感恩節同一天聯結，現今感恩節定為十一月的最後一個星期四是美國小羅斯福總統在1941年所定；美國感恩節是源於初到新大陸新教徒移民對豐收的感恩，通常與火雞大餐聯結在一起，而可以提出的疑問是，英文火雞為何名Turkey，與土耳其這個國家同名？其中有相當複雜的關係，原來英國人叫一種產自東非馬達加斯加而經土耳其商人引進的食用禽鳥Turkey，當西班牙人在美洲發現一種美味的禽鳥時誤以為是Turkey，流傳至今，而原在英國名為Turkey的禽鳥則另被命名；有趣的是，法國人以為火雞來自印度，以dinde名之，而土耳其人也以為其來自印度，而以Hindi名之。創新的突破，往往發生於不同學科及領域交會之處，把看似無關的疑問或觀念聯結起來，發現新的方向。最後再恭喜大家，並祝感恩節快樂。

◀①在感恩節當天頒
　獎，是一個快樂
　的巧合
②產學合作得到企
　業的支持，也有
　助於研究的推
　動，相得益彰
③新進人員研究獲
　得肯定，希望能
　再接再厲，更上
　層樓

2013年智財技轉績優感恩會致詞

2013年12月27日　星期五

　　很高興又一次參加本校「智財技轉績優感恩會」，首先恭喜今天接受產學合作績優頒獎的同仁。去年研發處設計了一張大型面值六千萬元支票，很自豪的展示技轉成績，當時我曾表達希望明年能破億的願望，但如此佳績是「可遇不可求」，很令人振奮的是到十月底為止，本校技轉金已超過一億，以技轉組超高的達成率，讓我很後悔為什麼沒有將目標值提高到一億五千萬元；不久前研發長與蔡經理很興奮的告訴我，正在進行一件技轉案，如一切順利，金額可破億，如此明年的技轉成果就可能破兩億；一旦成真，清華不僅研究第一，而且技轉第一，再加上本校代表隊在大專運動會勇奪一般組第一名，坐實「文武雙全」大校之名，可喜可賀。今天接受產學合作績優頒獎的同仁們當然都是大功臣，謹在此除向大家道賀外並致謝。

　　十九世紀末到二十世紀初的大科學家，提出熱力學第二定律，並對發展越洋電報很有貢獻的凱爾文爵士曾在1883年說：「輕蔑科學應用是大錯特錯，實際應用是科學的生命與靈魂」（There cannot be a greater mistake than that of looking superciliously upon practical applications of science. The life and soul of science is its practical application），指出部分科學家重基礎輕應用的偏見，從事科學研究並不一定要有立即的應用，但也不應忽視甚至輕視其有益社會民生的應用價值，熱力學第二定律是一基本定律，但伴隨蒸汽機的發明而發展；產學合作不僅對產業有益，學者也常能從先進研發中從宏觀角度了解問題癥結並協助解決，提升研究水準，而在公共資源漸形匱乏情況下，成本效益成為資源取得的重要因素，得到企業的支持，也有助研究的推動，可謂相得益彰。

　　智財技轉績優與創新息息相關，本校榮譽特聘教授克里斯汀生（Clayton Christensen）是管理學大師，以首先提出破壞式創新（destructive innovation）

觀念著名；克里斯汀生教授認為破壞式創新（destructive innovation），尤其是破壞式的產品創新，如個人電腦，不但創造企業的成長，同時也創造了工作；如iPod、iPhone、iPad等；另一方面，企業成長、創造工作機會連帶增加GDP是否為現今社會主要追求的目標，正越來越受到質疑與挑戰。

在美國前副總統高爾新作《驅動大未來》的序言中，也談到熱力學第二定律，在一封閉系統中，從宏觀角度，熵的量逐漸增加，從微觀角度，亂度逐漸增加，朝平衡方向演化，是物理崩壞解體的原因，也因此大自然才有「不可逆轉」特性；但在一開放系統中，可從外界輸入能量，熵的量有可能減少，二十世紀的大物理學家Onsager與Pregogine皆對開放系統中，非平衡態熱力學的發展有重大貢獻，而在遠離平衡態的情況下，透過自我組織，有可能湧現一種新的複雜型態，各式特異現象可能發生，高爾指出，在地球生成後，不斷自太陽輸入能量，雖有部分能量以紅外線輻射方式，散逸於地球周遭太空中，但也有部分能量以原油、天然氣、煤等形式封存於地下，但在工業革命、科技革命以來，人類強力的消耗這些長期儲存的能源，並將燃燒後的廢棄物排放到大氣層中，造成地球生態系統的不平衡，湧現全球暖化為危機，在台灣，人均碳排放量在世界上名列前茅，且高於世界人均碳排放量一倍以上，問題至為嚴重，因此今日在致力於科學進步、技術移轉同時，社會、環境成本必需要納入重要考量，甚至是優先考量，本人誠摯期望智財技轉績優同仁能起帶頭作用。

今天的活動名為感恩會，由技轉組主辦，想是感謝技轉績優同仁對學校的貢獻，另一方面技轉呈現佳績當然與技轉組的積極推廣直接相關，所以應是共同感恩，希望明年此時大家相互恩情更為深重。

2014年第二梯次退休人員茶會致詞

2014年1月28日　星期二

　　歡迎大家來參加今天的「退休人員茶會」，由於我三天後就要從校長職務卸任，所以最近常常有人以為我也要退休，雖然我也一再聲明是卸任而非退休，但對退休越來越「有感」也是事實，而按照規劃，我在兩年半以後也要追隨大家，成為名副其實的退休人員，所以也常思索退休後的生活。

　　歷史學家尼爾・弗格森（Niall Ferguson）所著《文明》（*Civilization: The West and the Rest*）一書中提到以往為何「英雄出少年」，主要是醫學不發達時代，人類平均壽命很短，現今台灣人平均壽命已接近八十歲，去年美國人口統計局資料顯示，美國密西根州亞裔人士平均壽命已超過九十歲，現代人在經濟發達國家壽命大大的提高是普遍的現象，而我個人的經驗，是在相識的人中，絕大多數在七十五歲前都是「一條龍」，所以現今人退休是從工作中退休，而非從生活中退休。　要如何在生活中退而不休呢？日本籍趨勢專家大前研一在《後五十歲的選擇》一書中指出戰後出生的嬰兒潮這群人（日本人也稱為團塊世代），沒有經過戰爭的苦難，但卻經歷了過去三十年來經濟起飛與泡沫化的歷程；他們不論在企業組織裡、社會與經濟地位上，都屬於「既得利益」的一代，加上退休條件不差，更將成為富有與幸運的享福世代。他鼓勵大家在一生中最能看清全盤人生，並開始倒數計時的時候，帶著感恩的心情，以「人」的身分安安心心地把重心放在生活，讓自己生活得更好。從結果做思考，學會分辨必須持續去做，不重要，不需要做的工作，採取「主動的行動」，減少「被動的活動」，而選擇「完全不做」的事。他自己「主動的行動」是在盤點人生後，臨終前會認為重要的事，符合在回顧時能認為「我過了一個很棒的人生」的標準，如果能用這種方式再活個二十五年、三十年，人生的幸福濃度勢必比原來更高；大前研一自己選擇以越野機車、潛水、將自己的想法整理成書以及

受邀演講為「主動的行動」，在受邀演講方面，由於漸感無法做出讓自己感覺興奮的表現，將逐漸縮減在這方面所花時間，而在「被動的活動」以參加婚喪喜慶為最，「完全不做」的事是看電視轉播比賽、看電視劇等；如此可以多出很多時間，做喜歡的事，另一方面，盤點人生存貨，也要將家人考慮進去，並且多用時間、愛與關懷在雙親身上。要掌握人生，珍惜人生中的悲歡離合，活在當下，當個靈魂自由人，做自己想做的事，用心與各類型夥伴交流。

　　「退休後，首先該做的是為自己製作人生的平衡表，為了充實第二個人生，就必須先鞏固經濟基盤。」以現今公教人員退休後，月退金應足夠做為生活費，除保險外，是將時間和金錢投注在享受人生上。他認為不要留遺產、應該將儲蓄全用完，為剩下的二、三十年創造一個幸福與快意的人生。同時，要特別注意工作與生活平衡，甚至讓玩樂成為生活的重心，要過不一樣的生活、認識不一樣的人，不要再重蹈過去的生活軌道；甚至需要將往生之處也規劃好，這樣才算是無怨無悔的幸福人生。有些事現在不做，就永遠不會做了。他說：「往生時，將儲蓄全部歸零，所展開的世界是最燦爛的。」他估計，「夫妻每個月用十萬退休金擁有約一千萬的儲蓄，就可以悠哉地過著不錯的退休生活。」大前研一直言，一輩子做「上班族」的人，過著較穩定的生活，欠缺經營者特質，不要「臨老入花叢」，發想創業，成功率極低，僅約千分之三，尤其動用退休金或貸款開創新事業，影響養老所需，頗不可取，宜以工作當作興趣；第二是培養多方興趣，免得有些嗜好在種種因素下，不便繼續，沒有良好替代方案，同時從事公益工作，如協助社會企業的運作、社區圖書館運作、社會大學教學、參加非政府營利組織，做一個無名的，美麗地綻放在原野上的花朵！換言之，提出你的生命智慧與養分，在身邊栽種培育下一個世代的種子，改良身邊土壤的質地，「發一隅之光」，很值得大家參考。最後祝大家「眺望夕陽暮色，觀賞璀璨人生」，活得充實，活得愉快。

◀ 期許同仁退而不休，充實第二人生

2014年校外獎項晚宴致詞

2014年1月6日　星期一

　　上月18日，清華也在此設宴，除了宴請校務諮詢委員外，也為楊振寧院士伉儷洗塵，楊院士此次來校，一方面是參加次日，也就是12月19日「清華名人堂」開幕典禮；清華歷來大師雲集，校友人才輩出，不僅璀璨杏壇，更深刻影響社會思潮、嘉益人群，適逢原第一招待所改建為多功能會所，包括名人堂、接待中心、校園導覽中心、教師員工聚會所以及「清華樂集」練習及表演場所，而以「清華名人堂」為名；第一批「名人」，包括大門口梅校長與四大導師浮雕以及胡適、楊振寧、李遠哲三先生半身銅雕，門前「清華名人堂」五個大字則由集胡適先生墨寶而成；胡適、楊振寧、李遠哲三先生分別為北京清華、西南聯大與新竹清華代表。

　　李遠哲先生在新竹清華就讀時，全校僅有研究生而學生不超過五十人，同時在我上週參訪雲南師範大學「西南聯大博物館」時，看到陳列的「西南聯大清華研究院」畢業生名冊，除註明楊振寧先生為1944年6月碩士畢業生外，發現整個研究院畢業生也不過幾十人，如此高的諾貝爾獎命中率，著實讓人嘆為觀止。

　　當天下午，楊振寧先生以首屆「君山講座」身分發表「我的學習與研究經歷」演講；「君山講座」是沈君山前校長家屬捐款設立，除彰顯沈前校長愛護清華美意，也希望由禮聘大師演講，嘉惠師生，激勵學子；在校方商議首屆「君山講座」人選時，一致認為楊振寧先生為不二人選，本人在去年11月3日參加「西南聯合大學建校七十五周年紀念大會」曾有機會當面向楊振寧先生提出邀請，蒙楊先生爽快答應，在約一年後的今天，終於落實，值得大家慶幸。

　　在楊振寧先生的「我的學習與研究經歷」演講中，他談起「和同學討論是極好的深入學習的機會」、「在芝加哥大學嘗試做實驗論文不成，做研究生

的兩年半間，自己找了四個理論題目：1.Ising Model、2.Bethe's Hypothesis、3.Gauge Invariance、4.核反應中的角分布，只有第四個有發展。」、「研究生找題目感到沮喪是極普遍的現象。」、「可是自己找的四個題目後來都有極好的發展，只是當時沒有意識到。」他認為「研究三部曲為興趣、準備、突破」、「沒有準備，就沒有後來的突破。」、「有好想法，不輕易放棄。」、「要解決基本問題。」、最後以「發現自己的興趣，培養自己的興趣，發展自己的興趣」作結，極為精彩，值得大家參考。

楊振寧先生在物理學上的貢獻，是眾所周知的，1991年長期任美國《物理教師》期刊編者Cliff Swartz列舉歷史上最偉大的十八位物理學家，包括伽利略、哥白尼、牛頓、法拉第、愛因斯坦、波爾、海森堡、薛洛丁格、居理夫人、哈伯等人，楊先生是唯一的東方人以及唯一在世並列於「英雄榜」的物理學家，歷史地位非凡，但他甚為平易近人，而且以九一高齡記憶力驚人；我原從清華檔案中找到六次楊先生訪問清華的記錄，但與楊先生晤談之下，又增加了兩次；一是1986年，也就是1971年以後十五年，楊先生再度來台，另一次則是1992年，清華為楊先生辦「七十壽辰研討會」之時，而且楊先生各講了一段軼事，甚為有趣。楊先生的睿智以及學術與為人的風範，皆不愧為一代偉人。

今天歡宴本校獲得校外難得獎項教師，平常大家是很多人崇仰的對象，也常對後生晚輩發表勉勵之辭，同時對思想、歷史源流變遷多所思索，最近因有幸與楊振寧先生較多近距離接觸，也從閱讀中對他的言行較多了解，茲舉楊先生二、三事與大家分享，希望能夠激盪出更多的智慧火花，對社會人類的進步發揮正面影響力。

與楊先生相識近四十年的聶華桐教授，認為楊先生做人為學的態度，融個性與才智為一體，具有一般人不能同時具有的性格：

一、非常實在，扎實工作，從來不做虛功與表面文章，同時有十分豐富想像力，

二、興趣廣泛，除數學、物理外，知識與興趣遍及各學科，對藝術、中國古典學術、歷史、政治事務，深入鑽研，吸收新的興趣，但同時能對許多問題進行深入研究，

三、誠實，對自己懷有疑問，不畏更正自己見解與觀點，力求掌握事情的

本質，不輕易妥協，

四、容易受到激發，在新的物理現象出現時充滿激情，如在「宇稱不守恒」研究中，想到不可思議的解決問題的新思路，在規範場理論產生過程中，獨自思考把同位旋守恒的性質，也像電磁學中的電荷守恒那樣，變成一個規範場理論，

五、謙虛好學與獨立思考完美結合，能吸收別人的巧思，又保持獨立思考的能力與習慣。

　　　另一方面，楊先生對李約瑟之問「中國近世科技落後之因」，有其精闢的見解，他在2004年9月3日在人民大會堂舉行的「2004文化高峰論壇」上所做題為「《易經》對中華文化的影響」演講中，認為「《易經》影響了中華文化中的思維方式，而這個影響是近代科學沒有在中國萌芽的重要原因之一。」、「下面這幾句話可以說是用今天的語言來描述到底《易經》的精神是什麼：濃縮化、分類化、抽象化、精簡化、符號化是《易經》的精神。而這種精神我認為貫穿到了幾千年以來中國文化裡面每一個角落。」、「近代科學為什麼沒有在中國萌生。已經有很多人討論過了。歸納起來與《易經》有關的是一、中國傳統裡面無推演式的思維方法，二、有天人合一的觀念。」

　　　他舉出近代科學的思維方法包括推演與歸納兩種思維方法。「中華傳統文化的一大特色是有歸納法，可是沒有推演法。其中歸納法的來源是什麼？」「易者象也」、「聖人立象以盡意」、「取象比類」、「觀物取象」概念。都是貫穿《易經》的精神。都是歸納法，是向上求整體「象」的方法。但歸納與推演都是近代科學中不可缺少的思維方法。他以Maxwell（1831－1879）創建Maxwell方程式的歷史說明：Maxwell首先用歸納法，在論文中說：「我們必須認識到互相類似的物理學分支。就是說物理學中有不同的分支，可是他們的結構可以相互印證。」楊先生說「他用這個觀念來研究怎樣寫出電磁學方程式，以流體力學的一些方程式為藍本。這種研究方法遵循了歸納法的精神。」、「在其後論文中他把用歸納法猜出的電磁方程式，運用推演法而得出新結論：這些方程式顯示電磁可以以波的形式傳播，其波速與當時已知的光速相符，所以『光即是電磁波』，這是劃時代的推測，催生了二十世紀的科技發展與人類今天的生活方式。」、「歐幾里得的幾何學是人類歷史上一個大

貢獻，第一次把推演法規律化，其影響不可以道裡計。後來牛頓寫了Principia Mathematica。如果你翻一下此書你就會發現他寫的方法完全是照著歐幾里得幾何原本方法，是由公理，定理，然后到證明等等，照著歐幾里得的推演法的形式。」

他認為中華文化沒有發展出推演法，舉明朝末年大臣、大學者、最早與利瑪竇合作翻譯歐幾里得的幾何原本的徐光啟（1562－1633）的話為證；徐光啟在翻譯了以後，了解到推演法一個特點就是「欲前後更置之不可得。」就是一條一條推論不能次序顛倒。這跟中國傳統不一樣。中國傳統對於邏輯不注意，說理次序不注意，要讀者自己體會出來最后的結論。徐光啟又有這樣幾句很有名的話：「似至晦，實至明，似至繁，實至簡，似至難，實至易。」懂了推演法的精神以後就知道推演其實比歸納容易。

關於「天人合一」的觀念，「『天人一物』、『理一分殊』、『內外一理，』起源於《易經》每一卦都包含天道、地道與人道在內，天的規律跟人世的規律是一回事。」、「我們知道王陽明格竹子，是要用人世間的『理』追求自然界的『理』，這樣當然格不出近代科學。」、「近代科學一個特點就是要擺脫掉天人合一這個觀念，承認人世間有人世間的規律，有人世間複雜的現象，自然界有自然界的規律與自然界的複雜現象，這兩者是兩回事，不能把它合在一起。」、「天人合一的內涵絕不止內外一理，還有更重要的『天人和諧。』」

另一方面，中國傳統裡的許多問題，如科學制度、太學制度禁錮了士子的思想，國人重實用，輕形而上的思考，也都是相關的因素，但楊先生對《易經》的看法很值得大家深究探討。最後祝大家在來年更上層樓，大放異彩，為「清華名人堂」增添更精彩的內涵。

▲ 祝大家在來年更上層樓　　▲ 與弦樂四重奏學生合影

▲ 為「清華名人堂」增添更精彩的内涵

萬其超教授榮退餐會致詞

2012年8月25日　星期六

今天我是帶著不捨與感謝的心情來參加萬其超教授榮退餐會。萬教授在清華服務三十九年，在清華歷經擔任化工系系主任、工學院院長、研發長、主任秘書等職務，多有建樹；得過多次國科會傑出研究獎，是「清華講座教授」；長期擔任國科會永續發展推動委員會執行秘書，2008至今年初擔任行政院科技顧問組執行秘書，是教學、研究、服務三棲傑出教授，對清華與我國科技發展都有卓著的貢獻，首先我要代表清華對萬教授致感謝之意。

化工系是清華王牌系，在國科會尚有甲種研究獎時期，除多人得傑出研究獎，其他人人有獎；另一方面，現今國科會研究計畫通過率已不到五成，而化工系教師在爭取國科會研究計畫方面始終維持全壘打，絕對是全國第一系所，不能不教人佩服。萬教授等元老擘建與引領，功不可滅；今天在座與我同桌的有多位是化工系的元老級退休教授，是難得的大團圓好日子，我也趁此向各位致意與致謝。

其超兄是謙謙君子，雖很隨和但話不多，所以也是寡言君子，但有一支健筆，常在「科技發展月刊」發表讜論，非常具有可讀性；尤其在退休後，又多了一分犀利，例如最近在「全國XX會議」一文中，對近年來召開的各種「全國會議」，大而不當，各言其志，常不了了之，多有指陳；本人期盼其超兄以豐富的歷練，過人的見識，在往後能更積極建言，將為社會國家幸。

另一方面，我希望與其超兄與各位退休同仁共勉的是，大家同屬二戰後嬰兒潮世代，是最有錢、最有閒、人多、選票多也最有權的「金領銀髮族」，最應為我們的後代多所謀畫；據主計處「家庭收支調查報告」，2011年，六十五歲以上老人，每月平均可支配所得，高達新台幣三萬二千元，比去年大學生平均起薪要多約百分之二十三。而台灣現在施政的種植措施，多在「寅吃卯

糧」，以關係約九百餘萬勞工的勞保為例，據勞委會估計，勞保基金將於109年產生赤字，120年即有破產危機，教師退撫基金，收支將於103年逆轉，公保基金也有類似問題，加以政府債台高築，政治人物選擇「視而未見」，相對的剝奪了國家對年輕世代資源之分配，未來世代退撫將是「看得到吃不到」，因此「金領銀髮族」應挺身而出，從觀念、宣導、法制改革到以身作則，有所匡正，尚賴各同仁共同努力。

　　最後我要與大家分享一個小故事；其超兄嫂膝下有兩位「掌上明珠」，不是很記得是從其超兄文章中看到還是其超兄曾表示「心有戚戚焉」；內容是有個女兒出嫁後回娘家，常會搬些東西回婆家，作母親的略有微辭，而父親鄭重警告她不要多說，免得女兒會減少回家的次數；總之其超兄嫂是以疼女兒出名，剛才看到一些其超兄含飴弄孫的照片，相信退休後機會必然大增；據我所知，其超兄從學校退休後，仍會繼續在「李國鼎基金會」擔任執行長，推動各項有助科技發展工作，實質上是「退而不休」，在此祝福其超兄嫂今後在各方面幸福快樂。

葉銘泉教授退休惜別會致詞

2015年7月6日　星期一

　　今天來參加銘泉兄的退休惜別會，感覺很是特別；銘泉兄與我同時於民國六十六年到清華任教，當時工學院五個系，教師不過三、四十人，都集中在工程一館上課、研究，彼此間都很熟悉；銘泉兄給人最初的感覺，一是人很和氣，另一是廣東腔很重，後來則更知他是短跑健將，在校內多年無敵腳。

　　但他後來也憑藉唱廣東歌風靡校園，最有名的當然是小李飛刀；他的另一把刀，是在教學打成績上，有葉大刀的外號，而他除是本校第一屆傑出教學獎得主，也是第一位因連得三次傑出教學獎，而必須禮讓退出角逐的教師，再加上他的廣東腔，不能不讓人肅然起敬，他的第三把刀是菜刀，做得一手好菜，歷年來我也有幸品嘗幾味，確實有大廚手藝。

　　銘泉兄在清華任教達三十八年，有二十幾年擔任不同的行政工作；有人分析一個人長期在同一單位從事各項重要工作，除了現實面的因素外，一是志業所在，另一是受到相當的肯定。從這個觀點看，銘泉兄是在自己選擇的志業備受肯定的情況下退休，是很值得恭賀的。

　　《論語‧泰伯》：「子曰：不在其位，不謀其政。」有人認為應更積極地說「在其位，謀其政」。但其實在很多情況下，是很有道理的；有些事情，是主其政，也就是從事相關的行政工作，才會比較了解，銘泉兄在清華有二十幾年擔任不同的行政工作，自然瞭解的比較多，譬如說我曾從他那裡知道清華昆明湖因何命名，因為他曾聽洪同前總務長說是因紀念抗戰時期清華與北大、南開在昆明共組西南聯大而得名；另外，我初任校長時曾向他請教，庚子賠款基金分配情形，他就不是很了解了；就是「不在其位，不謀其政」的一例。以銘泉兄在清華的無人可比豐富的行政經驗，對清華過去多年來的人、事、地變遷，來龍去脈應最能掌握，所以我個人期望，銘泉兄在清華退休後，能以不同

方式，包括寫作、演講或接受訪談，分享寶貴經驗與知識，對充實清華校史內容，必定大有貢獻。

　　據了解，銘泉兄即將到澳門大學擔任其中一個住宿書院的院長，展開名副其實的事業第二春。澳門是他的故鄉，澳門大學有個名聞遐邇、嶄新漂亮的校園，正積極參考英、美有高聲望的大學，開辦多個全校性的住宿書院。而銘泉兄在清華本就有豐富而多元與學生互動的經驗，相信返鄉任教，以其親和力和創意，一定得心應手，工作順利。當然我們也知道，澳門大學的教授待遇要比台灣高很多，雖然據他告訴我說不如今早報紙上報導的好幾倍那麼多，未來大家不妨多找機會到澳門參訪或旅遊，在豪爽好客的主人招待下，一定賓至如歸。最後我要祝銘泉兄身體健康、在新工作上，得以大展長才。

史欽泰院長榮退晚會致詞

2017年1月16日　星期一

今天我是抱著慶賀、感謝、期待與祝福的心情來參加史院長的榮退盛會；我與史欽泰院長在大學是同校、同屆但不同系的同學，對他的榮退，自然別有感觸；大家也許不曉得教育部的退休辦法中，有一個小奧妙，也就是可從七十歲屆齡退休日期，推斷史院長已超過七十歲而生日是落在八月一日至一月三十一日間；這使我注意到，再隔三、四天後即將就任的美國下一任總統川普，他已滿七十歲而是在六月出生，也就是年紀要比史院長大；我想很多人都會同意，美國總統的職位可能是世界上最繁重、責任最重大的工作，所以今天我們參加史院長榮退晚會，略帶一點諷刺性；在美國教授是沒有退休年齡的，所以七十歲退休僅是教育部的規定，代表一個階段的結束；只能看作慶賀史院長到達人生一項重要里程碑，做一個歡樂的見證，我相信欽泰兄在現階段必然是退而不休。

也許很多人還沒有看到過剛出版不久的新書《十里天下》，副標題是「史欽泰和他的開創時代」，其中提到史院長在過去四十年生活在清華大學方圓十里，自道「創新科技一書生，築夢新竹四十載」，我個人在清華大學方圓一里內，生活了約五十年，由於專業領域與欽泰兄同在半導體元件與材料大領域，四十年來，接觸的機會相當多，在他約十二年前加盟清華後，關係當然更為密切。欽泰兄的能力從他在各個崗位的優異表現來看，是極為傑出的，尤其難得的是，他為人一貫誠懇謙和、熱心盡責，在清華更能以豐富的歷練、卓越的識見與充分運用豐沛的人脈，對清華在科技管理與創新研發提升上發揮極大的助力，也是值得所有清華人感佩與感謝的。

去年國際間最大的新聞，應是美國的總統選舉，美國一向提倡普世價值，自居民主自由典範；但從年初看共和黨初選，「看笑話」趣味十足開始，最後

選出一個人品極為低下的狂人，成為美國總統，對世人來說，不僅今後幾年恐為多事之秋，同時對世道人心，不免增添一分不安；在此時此刻，社會上有能力、有成就的俊彥之士，如史院長在撥亂反正之道上也多了一分責任，我們期待史院長能繼續發揮領導力與影響力，而有重要的貢獻。

另一方面，從專任教職退休，從此有不一定非上不可的班，代表比上班族有難得的自由；也是適當將生活步調放慢些，多花一些精神在享受生活的時刻。我對史院長有兩個祝福；

一是從史院長剛結束的書法展中，可看出他在書法上已經有相當的造詣，我祝福他能更上層樓，如當代的鍾繇，集其大成，自成一家；在學校教書，通常要趁寒暑假才有時間旅遊，但通常暑假時太熱、寒假時太冷，以後可在更適當的時機出遊；

同時在科技飛速發展的今天，照現在的趨勢，可預測約三十年內，計算機的智能將與全體人類腦力的總和相當，達到所謂科技奇異點，意味目前習知人類事務發展模式無法繼續，而面臨的是一個玄奇的世界；我預祝在過去數十年在半導體科技卓有貢獻的史院長能維持健康的身體，親迎這科技奇異點的到來。

▶ 創新科技一書生，築夢新竹四十載

▲ 做一個歡樂的見證

▲ 高朋滿座，勝友如雲

五、新生講習

集錄2011年至2013年以大家長身分歡迎並恭喜新生加入清華的大家庭，同時導覽校園風貌、簡介清華師資、推薦多元課程與社團，以名人箴言鼓勵新生，為新生生涯揭開嶄新的序幕。

2011年大學部新生講習致詞

2011年9月6日　星期二

　　首先我要歡迎並恭喜各位新同學加入清華的大家庭，從今天起各位就與清華永久聯結。清華大學有輝煌的歷史與光榮的傳統，建校可溯至一百年前（西元一九一一年），乃由清廷將美國退還多索之「庚子賠款」設立，經多年慘澹經營，人才輩出，包括兩位諾貝爾獎得主李政道、楊振寧先生。民國四十五年由曾擔任北京清華校長十八年的梅貽琦校長領導下在台灣新竹建校，初期亦在「庚子賠款」支持下，迅速發展，延攬最佳師資，培育英才，包括諾貝爾獎得主李遠哲先生，使得清華成為華人地區唯一擁有三位諾貝爾獎得主的大學。如今清華已成為一人文社會、理、工、生科、管理領域均衡發展的學府。在台造就傑出校友超過五萬人，在國內外各行業均有優異表現，校友包括中央研究院院士十二人，產學研界領袖不可勝數。

　　自去年九月以及，本校在世界三大世界大學評比均有亮麗表現，首先是泰晤士報世界大學評比，清華位居第107名，在全台居冠。英國高等教育調查機構QS公司近日陸續公布各領域的大學排名，本校在生命科學與醫學，工程與技術、科學及人文領域有十一個領域居前兩百大；其中三個領域居前百大，四個領域居前一百五十大。上海交大兩岸四地大學排名，本校名列第四名，而本校在每位教師的頂尖論文、國際論文及國際專利三項平均數、專任教師中有博士學位的教師比例，以及畢業生獲得重要獎項的總數及平均數，都超越前三所學校，是華人區首學，成就有目共睹。

　　清華有最優異的師資、最傑出而具向心力的校友，以及眾多認同肯定的社會大眾，同時擁有最優秀的學子，近來在國內外大賽屢傳捷報，如資工系學生團隊榮獲去年全球最大規模的超級電腦研討會「國際高速計算會議學生叢集電腦計算競賽」世界冠軍，今年則勇奪微軟全球潛能創意盃「嵌入式系統組」冠

軍。不久前本校阿卡貝拉人聲樂團「海鷗·K」，到韓國參加人聲樂團亞洲大賽，順利為台灣抱回大賽冠軍等。在個別學生中，今年總統教育獎得主、大專組八位得主中，本校有兩位。其中資訊工程研究所碩士班莊靜潔同學，因為視力僅剩0.02，上課時，得用望遠鏡看黑板、用放大鏡看書，冬天時因為鏡面會起霧，偶爾還得憋氣；寫程式時，她要用擴視機、臉緊貼著螢幕，同學只要花7個小時，她卻得花4倍的時間。她理解雖然人生充滿不公平，她必須學會為自己的未來負責。雖然唸書比別人辛苦，但靜潔的學業表現卻相當傑出，不僅以一般生考進清大資工系，大學4年拿了3次書卷獎（前3名），畢業時更獲得象徵最高榮譽的「梅貽琦紀念獎章」。2009年3月起已完成六十幾場演講，將她自身的故事和愛透過演講散播世界各地，期望能鼓勵更多的人在逆境中，發揮人性積極面，力爭上游，出類拔萃。2010年7月靜潔出版了她個人的第一本書《點亮幸福微光》，在書中紀錄了自己經歷的小故事。另外去年畢業生中包括彭士齊同學，他自幼罹患脊髓性肌肉萎縮症，甚至被醫生預言活不過十五歲。但他在卅六歲戴上博士方帽。士齊妹妹彭千華自小也因不明原因無法行走，三年前千華亦獲清大博士學位。彭家近十年為孩子念書，總共搬家四次，每天由彭媽媽陪著上學。我希望所有清華人都能以靜潔與彭家人為典範，勇敢樂觀的面對逆境，履創生命高峰，清大將永遠以有靜潔、士齊與千華為校友為榮並與他們攜手打造充滿想像力的未來。

　　大學是一生中最好的學習時光，大學生在進入成人社會前可以專心致力，浸浴於優美學習環境與氛圍，有良師引導，有益友切磋，接受人類文明精華的洗禮，應掌握優先順序（first thing first），用8成的時間學習，2成時間花在課外活動或戀愛、交友上。有人用逛博物館比喻上大學，可以看熱鬧，也可以看門道；可以走馬看花，談笑中匆匆而過，不帶走一片雲彩，也可以做足功課，由師友導覽，深思熟慮，滿載而歸。例如觀賞最近在故宮博物院展出的富春山居圖，我們可以看其三百六十餘年間因火毀損分為兩段首次同地展出的熱鬧，也可深究其在中國文人畫傳統承先啟後的重要價值，明清時期黃公望藝術的影響，體會與領受程度不可道里計。

　　另一方面，也有人以人生盛筵或以吃自助餐配合套餐來比喻上大學，餐廳裡美食琳琅滿目，包羅萬象。有制式規劃的部分，也有自由選擇的部分。自助餐廳的特色是主動選擇，套餐如系所或學程必修或必選課程，其餘美味選擇如

選修課或課外活動，要享受豐富的人生盛宴，除要看胃口，行家或大廚指點，同儕討論推薦也是同樣重要，淺嘗即止，細嚼慢嚥，細細品味，選擇搭配不一而足。大學提供的是機會，在一定時間內，消化領受，運用之妙，存乎一心，要點是自動自發，為自己負責。

清華大學的教育目標是培養有學問、有用及有品德的社會公民。清華第二屆直接留美班校友胡適之先生曾說：「為學要如金字塔，要能廣大要能高。」力求廣博而專精，具體而言，要成為一個有學識的人（learned man）要「learn something about everything，everything about something。」（對所有事務都有概念，對某些專業要能精到）一個有用的人，要具備良好的中、英文表達能力。在世事變遷迅速，社會價值紛亂的時代，大學生應培養多元思考能力，《孟子‧盡心下》裡說「盡信書，則不如無書」，要能慎思明辨書本、媒體、活動甚至課堂所學，不要照單全收，人云亦云。另一方面，也要透過各項學習，學會面對複雜的問題，並找出解決的方法。例如能源、環保、地球暖化問題牽涉很廣，有許多面向，需要深入了解，才可能有中肯的見識，助成採取適當的措施。

清華大學在台灣雖以理工起家，目前已成為一文理均衡發展的學府。科學在近代對社會的影響是鋪天蓋地的，猛烈非常。作為一個現代人，必需要對科學有基本認識，另一方面，科學最終的目的在增進人類福祉，有正確的價值觀是不可或缺的。科學是教我們把事情做好（Do the thing right），人文教育教我們做對的事（Do the right thing），文理會通的人才能把對的事情做好（Do the right thing right）。

最後我送給諸位三句名人箴言，以符「君子相交，贈人以言」古義。一是劉備誡人的「不以善小而不為，不以惡小而為之」，積小善為大善，如清華推行的「清淨校園」運動，師生同仁舉手之勞撿拾垃圾即有很好效果；另一是美國開國元勳富蘭克林說的：「人能問的最高尚的問題是能做什麼有益的事，助人是人類最高情懷」；第三句是拿破崙的：「規劃得好很好，說得好更好，做得好最好」，大學教育期望培養學生吸收多元知識、理性思考、了解問題、規劃方案以及清晰表達，但重要的是迅速妥善執行。坐而言不如起而行，對的事，做就對了。謹與各位同學共勉之。

▲ 規劃得好很好，說得好更好，做得好最好

2012年新生講習致詞

2012年9月11日　星期二

首先歡迎各位加入清華大家庭。清華去年歡慶一百周年，兩岸清華各是兩岸數一數二世界名校，從現在起，大家將與有「光輝的過去、光榮的現在、光明的未來」的清華大學永久聯結，是非常值得慶幸與紀念的。

大學是人生成長與學習的黃金時代，清華大學的教育理念是希望透過充實、豐富與多元的校園生活，使學生未來能活出精彩人生。學校致力於提供良好的環境，讓大家在良師益友的互動下，打好基礎，培養能力，拓展視野，建立正確價值觀，積聚人脈，大家允應把握良機，充實自己，機會是留給準備好的人，是很有道理的。

在學校南校門前，面臨的是寶山路，寶山路雖因鄰近寶山鄉而得名，但也象徵清華大學是座寶山，入寶山不滿載而歸是很可惜的。今年三月本校諮商中心辦理「人際航海圖」活動，使我第一次聽到「海賊王」哥爾‧D‧羅傑的名字。他有一句名言：「我把所有財寶都放在海上，想要的話就去找吧！」我們可以說：「清大所有的寶藏都在校園裡，大家儘量去找吧」。在大學，耳聽面命的少，耳濡目染、潛移默化的多。在清華，大家初來乍到，人生地不熟，但逐漸會在校園各角落，看到一些箴言雋語，也許我可權充導覽，讓大家能早日感受，有所啟發。

首先是在禮堂內外都可見到的校訓「自強不息，厚德載物」，取自《易經》乾坤二卦「天行健，君子以自強不息；地勢坤，君子以厚德載物」語，是民國三年，清華國學院四大導師之一的梁啟超先生勗勉清華學子，以君子自許，後訂為清華校訓。近百年來，清華人才輩出，多為「自強不息，厚德載物」表率，於國家社會影響至為宏大。

第二是圖書館穿堂對面，物理實驗室前，引英國大思想家Francis Bacon

之言，「讀史使人明智；讀詩使人靈秀；數學使人周全；科學使人深刻（History makes men wise; poets, witty; mathematics, subtle; natural philosophy, deep」；這些雋語出自他的散文〈論學習〉（Of Studies）中，下接「倫理學使人莊重；邏輯與修辭學使人善於辯論說理（moral, grave; logic and rhetoric, able to contend.）」。另外，也不要錯過緊鄰其旁的愛因斯坦騎自行車卡通像邊引用他的名言：「人生就像騎自行車，只有向前行才能保持平衡（Life is like riding bicycle. To keep your balance you must keep moving.）」。事實上各學科都有核心內容，如用心學習，確切能使人提升心智能力，終生受用不盡。譬如說，在學校裡參加工業工程系或科管院的活動常可感受到同學們在儀容衣著與遵守時間的紀律感，理學院同學比較「不食人間煙火」，工學院同學偏重實用等。其實每一門課都應有其核心內容，修了這門課就應有核心知識，如果所得與沒有修課差別不大，就應多加檢討。Bacon在同一篇文章中說：「人為興趣、在應對時能言而有物，增益判斷、處理事務能力而學習（Studies serve for delight, for ornament, and for ability.）」，「一般而言，有學問的人，最善於宏觀獻策、對事務之規劃與安排（The general counsels, and the plots and marshalling of affairs, come best from those that are learned.）」，「有些書可淺嘗即止，有些可吞嚥，少部分書需咀嚼與消化，也就是說，某些書只需讀一部分，某些書瀏覽一下就好，少部分書則應全心精讀細琢；（Some books are to be tasted, others to be swallowed, and some few to be chewed and digested: That is, some books are to be read only in parts; others to be read, but not curiously; and some few to be read wholly, and with diligence, and attention.）」「閱讀使人充實，會談使人機敏，寫作使人精確（Reading makes a full man; conference a ready man; and writing an exact man.）」都是可以讓我們回味再三的佳言。這裏要強調閱讀的重要性，一篇美文，常常是「字字璣珠」、「句句精妙」，除有美感，讓人「氣自華」，也拓展見識。

　　第三是人社院大門前坡道扶梯上刻的：「我們是什麼，我們可以是什麼」，對人生有所思索，惕厲自己，奮發向上。今年五、六月諾貝爾大師雲集清華，雖因不同的機緣，巧合的是五位都屬猶太裔。猶太人在學術界大放異彩不是新聞，但以全世界約僅有一千五百萬猶太人，不到世界人口的千分之三，產生了約四分之一的諾貝爾獎得主，仍然是非常驚人的。猶太人經由教育獲取

知識的重要性，在本行中力求專業，鼓勵創意，有追求成功的決心，是猶太人的成功秘訣。猶太聖經《塔木德》中有三問，「不是我，是誰」？「不是現在，是什麼時候」？「不幫助人，我活著有甚麼意義」？是很值得大家深思的。

其次是在原科中心核子反應器大廳中，可看到清華直接留美班第二屆校友胡適先生題字「理未易察」，取自南宋朝呂祖謙〈與劉子澄〉文中「善未易明，理未易察，吾儕所當兢兢」語。胡適先生認為「可醫治武斷與幼稚病」，說「古人說活到老學到老。我五十六歲才覺得這話意義真深刻，我們若忘了自己是學生，會把事情把問題看得容易」，「有『善未易明，理未易察』八字就不易發動『正義的火氣』，是打一切教條主義的武器」，他在〈容忍與自由〉一文中闡釋「正義的火氣」是「認定自己主張絕對是對的，不同的見解都是錯，一切專斷、武斷、不容忍、摧殘異己都是從此出發」。世上事務，常有多面性，須瞭解問題，多方思考，不宜在資訊不足，瞭解不深下，妄作判斷。

再次是無字表徵，如「學習資源館」前的「沉思者」雕像；它是有二十世紀最偉大的雕塑家之譽的羅丹最著名作品，並由73級物理系謝宏亮傑出校友捐贈；美國知名教育家、芝加哥大學前校長Robert Hutchins曾說頂尖大學是一個「思索者的社群（A community of thinkers）」，期許師生在校園裡，思索普世的永恆價值。清華國學院四大導師之一的陳寅恪先生揭櫫「獨立之精神，自由之思想」。胡適先生說「給你自由而不獨立這是奴隸，獨立要不盲從，不受欺騙，不依傍門戶，不依賴別人，不用別人耳朵為耳朵，不以別人的腦子為腦子，不用別人的眼睛為眼睛，這就是獨立的精神」。美國作家，《大亨小傳》（The Great Gatsby）作者F. Scott Fitzgerald說：「The test of a first—rate intelligence is the ability to hold two opposed ideas in the mind at the same time, and still retain the ability to function.」也就是說有一流智慧的領導人要容納兩種相反的概念在心中盤桓，從中衡量，做出明智的抉擇，而不要被教條、迷信、口號、習俗甚至情緒誤導與迷惑，是很有道理的。教育的重要任務之一是培養學子具備批判性思考能力，才不致人云亦云，聞風起舞；訓練自己容納不同的想法，檢討自己熟習的見解，是必要的工夫。

最後是在我的辦公室裡，沈君山前校長題的一幅字「莫因身在最高層，遂教浮雲遮望眼」，這幅字是改自王安石〈登飛來峰〉的詩句：「只緣身在

最高層，不畏浮雲遮望眼」。沈君山前校長常將這兩句話「送給特別聰明、特別漂亮，或者特別有權勢的朋友」，意思是，「不要因為自己高高在上，便讓浮雲遮住了眼——因此，看不清腳下的真實世界是什麼了」，「出名容易成名難。出名可以靠運氣，但是把名聲一直保持下去，卻得靠真本領，靠不斷的努力」，與「十年磨一劍」，「台上一分鐘，台下十年功」道理是相通的，值得大家琢磨參透。

　　今天導覽到此為止，我「借花獻佛」，送給各位的六句話，大家在校園中不妨「按圖索驥」，在找到「自強不息，厚德載物」校訓，「讀史使人明智；讀詩使人靈秀；數學使人周全；科學使人深刻」箴言，「我們是什麼，我們可以是什麼」鐫刻，「理未易察」題字，「沉思者」雕像後，歡迎到校長室親覽「莫因身在最高層，遂教浮雲遮望眼」題字，我將很樂意聽聽你們的心得。

▲ 清大所有的寶藏都在校園裡，大家儘　▲ 莫因身在最高層，遂教浮雲遮望眼
　量去找吧

2013年新生講習致詞——與成功有約

2013年9月10日　星期二

　　首先歡迎大家成為最新的清華人；大家經過競爭激烈的甄試與指考進入清華，從今而後都與有光輝歷史的「百年清華」永久結合，與眾多學術大師與各領域傑出校友、優秀同學們同為清華人，可喜可賀。

　　剛才副校長向大家介紹清華校史與現況，我在此可以對清華的地理與歷史略作補充：一是校門口如古代書簡般直立白柱，是藝術大師楊英風先生作品，鐫刻的「國立清華大學」六字是清華第二屆直接留美生胡適先生墨寶，二是在大禮堂正面的校訓「自強不息，厚德載物」八字是大書法家于右任先生墨寶，乃因「清華國學院」四大導師之一梁啟超先生於民國三年，到清華以「君子」為題演講，以取自《易經》乾坤二卦卦辭「天行健，君子以自強不息；地勢坤，君子以厚德載物」勉勵同學，後經採用以「自強不息，厚德載物」為校訓；有很多人認為，在中國現代化過程中，有兩位「但開風氣不為師」的思想家，影響力最大；在五四以前要數梁啟超先生，五四以後是胡適先生；難得的是兩先生同為清華人。

　　清華代表清新美麗，校園美如其名，山明水秀，美不勝收，有網友說，清華每一景都美得可以作個人電腦的桌布，並非誇大其詞；在清華美景中，最具代表性的是「百年清華第一湖」，也就是大禮堂前的「成功湖」，前些時我在一個場合中以「清華一百問」的方式介紹清華，其中一問是：「成功湖是人工湖嗎？名稱由何而來？」答案是成功湖是日據時代日本為海軍訓練所開鑿的「滅火湖」，清華建校後因當時聯合國臨時總部設於美國紐約州成功湖邊而用同名命名；這答案事實上是許多校友、學長姐甚至資深教職員都不知道的，所以2013年的新生們可謂站上制高點，不妨在各系迎新會上考考學長姐。

　　今天也很感謝《天下雜誌》董事長兼發行人殷允芃女士蒞臨演講，《天下

雜誌》是在國內受到高度肯定的綜合性雜誌，殷女士共同創辦的天下出版社三十年來出了幾千本優質圖書，有天下文化編者認為：「如果從其中選出十本經典好書，《與成功有約》應會列名其中，是所有渴望全面成功的人，必讀的一本書。」這本書作者是成功學大師史蒂芬・柯維（Stephen Covey），於1989年出版後，中文版印行量突破30萬冊，全球暢銷2,500萬冊。因此不只是在天下文化，就算是要選全球經典好書，《與成功有約》應該也會榜上有名。1996年，美國《時代》雜誌曾讚譽該書作者柯維為「最有影響力的二十五位美國人」之一。成功是大家渴望的，我們平常說「好的開始是成功的一半」，鼓勵自己或別人「失敗是成功之母」、「成功在望」，希望「馬到成功」，大家可曾想過，「什麼是成功？如何成功？」柯維認為「全方位的成功，才是真正的成功」；由於今天在成功湖畔大禮堂中新生講習中剛好與出版《與成功有約》有關的《天下雜誌》負責人擔任演講貴賓，也許是與最新的清華人談談《與成功有約》最好機會，希望大家從進入大學起，對成功之道有進一步的了解。

　　《與成功有約》英文原名是（The 7 Habits of Highly Effective People），直譯為「高效能人士的七大準則」，譯為《與成功有約》是神來之筆，書中列舉達到「全面成功，追求圓滿人生」的七大準則，前面三項，有關培養內在修為的個人成功，相當於要人「自強不息」，大文豪歌德就曾說：「凡是自強不息者，最終都會成功。」次三項，有關與人相處的公眾成功、利己利人，與「厚德載物」有相同旨意，激發改變外在行為的力量，最後是集此六項的不斷更新，也就是遵行「自強不息，厚德載物」校訓，進而創造全面成功的人生。

　　在「自強不息」項下，三大準則是主動積極（Be Proactive）、以終為始（Begin with the End in Mind）、要事第一（Put First Things First）：

　　美國文學家、哲學家亨利・戴維・梭羅（Henry David Thoreau）說：「最令人鼓舞的事實，莫過於人類確實能主動努力以提升生命價值」，人雖然受到社會制約，但可以意志克服，掌握選擇的自由（the freedom to choose），運用發揮自我意識、想像力、良知、獨立意志天賦，採取主動，對現實環境積極回應，為自己負責，根據本身原則及價值觀做有意義的抉擇，而非全憑對外界環境的感覺來行事。

　　發掘人生終極價值與意義，由個人最重視的期許或價值決定一切，謹記人生使命，認清方向，凝聚向前的力量，並全力以赴，堅持到底，使生命充滿意

義。柯維假想在告別式中，自己躺在棺材裡，會有什麼遭遇與感想？他舉一則小故事，喪禮上有人問死者的朋友：「他留下多少遺產？」對方答：「他什麼都沒帶走，」很發人深省。蘋果電腦創辦人賈伯斯說：「成為墳墓裏最有錢的人，對我來說，並不重要」，也有同樣意思。

忙要忙得有意義，辨別事情的輕重緩急，急所當急，是個人管理之鑰。要事第一是透過獨立意志的發揮，建立以原則為重心的處事態度，達到有效的自我管理；在日常生活中，落實「主動積極」與「確立目標」習慣，處理事情自然會把握重點，要事第一。

管理學家葛雷認為：「勤奮、運氣與靈活手腕雖很重要，確非關鍵，唯有掌握重點才是成功的不二法門。」強烈的企圖心可使人勉為其難，排除不急之務的牽絆。如將耗費時間的事務依急迫性與重要性來分，急迫性是指必須立即處理，重要性與目標有關，凡有價值、有利於實現個人目標的就是要事；需要自制力與主動精神，急所當急，儘管也會有燃眉之急，但總設法降至最低，而投注更多時間在重要但眼前尚不急迫的事，如規劃長期目標，防患未然、發掘新機會，建立人際關係、調適身心等，以紀律、自制、遠見，達到兼顧理想、均衡狀態而少有危機。

在「厚德載物」項下，包括「雙贏思維」（Think Win—Win）、知彼解己（Seek First to Understand, Then to be Understood）與統合綜效（Synergize）：

圓滿人生不僅限於個人獨立，還須追求公眾的成功，而群體的互賴關係是以個人真正獨立為先決條件，良好的人際關係的基礎是自制與自知之明，愛人之前，先愛自己，了解自我才懂得分寸，也才能真正愛護自己。

孔子說：「己所不欲，勿施於人」，基督教的「黃金法則」（Golden Rule）是「待人如己」（One should treat others as one would like others to treat oneself），也表示中外哲學都推崇「推己及人」；事情並不是只有二分法，非強即弱，非勝即敗。在廣大世界中，人人都可以是贏家。最成功的領導應該建立在利人利己的基礎上，為自己著想不忘他人權益，培養這方面的修養，要有過人的見地、主動積極的精神，並且以安全感、智慧與力量做基礎。美國憲法起草元勳、曾任美國總統的傑佛遜說得好：「將思想傳授他人，他人有得，無損我之所有；猶如點燭，照亮別人，也照亮自己。」

要達到利人利己，須從本身的「品格」著手，擁有獨立自主的心智和情

感，才能抱持雙贏的態度，建立起「互信」的關係，進而獲致「兩全其美」的協議。協議則有賴合理的「制度」配合，經由正確的流程來完成。

柯維提倡「第三選擇」（The Third Alternative）；也就是從你觀點的選擇，從我觀點的選擇以外的我們「互相體恤」、「彼此尊重」的選擇；幸福學大師塔爾班夏哈（Tal Ben—Shahar）說「我們在清醒時每一刻都面臨種種選擇，加總起來，對我們的影響，一點也不少於那些重大決定的影響程度。」人可以選擇思考的方式，我們選擇做什麼、選擇看事情的觀點，直接影響我們的感受。我們可以選擇說句親切的話，也可以微笑以對，但也可能冷言冷語，造成僵局或更大的爭執；尊重來自了解，跨出自我框架，耳到、眼到、心到，真心聆聽，用眼睛去觀察，用心靈去體會，以同理心儘量回應對方感受或需要，才能開啟真正的溝通，增進彼此關係。真誠的讚美，不花本錢，而珍貴無價，以同理心珍惜彼此的差異，有足夠空間使關係得以繁榮昌盛，雙贏互惠。

統合綜效是前五個習慣的整體表現與真正考驗。唯有兼具人類自我意識、想像力、良知、獨立意志特有天賦，雙贏的動機及同理心的溝通技巧，才能達到統合綜效最高境界。人際關係最可貴的是接觸不同觀點，團結才能互補，合作應該尊重差異，重視不同個體的不同心理、情緒與智能以及見解。唯有合作才能統合綜效，人類的潛能因而激發，面對挑戰也毫不畏懼。

最後是不斷更新（Sharpen the Saw）；人生最高明的投資策略，莫過於在生理、心智、心靈以及社會情感四個層面，嚴格要求自己，從日積月累的進境中，拓展自我成長空間，也協助他人成長。同時四個層面息息相關，生理健全有助心智發展，心靈提升有益於人際關係圓滿，平衡始能產生最佳整體效果。

磨練自己的修養工夫得靠自己，屬於重要但不急迫的事，是最珍貴的工具，在生理方面，運動、營養、充分休息與壓力管理是要務；陶冶精神可培養掌握人生方向的能力，把人生意義與方向想透徹，得到內心平安；認真學習，「不讀書跟不識字沒有兩樣」，閱讀嚴肅書籍，在工作外求知，分析思考，努力寫作，教育才是砥礪心志的正途；社會與情感生活互為表裏，情感主要來自人際關係，也多半反應在人際關係上，歷練待人處事之道，化解岐見，感恩惜福而富足的胸襟則使我們助人成長，增進有效交流機會。大文豪歌德有明訓：「以一個人現有表現期許之，他不會有長進，以潛能與應有成就期許之，他就會不負所望。」

最後我要引俄國大文豪托爾斯泰言：「理想的書籍，是智慧的鑰匙。」而歌德讀到莎士比亞的作品說：「我讀到他的一頁，我這一生都屬於他了。」可見書籍文字的力量；在影視媒體充斥時代，閱讀仍是充實自己最好的學習方式，有人說：「打開書本，打開明天，」「神交古人，友天下事，」有相當的智慧；很多過來人都同意：「一生最重要的時期在大學，大學最重要的時期在大一。」今天在成功湖畔借《與成功有約》經典好書與各位新同學談談成功之道，希望大家養成良好閱讀習慣，謹記遵行「自強不息，厚德載物」校訓，進而創造全面成功的人生。

▲ 清華代表清新美麗，校園美如其名

▲ 天下雜誌群創辦人殷允芃董事長蒞臨演講——燦爛人生

2013年新生領航家長座談致詞

2013年9月9日　星期一

　　首先歡迎並恭喜今年入學的新生家長們光臨參加座談；貴子弟在諸位悉心照顧培育下，經過競爭激烈的甄試與指考進入清華，從今而後都與「百年清華」永久結合，與學術大師與眾多各領域傑出校友、優秀同學們同為清華人，可喜可賀；據指考分析專家告知，今年清華新生指考相對成績，較往年進步很多，也就是進入清華更為難能可貴，而未來清華教育對貴子弟成長的加持是可以多加期待的，更值得恭喜祝賀。

　　清華與民國同壽，在1911年，運用美國退還多索的「庚子賠款」（庚款）設立，最先是以招收直接留美生成立。歷年來，有近一千名由庚款支持的留美生自美學成歸國，在各行各業，多成為領導人物，在中國現代化的過程中，有重大貢獻；而在北京，清華自始不遺餘力，招攬名師，迅速成為國內頂尖名校，到1941年，清華已有「中邦三十載，西土一千年」之譽。新竹清華是梅貽琦校長於1956年在台灣創建，梅校長一生奉獻給清華，在兩岸清華擔任校長二十四年期間，奠定了北京清華與新竹清華在兩岸分別成為數一數二名校的基礎，是兩岸清華永久共同校長。清華在台建校首設原子科學研究所，第一屆招收碩士生十五人，第三屆研究生中即有李遠哲先生日後榮獲諾貝爾化學獎，加上華人中最先獲得諾貝爾物理獎的李政道和楊振寧先生，使得清華成為華人地區唯一擁有三位諾貝爾獎得主的大學。歷年來培育眾多對國家社會有重大貢獻的大師級學者、企業界領袖以及各領域傑出人士，不可勝計。

　　新竹清華在建校初期，以累積聲譽，加上庚款經費的優勢，得以延攬最優秀師資，為當年歸國學人毫無疑問的首選；多年來清大積極維持延攬人才的優良傳統，因此教師的平均表現始終在兩岸四地大學中居首，不僅在中央研究院院士中以及國內難得的學術獎項，如教育部國家講座、學術獎與國科會傑出

研究獎得主，清華教師的比率都遠比國內其他大學高；值得欣慰的是中央研究院「年輕學者研究著作獎」與國科會「吳大猷先生紀念獎」這兩項專給年輕學者的大獎，本校年輕教師同樣表現亮麗，顯示清華後勢看好。當然我不能不提清華在頂尖標竿期刊發表論文上，表現突出，去年全台以通訊作者身分發表於「科學」（Science）與「自然」（Nature）期刊論文共七篇，本校即有四篇，占一半以上，超過「天下兩分，清華居半」的說法；今年到現在為止，清華已有四篇論文在Science期刊發表或被接受，也就是說本校在約一年半時間已在Science與Nature期刊發表論文八篇，成果斐然。

新竹清華學生在國內外大賽屢傳捷報，如資訊工程系學生團隊連續獲得三項國際大賽榮譽；本校阿卡貝拉人聲樂團「海鷗・K」，到韓國與香港參加人聲樂團大賽，均抱回大賽冠軍。今年清華體育代表隊在大專運動會上大放異采，勇奪一般組（無體育系所院校）冠軍，戰果輝煌，再加上在大專聯賽一般組得到冠軍的棒球與足球隊，創新竹清華校史上最佳戰績，由這些例子，可略見清華學子能文能武，潛力無窮。

清華在台灣已培育超過六萬名畢業生，而校友對母校的向心力比任何其他學校強，顯示在校時受到良好照顧，離校時留有美好回憶；即以近兩年而言，1969級李偉德校友捐贈一億五千萬元協助興建的「綠色低碳能源教學研究大樓」即將動工；1973級系謝宏亮校友捐贈價值不菲的羅丹巨型銅雕「沉思者」已成清華地標；清華建校一百年來第一次由校友捐贈全部經費一億七千萬元興建的體育館，也就是「百人會」促成的校友體育館，已完工啟用。在台積館旁即將興建的清華實驗室，規劃由材料系、化學系、化工系以及物理系四系進行跨領域的實驗研究使用，部分工程款由使用單位籌募，原目標兩億元，已募集一億七千萬元，而由企業界校友籌設的大清華基金，已募得三億元資金，以部分獲利所得挹注母校，在在都見校友對清華的殷切愛護。

另一方面，清華對畢業校友也貼心的做終生服務，除與1111人力銀行共闢「清華專區」，協助校友就業、轉業，辦理未婚校友聯誼、結婚校友照片募集臉書，上星期六，也舉辦了本校歷史上第一次校友聯合婚禮，後續有「清華寶貝」照片募集、「大手牽小手」親子繪畫競賽、清華家族「一家清」等活動，最近教務長更研擬對家長們的服務，也就是學生家長年滿六十五歲，有機會到清華選課，而享受學分費減半的優惠。

最近「上海交大兩岸四地大學排名」公布2012年排名，本校排名第三，較2011年進步一名。根據這項調查，北京清華、台大分列第一、二名，第四至十名分為香港科大、香港中文大學、香港大學、北京大學、新竹交通大學、浙江大學、復旦大學；清華雖次於北京清大、台大，但是受限於規模以及資源投入，如將此兩項因素納入考慮，則清華是名副其實的「華人首學」。

　　另一方面，本校甫於上週五獲頒本年度行政院國家品質獎，是機關團體組唯一獲獎單位，也是第一所榮獲此殊榮的國立大學！這顯示本校除學術聲譽傲人外，在經營管理方面，也受到相當的肯定；本校將持續推動教育創新和組織變革以提升品質，由校務四大願景展開成具體目標和方針，各單位全員參與通力合作，推動各項全面品質管理相關活動並設計創新的策略。

　　今天很感謝各位悉心培養優秀子弟的家長們來參加座談會，本人也曾經身為清華子弟的家長，深深感受到各位愛護子弟、殷殷企盼之情；座談會是一個很好的雙向溝通機會，例如去年有家長建議學校設立「寧靜宿舍」，今年已在試辦中，還希望大家如往年家長們一樣踴躍發言！

▶ 水木清華，校友對母
　校的向心力特別強

六、畢業典禮

載錄擔任校長期間所主持的大學部與研究所畢業典禮致詞，恭喜畢業生完成人生重要里程碑，並獻上無限祝福。鼓勵畢業生勇於嘗試，利己利人，追求人生新境界。

2010年大學部畢業典禮致詞

2010年6月12日　星期六

　　首先恭喜畢業班同學，在幸運的進入清大後，在清華園接受優質教育，經歷人生寶貴的大學生活，順利的在今天畢業。同時也恭喜家長們，在將珍愛的子弟送進一流學府後，今日能欣見貴子弟身著光榮的袍服，迎向光明的未來。

　　大學是人生重要的里程碑，清大有光輝的歷史，優良的傳統，清華大學的教育目標為：秉持「自強不息，厚德載物」校訓，致力培育德、智、體、群、美五育兼優，具備科學與人文素養的清華人。清大學生在優美的校園中，由諄諄善誘的良師指引，與志同道合的同學共同學習，相知相惜，在豐富充實的校園生活中，培養未來活出精彩人生的能力。今年本校傑出校友——物理系83級、電機系85級（碩）陳鴻文學長在接受表揚致詞中提到，在創業過程中，深刻感受到同學與學校的重要，在關鍵時刻施予協助，讓其創建的正文科技達到枝葉繁盛的階段，在蓬勃發展的無線通訊產業中，佔據很好的戰略位置，正是清大優質教育的具體寫照。昨天我有機會與現在清大的三十幾位大陸交換生聚餐，他們來自北京、南京、杭州、哈爾濱、武漢、廣州、蘭州等地，他們對清大讚不絕口，一致評價是師長平易近人、學識豐富、教學認真，對學生照顧有加，同時他們認為清大同學有很高的素質、樂觀進取、活潑而友善，勇於創新，見證清大優質學習環境，優秀人力素質，身為清大的校長，更使我倍感驕傲與光榮。

　　今天畢業生中包括彭士齊同學，他自幼罹患脊髓性肌肉萎縮症，甚至被醫生預言活不過十五歲。但今年他卅四歲了，今天還戴上博士方帽。士齊妹妹彭千華自小也因不明原因無法行走，兩年前千華亦獲清大博士學位。彭家近十年為孩子念書，總共搬家四次，每天由彭媽媽陪著上學。我希望所有清華人都能以彭家人為典範，勇敢樂觀的面對逆境，履創生命高峰，清大將永遠以有士齊

與千華為校友為榮並與他們攜手打造充滿想像力的未來。

　　約一個月前，本校核工系第二屆（1969級）校友李偉德博士，在事業有成後，捐贈新台幣一億五千萬元協助興建「綠色低碳能源教學研究大樓」。李校友慷慨捐贈義舉，除見證清大畢業生對母校的殷切愛護與支持，也顯示清大教育的成功，極具歷史及啟發性的深義。李校友並非身價百億巨富，但期許「希望協助清華大學早日邁進世界一百大」令人動容。今天我們很高興李校友能光臨現場，代表校友致辭。

　　最近美國大學籃球賽傳奇教練John Wooden以九十九歲高齡逝世。個人在三十幾年前在美國UCLA擔任博士後研究員時，有中午在運動場慢跑的習慣，每天都會與逆向而跑的Wooden教練揮手問好致意。在他逝世後有關他的報導中，提到他家傳的座右銘為：「Make each day a masterpiece.」使每一天都成為人生的傑作。Masterpiece代表大師的作品，我希望大家能期許自己成為個人生命中的大師，時時以使每一天都成為人生的傑作為念，身體力行，最後祝大家能充分欣賞人生秀麗風景、風光無限好。

　　本校每年畢業典禮都會邀請貴賓致辭，對畢業班同學有所勉勵。今年我們很榮幸邀請到本校最新的名譽博士，東和鋼鐵侯貞雄董事長為大家演講。侯貞雄董事長創辦的東和鋼鐵，為國內技術最先進、兼顧節能與環保的業界典範，曾擔任集國內產業界菁英於一堂之全國工業總會理事長等要職，長年為產業界領袖。侯董事長為紀念其先翁設立的「侯金堆文教基金會」二十年來獎勵國內基礎科學、材料科學、金屬冶煉、環境保護、綠建築頂尖學者與從業人員已超過百人，對國內學術發展與環境保護、綠建築的推動發揮了巨大影響力。現在讓我們一起以如雷掌聲歡迎本校最新的名譽博士，侯貞雄董事長來為大家致辭。

▶ 祝畢業生能「充分欣賞人生秀麗風景、風光無限好」

2010年研究所畢業典禮致詞

2010年6月12日　星期六

各位畢業同學、家長、各位貴賓、同仁與在校同學：

首先恭喜畢業班同學，在幸運的進入清大後，在清華園接受優質教育，順利的在今天畢業。同時也恭喜家長們，在將珍愛的子弟送進一流學府後，今日能欣見貴子弟身著光榮的袍服，迎向光明的未來。

清華大學在1925年自留美預備學校改制為完全大學時，即與大學部同步設立研究院。第一個研究所為國學研究所，簡稱清華國學院，網羅梁啟超、王國維、趙元任、陳寅恪等大師，當初宗旨明定為研究高深學問。1956年在台建校，首設原子科學研究所，造就唯一在國內受研究所教育後再獲得諾貝爾化學獎的李遠哲博士，到1964年始設立大學部，因此不論在北京或新竹清華大學均具有極重視研究的優良傳統，而在研究表現上一向領袖群倫。2009年上海交大與倫敦泰晤士報兩項評比，清大每位教師研究表現皆為兩岸所有大學第一。各位在如此優越的環境下完成學位論文研究誠屬可喜可賀。

研究所與大學部最主要的差別是研究所畢業生須完成學位論文。學位論文自選定指導教授、選擇論文題目、蒐集資料、規劃佈局、實地進行、實驗、整理歸納數據、推理比較、討論至總結，雖因領域不同而有方式上的差異，但不離有系統的解決或闡釋問題。諸位今日在清大完成論文研究，為解決未來在事業上與生活上遭遇的問題奠定了良好的基礎，今後當思精益求精，達成「成一家之言」的目標。

今年四月一日DNA之父華生博士在清華大學演講時提到多讀好書，在好大學受良好教育，多與有智慧的人來往與學習，不受傳統束縛，旺盛的企圖心，這些都是這位在近六十年前即已發現生命祕密的大師成功之道，《中庸》所謂「博學、審問、慎思、明辨、篤行」也指引了正確的研究態度與方法。

今天畢業生中包括彭士齊同學，他自幼罹患脊髓性肌肉萎縮症，甚至被醫生預言活不過十五歲。但今年他卅四歲了，等一下還要戴上博士方帽。士齊妹妹彭千華自小也因不明原因無法行走，兩年前千華亦獲清大博士學位。彭家近十年為孩子念書，總共搬家四次，每天由彭媽媽陪著上學。我希望所有清華人都能以彭家人為典範，勇敢樂觀的面對逆境，履創生命高峰，清大將永遠以有士齊與千華為校友為榮並與他們攜手打造充滿想像力的未來。

最近美國大學籃球賽傳奇教練John Wooden以九十九歲高齡逝世。個人在三十幾年前在美國UCLA擔任博士後研究員時，有中午在運動場慢跑的習慣，每天都會與逆向而跑的Wooden教練，揮手問好致意。在他逝世後有關他的報導中，提到他家傳的座右銘為：「Make each day a masterpiece.」使每一天都成為人生的傑作。Masterpiece代表大師的作品，我希望大家能期許自己成為個人生命中的大師，時時以使每一天都成為人生的傑作為念，身體力行，最後祝大家能充分欣賞人生秀麗風景、風光無限好。

▲ 今後當思精益求精

▲ 期許自己成為個人生命中的大師，時時以使每一天都成為人生的傑作
　　為念

2011年畢業典禮致詞

2011年6月11日　星期六

　　我國自宋朝開始，約一千年來，有人生四大喜事之說，包括當年各位同學進入清華的「金榜題名時」，但大學畢業並不在其中，當然是因為當時還沒有大學。在水清木華、風景如畫的清華體味人生黃金年代盛宴，今天大家自清華順利畢業，也是喜悅非常，與具有輝煌歷史、光榮傳統的清華，永久聯結，自然是大喜事，因此新人生五大喜事中，與清華有密切關聯的至少居其二，實為人生幸事。在此恭喜大家，在清華百歲之際課業、學業、作業告一段落，多年的努力與追求，有了初步的成果。

　　常言道，「見果知樹，見樹知林」，清華有最優秀的同學、最優異的師資、最傑出而具向心力的校友，以及眾多認同肯定的社會大眾。自去年九月以及，本校在世界三大世界大學評比均有亮麗表現，首先是泰晤士報世界大學評比，清華位居第107名，在全台居冠。英國高等教育調查機構QS公司近日陸續公布各領域的大學排名，本校在生命科學與醫學，工程與技術、科學及人文領域有十個領域居前兩百大；其中兩個領域居前百大，四個領域居前一百五十大。上海交大兩岸四地大學排名，本校名列第四名，而本校在每位教師的頂尖論文、國際論文及國際專利三項平均數、專任教師中有博士學位的教師比例，以及畢業生獲得重要獎項的總數及平均數，都超越前三所學校。

　　今年總統教育獎得主、大專組八位得主中，本校有兩位。其中資訊工程研究所碩二莊靜潔同學，因為視力僅剩0.02，上課時，得用望遠鏡看黑板、用放大鏡看書，冬天時因為鏡面會起霧，偶爾還得憋氣；寫程式時，她要用擴視機、臉緊貼著螢幕，同學只要花7個小時，她卻得花4倍的時間。她理解雖然人生充滿不公平，她必須學會為自己的未來負責。雖然唸書比別人辛苦，但莊靜潔的學業表現卻相當傑出，不僅以一般生考進清大資工系，大學4年拿了3次書

卷獎（前3名），畢業時更獲得象徵最高榮譽的「梅貽琦紀念獎章」。2009年3月起已完成六十幾場演講，將她自身的故事和愛透過演講散播世界各地，期望能鼓勵更多的人在逆境中，發揮人性積極面，力爭上游，出類拔萃。2010年7月靜潔出版了她個人的第一本書《點亮幸福微光》，在書中紀錄了自己經歷的小故事。

另一位總統教育獎得主，人文社會學院學士班大三沈芯菱同學，自小學五年級從事公益活動，是安安免費教學網站站長、草根台灣臉譜掌鏡者、陽光世代英語免費教學園地園長、福爾摩沙青少年創作展創辦人、原鄉之愛—愛心電子辭典活動創辦人、美麗新視界——弱勢免費配眼鏡推手、台灣媳婦學習網站長、柬埔寨教育新希望——失學兒童宣言發起人、全國公益巡迴演講講師、國語日報、聯合報等各報專欄作家、公益事蹟編入國立編譯館審定之「國小國語課本」、「國中社會課本」、2008台灣十大潛力人物、2010學生會會長。

其他如人社院趙雪君博士生將現代思維融入京劇，創新編寫劇本，《讓京劇變年輕了》，也讓大專青年走進傳統劇場。榮膺本年十大傑出女青年。科管院2009入學的許博翔、張妤如同學在大二上學期即合力完成《邁向財星五百大》新書，希望給大學生一套職涯規劃全攻略。同時本校同學在指導老師領軍下，在國內外大賽屢傳捷報，如資工系學生團隊榮獲全球最大規模的超級電腦研討會「國際高速計算會議學生叢集電腦計算競賽」世界冠軍，動力機械工程學系學生團隊以綠能、輕便的個人載具「Legway」勇奪「龍騰微笑競賽」第5屆冠軍；在國內規模最大的「電信奧斯卡」加值服務應用大賽本校團隊以1冠、1亞、1季、1佳作共四個獎項，成為本屆最大的贏家。資訊工程系博士生陳碩鴻等人設計的向量圖形電子漫畫書軟體獲得教育部「全國大專校院開放軟體創作競賽暨網路通訊軟體與創意應用競賽」產學合作的互動多媒體組金牌。許多學生滿懷熱情，擔任國際志工，關懷幫助原住民以及弱勢族群。梅竹賽中，有同學在網球賽中打到抽筋仍力戰不懈致勝，在乒乓球賽中能冷靜沉著，轉敗為勝，在籃球賽中團隊將士用命，為校爭光。而在校園裏，經常看到同學們燦爛的笑容、熱情的招呼、活潑的身影、自動撿拾紙屑清淨校園，在夜晚或周末、孜孜進行研究、在在顯示是足堪造就，前程似錦的清華人。

有人形容清華的學生是在人生樂透摸彩得到頭彩的幸運兒，這在許多家長與學校的互動得到驗證。去年新生家長會後，一位家長寫了一封長信給我，

並附上一張匯票，主要是認同清華辦學理念，希望幫助學校發展，後來又陸續有兩次來函建言與捐款，另一位家長則一次捐贈給清華五百萬元，他們共同的要求是匿名尤其是不讓其子弟知道，但愛屋及烏之親情，對清華的殷切期許盼望，令人深深感動。

清華擁有最卓越、優秀的教師。歷年來有十六位膺選中央研究院院士，十六位教育部國家講座，四十一位教育部學術獎得主，年輕教師中，有三十二位獲得國科會吳大猷先生紀念獎，得獎比例遠遠超過國內其他各校。學有專精、研究傑出、認真教學、熱誠服務、關心學生是清華教師的特質。

清華擁有五萬多傑出而向心力極強的校友，勇於承擔「大學強則國家強、大學興則國家興」歷史使命，工程與系統科學系（原核子工程系）1969級校友李偉德博士，於99年5月捐贈新台幣壹億伍千萬元協助興建「綠色低碳能源教學研究大樓」；1973級物理系校友謝宏亮董事長，捐贈母校價值不菲的羅丹巨型銅雕「沉思者」；本校所發動之清華「百人會」，達陣成功募得新台幣壹億柒仟萬元，用以興建「校友多功能體育館」；另一方面由企業界校友籌設的大清華基金，已募得三億元資金，將以部分獲利所得挹注母校。

台灣社會體認「教育為立國之本，興學為國民義務」，對教育的支持力道逐漸加強，本校近年來陸續落成的台積館、台達館、旺宏館、合勤演藝廳、蒙民偉樓多蒙相關企業及個人，慷慨捐贈才得以實現。去年本校獲「東和鋼鐵」侯貞雄董事長捐贈貳億元設立「侯金堆講座」，作為延攬及留任一流人才的經費。旺宏電子公司，在捐贈三億元建設經費外，更加贈壹億元為內部裝修經費；另蒙匿名善心人士捐贈壹億柒仟萬元，協助本校興建生醫科技大樓；另一方面永安船務副總經理陳俊秀先生將收藏的五千餘件珍奇甲蟲標本，全數都捐贈給本校。清華受到各界支持，必當全力以赴，不負期待。

四月初教育部第二期「邁向頂尖大學計畫」審議結果出爐，本校獲得每年12億元補助，最近並蒙新竹市政府同意無償撥用緊鄰本校南校區6.53公頃文教用地作為本校新校區，使本校得以持續提昇軟硬體建設，強化教學、研究，並擴展國際化視野，在全校師生的努力下，成為華人地區首學、邁向世界頂尖大學的目標，將指日可待。

十九世紀英國大文豪・狄更斯在世界文學經典名著《雙城記》，一開頭即有「那是最好的時代，也是最糟的時代」名句。今天我們也正面臨這樣的

時代。現代科學昌明，帶給人類無窮福祉，大家畢業後，一方面會享受iPod, iPhone, iPad, iCloud, Youtube, Facebook「天涯若比鄰」的方便與樂趣，一方面要面對人類社會生存發展重大問題，如世界人口激增、資源匱乏、能源短缺、氣候變遷、環境惡化，同時貧富不均，分配失調，政府財政困窘、爭戰迭起，恐怖份子橫行，黑心商品充斥，個人有成家立業、尋找價值，感情、親情、友情、健康與成就感等等挑戰。狄更斯說「那是希望的春天，也是絕望的冬天」；唯有把持自我、奮發進取，居安思危，同舟共濟，才能迎向光明，迎接希望的春天。

　　大學是人生的盛筵，正如唐代文學奇才王勃在滕王閣序所云：「盛筵難再」能不依依，在大家步出校園之際，特別選出七句話，臨別贈言，以符「君子相交，贈人以言」之義。這七句話有些是先賢嘉言，有些是個人體驗，如果常常思索篤行，對個人修養以及社群生靈，或有所助益，重點是現時現刻與此地即可施行。我深切期望身為百中選一菁英份子的清華人，能確實恪遵「自強不息，厚德載物」校訓，發揚光大，貢獻所學、追尋理想、「己立立人，己達達人」，成為社會進步重要動力。

1、「業精於勤，荒於嬉。」
2、「不是每個人都會成名，不是每個人都可致富，但是每個人都可以很偉大；每個人都可以幫助別人，幫助別人是人類最高的情操。」
3、「勿以善小而不為，勿以惡小而為之。」
4、「規劃的好很好，說的好更好，做的好最好。」
5、「驚人的成就來自超高的期許，而這期許在未實現前叫做夢想。」
6、「我們可以失敗，但是我們不能被打敗。」
7、「光陰、機會、說出去的話、送出去的電子郵件、上臉書是追不回來的。」

　　最後祝2011級畢業生們未來有精彩美滿人生，願望一一實現、美夢一一成真。

▶ 大學是人生的盛筵,「盛筵難再,
　能不依依」
▼ 教育為立國之本,興學為國民義務

2012年大學部畢業典禮致詞

2012年6月9日　星期六

　　首先恭喜各位畢業同學，在多年努力後，學業達到一個值得紀念的里程碑，得到學士學位。「學」的古字從爻從臼從居室從子，意為學習生存之道，延伸為有學問；「士」根據說文解字，「從十從一」，孔子曰，「推十合一為士」，萬數始自一到十之數，由博返約，意為有睿智之人，因此學士就是有學問智慧的人，可喜可賀。各位畢業後或就業，或繼續深造，各奔前程，在漫長人生路途中，清華將是珍貴回憶的一部分，同時也永遠是歡迎大家回顧的家園。

　　上星期五在學校裏舉行的畢業舞會是以「重生」為活動的創意，「重生」是從英文Renaissance而來，也指文藝復興，所以畢業同學們把學校的相關主管們裝扮成「文藝復興人」出場。文藝復興是十四世紀末歐洲開始脫離黑暗時代，再度嚮往與追求希臘羅馬燦爛文明，在文學藝術方面大放異彩而得名，代表理性、智慧、光明、希望，後來擴大影響到政治、經濟、哲學、科學層面，創造了西方文明數百年盛世。「文藝復興人」博學多才，但可為大家所共勉的是，It is not what you are, it is what you are becoming.（你現在是什麼不重要，你會變成什麼才重要）與人社院大門前坡道扶梯上刻的：「我是什麼，我可以是什麼」相呼應；其二是It is not what you know, it is what you desire to know.（你知道什麼不重要，你渴望知道什麼才重要）；再者，It is not a matter of intelligence, but a matter of intellectual and creative ambition and curiosity.（你聰不聰明不重要，有智慧與創造的企圖心與好奇心才重要）。關鍵在於企圖心、好奇心與學習精神。祝所有畢業同學都以「文藝復興人」自許、未來成為「文藝復興人」。

　　今年適逢兩岸清華的永久校長梅貽琦校長逝世五十周年紀念。梅校長是

清華第一屆直接留美生（1909年），清華大學物理教授（1916年），教務長（1926年），代理校務（1928年），留美學生監督（1928－31年），清華大學校長（1931－48年），新竹清華大學校長（1956－62年）。梅校長終身服務清華，一生盡瘁清華大學，未曾一日間斷。清華事業就是他的事業。他在初任校長時，曾說：「生斯長斯，吾愛吾廬」，樹立清華人熱愛母校的榜樣。兩岸清華今日均為兩岸數一數二世界名校，梅校長貢獻獨多且要。

梅校長最為人傳頌的名言是「大學者，有大師之謂也」。大師是一流大學的靈魂，有了大師，才能提供一流教育，吸引優秀學生，適切爭取教研資源、發揮社會影響力。梅校長在擔任教務長期間，正是清華成立國學院，震動學術界之際；梅校長於1931年起擔任校長，更積極延攬大師級學者使清華迅速成為頂尖名校。56年前梅校長於在台灣創建新竹清華，也積極延攬名師，中研院李遠哲前院長在很多場合提及，當年最優秀的師資都集中在清華，而這個優良的傳統也一直延續到現在。梅校長擔任校長期間，培育了華人中最先獲得諾貝爾物理獎的李政道和楊振寧先生，最先獲得諾貝爾化學獎的李遠哲先生，使清華成為華人地區唯一擁有三位諾貝爾獎得主校友的大學。今年四月學校邀請北京清華名師梁啟超、王國維、李濟、聞一多、夏鼐、周先庚及史國衡等先生後裔來台參加校慶活動，再與現居台北王國維先生女兒，百歲人瑞王東明女士以及梁啟超曾孫女，本校客座教授梁帆女士會合，聚首清華，漫談先人風采，是一場豐盛的歷史饗宴。今年五、六月間，清華邀請到五位諾貝爾獎得主到校演講，學校因而趁機辦理「諾貝爾大師月」活動，除演講外，並舉辦座談會，以及邀請鄰近高中學子參與，熱鬧非常。諾貝爾大師蒞校以往每年平均約有兩、三次。在一個多月內，有五位密集到訪，則屬空前。大師雲集，雖因不同的機緣，都是清華師生以及鄰近地區學子難得的知識饗宴。今年的清華是浸浴在濃厚的大師薰陶氣氛中。

2012年同時是清華「學術大放異彩年」。國科會「學術攻頂研究計畫」，支持頂尖學者從事學術攻頂研究，每個計畫在五年間經費可高達一億元；總計過去三年全國僅通過八件，其中四件在清華，這也與歷年來，本校教授當選中研院院士，榮獲教育部、國科會等重要獎項比率遠遠超過其他大學之統計一致。這與歷年來各項大學排名評比，清華教師研究平均表現在兩岸四地大學中一直高居第一是相呼應的。今年本校在頂尖標竿期刊發表論文上，更是喜訊

連連，迄今已有刊登或被接受發表於Science期刊論文兩篇，Nature期刊論文兩篇，Cell期刊論文一篇，充分顯示本校研究實力，而與2007－2011年本校教師於此三期刊共發表七篇論文相較，進步驚人。因此新一代清華大師正在造就中。

2012年畢業典禮有幸請到高希均先生演講，以「做一個內外兼顧的知識人」為題勉勵畢業生。高先生著作等身，在台北出版的中文著作即有二十餘種，創辦深具影響力的《天下雜誌》、《遠見雜誌》、天下出版社等，持續推動進步觀念的傳播。高先生在《讀一流書，做一流人》一書序言中說：「人的自由不包括不讀一流書的自由，人的選擇不包括不做一流人的選擇」，「人生的起點，不是誕生；而是與好書結緣那一刻；人生的終點，不是死亡；而是與好書絕緣那一刻」。最近據聯合國教科文組織的調查，全世界每年閱讀書籍排名第一的是猶太人，平均每年讀64本書。猶太人把讀書作為傳承教育、傳統、知識的手段。全世界約僅有一千五百萬猶太人，不到世界人口的千分之三，但產生了約四分之一的諾貝爾獎得主。他們能取得如此輝煌成就，與酷愛讀書學習傳統關係密不可分。一本好書可帶給讀者一生深遠的影響，莎士比亞說：「書籍是全人類的營養品」。希望同學們在教書、寫書、編書、評書、選書、出書的愛書人高希均先生鼓勵下不僅都多「讀一流書」，更要身體力行「做一流人」。

2012年畢業班以拾貳復得諧音代表「拾而復得」，其中有珍惜失去或逝去的事物，有復得的喜悅。在畢業之際，撫今思昔，必定百感交集，對於未來，有徬徨，有期待。諾貝爾文學獎得主海明威曾形容他的巴黎經歷是流動的饗宴，清華提供給各位的青春饗宴，也將讓大家終生享用不盡。希望大家離開學校能秉持「自強不息，厚德載物」校訓，在人生旅途中勇於嘗試，有好奇心、企圖心，有理想、有毅力，終身學習，利己利人，「讀萬卷書，行萬里路，服萬人務」，共創美好未來。

▲ 學士就是有學問智慧的人

▲ 你現在是什麼不重要，你會變成什麼才重要

2012年研究所畢業典禮致詞

2012年6月9日　星期六

　　首先恭喜各位今天榮獲哲學博士或碩士學位。「哲」字在象形文中上半形容一個爬梯子摘樹上果子的人，下半為心形，意為有智慧之人；心後轉為口，「博」根據說文解字：「博，大通也」，見識廣闊且深入。「士」根據說文解字，「從十從一」，孔子曰，「推十合一為士」，萬數始自一到十之數，由博返約，意為有睿智之人，因此哲學博士擁有折服眾人之口的非凡智慧與見識。「碩」為廣、大之意，碩士為學識淵博之士，誠為可喜可賀。各位畢業同學在多年努力後，學業與研究達到一個值得紀念的里程碑。畢業後或就業，或繼續深造，各奔前程，在漫長人生路途中，清華將是珍貴回憶的一部分，同時也永遠是歡迎大家經常回顧的家園。

　　今年適逢兩岸清華的永久校長梅貽琦校長逝世五十周年紀念。梅校長是清華第一屆直接留美生（1909年），清華大學物理教授（1916年），教務長（1926年），代理校務（1928年），留美學生監督（1928－31年），清華大學校長（1931－48年），新竹清華大學校長（1956－62年）。梅校長終身服務清華，一生盡瘁清華大學，未曾一日間斷。清華事業就是他的事業。他在初任校長時，曾說：「生斯長斯，吾愛吾廬」，樹立清華人熱愛母校的榜樣。兩岸清華今日均為兩岸數一數二世界名校，梅校長貢獻獨多且要。

　　梅校長最為人傳頌的名言是「大學者，有大師之謂也」。大師是一流大學的靈魂，有了大師，才能提供一流教育，吸引優秀學生，適切爭取教研資源、發揮社會影響力。梅校長在擔任教務長期間，正是清華成立國學院，震動學術界之際；梅校長於1931年起擔任校長，更積極延攬大師級學者使清華迅速成為頂尖名校。梅校長於56年前在台灣創建新竹清華，也積極延攬名師，中研院李遠哲前院長在很多場合提及，當年最優秀的師資都集中在清華，而這個優良的

傳統也一直延續到現在。在梅校長擔任校長期間，培育了華人中最先獲得諾貝爾物理獎的李政道和楊振寧先生，最先獲得諾貝爾化學獎的李遠哲先生，使清華成為華人地區唯一擁有三位諾貝爾獎得主校友的大學。今年四月學校邀請北京清華名師梁啟超、王國維、李濟、聞一多、夏鼐、周先庚及史國衡等先生後裔來台參加校慶活動，再與現居台北王國維先生女兒，百歲人瑞王東明女士以及梁啟超曾孫女，本校客座教授梁帆女士會合，聚首清華，漫談先人風采，是一場豐盛的歷史饗宴。今年五、六月間，清華邀請到五位諾貝爾獎得主到校演講，學校因而趁機辦理「諾貝爾大師月」活動，除演講外，並舉辦座談會，以及邀請鄰近高中學子參與，熱鬧非常。諾貝爾大師蒞校以往每年平均約有兩、三次。在一個多月內，有五位密集到訪，則屬空前。大師雲集，雖因不同的機緣，都是清華師生以及鄰近地區學子難得的知識饗宴。今年的清華是浸浴在濃郁的大師薰陶氣氛中。

2012年同時是清華「學術大放異彩年」。國科會「學術攻頂研究計畫」，支持頂尖學者從事學術攻頂研究，每個計畫在五年間經費可高達一億元；總計過去三年全國僅通過八件，其中四件在清華，這也與歷年來，本校教授當選中研院院士，榮獲教育部、國科會等重要獎項比率遠遠超過其他大學之統計一致。與歷年來各項大學排名評比，清華教師研究平均表現在兩岸四地大學中一直高居第一是相呼應的。今年本校在頂尖標竿期刊發表論文上，更是喜訊連連，迄今已有刊登或被接受發表於Science期刊論文兩篇，Nature期刊論文兩篇，Cell期刊論文一篇，充分顯示本校研究實力，而與2007－2011年本校教師於此三期刊共發表七篇論文相較，進步驚人。因此新一代清華大師正在造就中。

各位今天自研究所畢業，在以往必定對未來人生方向有所摸索思考；耶魯大學1942級校友在畢業五十年時曾辦理一個徵文活動，要校友總結其生活經歷；許多校友表示對沒有更具冒險性（risk not taken）感到遺憾，許多人希望當年有對智慧與知識有更多的想望，很多人感受到機遇對命運的影響，幾乎所有人都強調家人與朋友的重要。最令人矚目的是精力充沛，勇於生涯改變的人，即使沒有成功，都無怨無悔；也就是勇於嘗試面對新環境的人，有最正面的人生體驗。不久前，有位訪客說，在他心目中「清華是中國教育、文化、學術史上的標記與豐碑」。今日大家取得清華高等學位的金字標記與豐碑，可謂

拿到人生事業的敲門磚，協助打開優質企業機構與社會傑出人士的機會大門。是否能登堂入室進而窺其堂奧，仍需看各位未來的修行與努力。

最近有人計算歷史人物的財富，最富有的人，首推約翰洛克菲勒，財產估計比連續多年名列美國首富的比爾蓋茲多五、六倍。他在給子女的信中說：「相信自己是重要人物，誰都有機會成為大人物」。人的潛力是非常驚人的，同樣的人，是否有自信心、好奇心、企圖心，有理想、有毅力，有終身學習能力將很大部分決定你未來是否會有美滿成功的人生，另外一部分，雖可歸諸「時也，運也」，但正如美國第三任總統傑佛遜所說：「我很相信運氣，我越努力運氣越好」；最後是幸運的人，應負更多的責任，社會的安定，靠多數人的努力，社會的進步，靠少數人的燦爛成就，有能者幫助需要的人，「己立立人，己達達人」，才能使社會更和諧美滿。

2012年畢業班以拾貳復得諧音代表「拾而復得」，其中有珍惜失去或逝去的事物，有復得的喜悅。在畢業之際，撫今思昔，必定百感交集，對於未來，有徬徨，有期待；諾貝爾文學獎得主海明威曾形容他的巴黎經歷是流動的饗宴，清華提供給各位的青春饗宴，也將讓大家終生享用不盡。希望大家離開學校能秉持「自強不息，厚德載物」校訓，在人生旅途中勇於嘗試，有好奇心、企圖心，有理想、有毅力，終身學習，利己利人，「讀萬卷書，行萬里路，服萬人務」，共創美好未來。

▲ 博士擁有非凡智慧與見識，碩士為學識淵博之士

▲ 清華是中國教育、文化、學術史上的標記與豐碑

2013年大學部畢業典禮致詞
——青春不服從

2013年6月8日　星期六

　　首先恭喜各位畢業同學，在多年努力後，學業達到一個值得紀念的里程碑，得到學士學位。各位畢業後或就業，或繼續深造，各奔前程，在幾十年前，美國有首暢銷曲「青春永駐」（Forever Young），歌詞中有「雖然我們窮畢生經驗與智慧盡心盡力，在你最後離別時，仍沒有十分把握曾很妥善照應你」（And when you finally fly away, I'll be hoping that I served you well. For all the wisdom of a lifetime, no one can ever tell），我想這代表大多數父母對將離去的子女或學校師長對唱驪歌的畢業生的心情；往後大家闖蕩江湖，最後還是要靠自己，在漫長人生路途中，清華將是珍貴回憶的一部分，同時也永遠是歡迎大家回顧的家園。

　　不久前參加本校台文所主辦的文藝創作展活動；這次活動以「青春不服從」為主題，又包括「公民不服從」、「文學不服從」、「藝術不服從」三部分；青春代表年輕，唐朝詩聖杜甫在五十歲時聽到官軍收復薊北而狂喜，作詩得佳句「白日放歌須縱酒，青春作伴好還鄉」，顯示心情愉悅如青年人；青春是逐夢的年代，或年少輕狂，或吟風弄月，為賦新詞強說愁，或熱情洋溢，投入浩瀚學海，充實自己，或悲天憫人，關懷弱勢幼小，或慷慨激昂，撻伐不公不義，青春不留白，未來有無限可能；美國二十世紀六十至八十年代老牌歌壇巨星法蘭克辛那屈（Frank Sinatra）唱紅的老歌「青春萬歲」（Young at Heart）中有「你豈不知擁有一顆年輕的心是無價之寶？」（Don't you know that it's worth every treasure on earth to be young at heart）？「如此你年老時才會驚歎生命的無限可能」（And if you should survive to 105, look at all you'll derive out of being alive），但歲月不饒人，青春宜把握，《三國演義》中諸葛

亮嘲諷東吳眾臣「青春作賦，皓首窮經，筆下雖有千言，胸中實無一策」，更值得大家警惕。

「不服從」代表對人或對事不服氣、不滿意而拒絕聽從或跟從；上個月前輩鄉土作家黃春明先生來校演講，他從小反家庭、反學校、反社會、反叛性格強烈，初中與師範學校被開除四次，很容易淪為不良少年，但文學與體育為其救贖，乃力闢鄉土文學蹊徑；漸成名後，多一層約束與要求，對自己漸有期待，化為生活與工作的理念與原則，揮別了年少輕狂，他現在面對社會亂象，勸人「從自我要求做起」，顯現圓熟的風範；據黃老師敘述，受新文學作家沈從文影響很大，沈從文在西南聯大中文系的同事劉文典曾說：「教授中，陳寅恪薪水應拿四百塊錢，我應拿四十塊錢，朱自清應拿四塊錢，沈從文只能拿四角錢」，據長期擔任諾貝爾文學獎評審的馬悅然先生透露，沈從文在逝世前已很接近獲頒諾貝爾文學獎，如此文學大師所以被同事劉文典看不起，正是因為他致力於新文學寫作，被認為離經叛道，朱自清則因為新舊文學兼治，而評價稍高。

在藝術方面，有名的例子如1870年代印象畫派的興起，衝破學院寫實派的壟斷，隨後又有新印象畫派，到後期印象派，主要代表人物是塞尚（Paul Cezanne），他雖在開始時屬印象派，在轉換畫風後，有一次遇見印象派創派者，也是精神領袖馬奈（Eduord Manet），竟拒絕與他握手，可見執著之深，「道不同，不相為謀」；在音樂方面，斯特拉汶斯基（Igor Stravinsky）《春之祭》（Rite of Spring）大量運用狂野而原始不協和音及不對稱節奏，旋律卻極為短小；1913年在巴黎劇院首演，觀眾由於這部作品的澈底反傳統性而極其不滿，發生了一件音樂史上空前絕後的音樂廳暴動，連媒體都指稱當晚演出並非「春之祭」，而是「春之殺戮」，但歷經時間考驗後，現在《春之祭》已經成了各大舞團必演的基本舞碼之一；他最後成為20世紀獲得榮譽最多的音樂家之一，作品在全世界範圍內盛演不衰。

公民不服從指發現某一條或某部分法律、行政指令是不合理時，主動拒絕遵守政府或強權的若干法律、要求或命令，而不訴諸於暴力，這是非暴力抗議的一項主要策略；有名的例子是印度的甘地獨立運動、南非的曼德拉反種族隔離運動、美國馬丁路德金恩的民權運動，都產生了巨大的效果。一般認為美國作家梭羅（Henry David Thoreau），於1849年發表短文〈論公民的不服從〉

中，開創公民不服從的先河，梭羅本人將拒絕納稅，作為對奴隸制度、美墨戰爭的一種抗議。

從以上三類不服從來看，青春不服從是非常正面而有意義的，在文學、藝術上不囿於成規，不怯於嘗試，勇於創新，才可能發揮創意，有源源不斷生機，有所突破，在公民不服從方面，審視現今法律制度缺漏、社會不公不義，藉一己之力，或團結合作，以有所匡正，因此不服從是進步的動力，是值得鼓勵的；愛爾蘭詩人Brendan Kennelly曾說：「如果你想要對這個時代有貢獻，你就要不服從」；但我也要提醒，不服從要在對問題有相當了解後，做了公正的判斷，而非盲目的反對，有時更應逆向思考，不要忽略現代生活複雜性，轉向較簡化的善惡判斷；在反對前，要三思是否有道理、資訊是否明確，自己立場是否超然無私，公正客觀，標準一致，訴求是否為假議題，要解決問題，不能只有訴求，有批判無思考，有批評無檢討，要維持純真，但不要天真，讓熱情被民粹糟蹋。世界上沒有廉價的公平正義，憑直覺而動，期待不存在的萬能政府來收拾，是自相矛盾而不負責的做法：美國卓有聲譽，強烈維護言論自由的法官Learned Hand曾有句名言：「自由，是永遠不要過度相信你是對的」（The spirit of liberty is the spirit which is not too sure that it is right）；《大亨小傳》（*The Great Gatsby*）作者F. Scott Fitzgerald說「The test of a first—rate intelligence is the ability to hold two opposed ideas in the mind at the same time, and still retain the ability to function」，也就是說有一流智慧的人要容納兩種相反的概念在心中盤桓，從中衡量，做出明智的抉擇，而不要被教條、迷信、口號、習俗甚至情緒誤導與迷惑，是很有道理的；中研院院士中少有的文學批評家夏志清教授曾說，「智慧的特徵是自己成見的不斷瓦解，和新的印象的不斷容納」，很值得大家參考。

今天我們很榮幸邀請到前美國在台協會駐台北辦事處處長，也是第一位選擇在台長期定居的美國大使級外交家，司徒文（Bill Stanton）博士致詞，很高興藉向大家報告，司徒文博士已決定接受本校聘請，擔任「葉公超講座」；最新的清華人司徒文先生是英語文學博士，退休前是有三十四年資歷的資深外交官，曾經派駐巴基斯坦、黎巴嫩、南韓及澳洲，並曾兩度派駐北京的美國大使館。2009年至2012年間擔任美國在台協會台北辦事處處長，任內成就包含積極推動台灣免美簽以及促成美國資深官員來訪等，卸任後於台北美國學校任教，

2012年7月17日獲頒我政府大綬景星勳章，同年8月1日獲頒表徵在台外國人士特殊成就的外僑永久居留證「梅花卡」。他下個月到清華報到後將主持本校新設立的「亞洲政策中心」。

　　最後容我還是以「Forever Young」歌詞，祝福所有畢業生「有自信與自尊、永遠真誠、能推己及人，勇於面對，義無反顧」（And may you grow to be proud, dignified and true. And do unto others as you'd have done to you. Be courageous and be brave.）；畢業之後大家重逢，如名歌「往日時光」（*Those Were The Days*）歌詞所說：「我們過自己選擇的生活，盡力而為就無所謂成敗；如今我們年齒漸長，但並沒有更聰明些，因為我們不改初衷，夢想如昔」（We'd live the life we choose. We'd fight and never lose. Oh my friend we're older but no wiser. For in our hearts the dreams are still the same.），祝大家永遠保有一顆年輕的心。

▶ ①清華將是珍貴回憶的一部
　　分，同時也永遠是歡迎大家
　　回顧的家園
　　②青春不留白，未來有無限
　　可能

2013年研究生畢業典禮致詞
——欲窮千里目　更上一層樓

2013年6月8日　星期六

　　首先恭喜各位畢業同學，在多年努力後，獲得博士或碩士學位；畢業的英文是graduation，源自step，即階段之意，也就是完成了一個階段，畢業典禮英文是commencement，也有開始之意，代表一個新階段的開始。各位在清華接受專業與課外活動以及生活點點滴滴的洗禮，畢業後或直接就業，或繼續深造，各奔前程；往後大家闖蕩江湖，懷抱著在清華所見、所聞、所學習、所經歷，增添了能力與抱負，雖然擁有清華高等學位的金字招牌，最後還是要靠自己；在諸位漫長人生路途中，清華將是珍貴回憶的一部分，同時也永遠是歡迎大家回顧的家園。

　　大家畢業這年，清華師生捷報頻傳；去年與今年本校師生在頂尖標竿期刊發表論文上，表現突出；去年全台以通訊作者身分發表於「科學」（Science）與「自然」（Nature）期刊論文共七篇，本校即有四篇，占一半以上，超過「天下兩分，清華居半」的說法；今年到現在為止，清華已有四篇論文在Science期刊發表或被接受，也就是說本校在不到一年半時間已在Science與Nature期刊發表論文八篇，而與2007－2011年本校教師於此二期刊共發表七篇論文相較，進步驚人。另外下個月將頒發的獎額高達一百萬元的「徐友庠基金會講座」，總共四位講座中，本校教授占了兩位，「徐友庠基金會論文獎」，八位得主中，本校教授占了四位；今年一月底公佈的國科會傑出研究獎，本校有十位教授獲獎，平均清華每100名教授就有1.59人得獎，獲獎人均值高居全國第一名，不僅高於居第二名學校人均值1.29，而且遠高於其他學校一倍以上；甫公佈的中研院「年輕學者論文獎」，數理組五位得主中，有兩位是本校教授。

　　在學生表現方面，資訊系同學團隊於四月份拿下首屆亞洲大學生超級電

腦競賽第2名，本校體育代表隊在一個多月前「全國大專運動會」中以十六金三銀九銅榮獲一般組冠軍，同時在棒球與足球項目，均分別在大專棒球與足球聯賽中，拿到同級冠軍，今年首屆「清華台大友誼賽」，本校也以9：5比數告捷，坐實「體育大校」名銜。

在校園軟硬體建設方面，由校友捐贈全部一億七千萬元經費建造的「校友體育館」已於去年十一月十五日正式完工啟用；今年四月十一日則舉行了整個「旺宏館」啟用典禮，除三月四日啟用的總圖書館外，新的「國際會議廳」、階梯講堂、遠距教室、視訊會議室等也加入了學習中心的行列；根據沈君山前校長之心願捐建的「奕園」，已於6月1日正式開幕；同時在三個月以內將陸續動工的五大建築，包括由1969級李偉德校友捐贈一億五千萬元興建的「綠能館」與材料系、化學系、化工系以及物理系四系校友協助興建的「清華實驗室」外，今天致詞貴賓尹衍樑總裁慷慨捐贈協助興建的生科三館以及「創新育成中心」與「學人宿舍」，在兩、三年內完工後，不僅切合所需，必將成為清華美麗風景線的最新景點。

這幾年報考頂尖大學的博士班學生人數，大幅減少，顯示在社會價值觀丕變，媒體長期一貫「高學歷高失業」、「博士學歷無用」負面報導下，帶動社會風氣急遽變遷，很多優秀年輕學子不再以攻讀博士為生涯選項，在今天許多博士生畢業，更多碩士班同學直接走入職場，僅有少數將繼續升學的今天，大家應該認真思索的問題是攻讀博士學位有什麼意義？它是否應被認真列為生涯發展的選項？它適合我嗎？

如果有一件事是現今世界各地人民所共同關心的，應是經濟福祉問題，在知識爆炸的今天，知識已成經濟要素之一，甚至是最重要的因素，因而有「知識經濟」之稱，高深的知識，是一國經濟發展良窳的關鍵，因此以培育具有高深知識人才的博士教育至為重要；另一方面，如果回溯歷史五百年，我國文明曾領先全球，但因各階段不同的閉鎖門戶政策，自外於西方自文藝復興、工業革命以來一連串翻天覆地的政治、社會、經濟、科技改革浪潮，以整個東亞來說，基於根深蒂固的儒家文化守舊保守心態，在思想上，未能及早搭上近代化列車，而遲遲難有突破，有人說：「近五百年來，沒有一樣主要科技產品，人文、藝術、社會科學與科技理論源自中日韓」，雖然沉痛，也有相當實情，要迎頭趕上，只有深化知識內涵，吸取中西文化精髓，才有可能力求精進，登入

知識聖殿，創新發明，對人類文明，有前沿性的貢獻。有哲人說：「如果你要偉大思想，如果你要實現理想，必需要付代價」，是很有道理的。

　　前幾個月，我的一個博士班學生買了一本名為《批判式思考》的原文翻譯書，看了百思不得其解，主要是書中所謂如何養成批判式思考的步驟，以及所舉的案例情境，無不是在博士班研究反覆演練啟迪心智的過程；在職場上，最受重視的是解決問題的能力，而博士研究正是窮數年之力，在指導教授帶領下，與同儕切磋砥礪，嘗試以創意的方式，探索知識新領域，在寬廣視野下，深刻的了解問題，學習並選擇適當的方法處理相關問題，不僅要藉廣泛密集閱讀文獻、參加會議、參訪或參與合作了解與追蹤領域大勢，在網路無遠弗屆「天涯若比鄰」的今天，得以彈指間在隨身電腦上注意追蹤世界各地研究的進展，與世界學術界同步競合，不斷的在研究上從各面向尋求創新突破，在適當時機，在學術會議或期刊發表論文，經過同儕學者審查與批評，答辯與修正，最後撰寫學位論文，解決或闡發重要問題，如此得以養成過人的發掘與解決問題能力；同時有很好的機會增進口頭與書面表達與溝通能力，積極參與，團隊合作、外語與國際化能力、毅力與耐力等職場所重視的人格特質與工作態度。

　　在全力從事論文研究中，有許多機會體驗古往今來知識達人所暢言的與智慧泉源近身接觸的樂趣；如觸類旁通、舉一反三、靈光乍現、頓悟，過程中雖有艱辛，但往往飽嘗發現與發明的樂趣，看到他人的精彩突破，親大師之聲類，「觀賢人之光耀，聞一言而自壯」之感油然而生，田園詩人陸游詩：「山重水複疑無路，柳暗花明又一村」，理學家朱熹〈觀書有感〉中兩首詩「問渠那得清如許？為有源頭活水來」，「向來枉費推移力，此日中流自在行」，清華四大導師之一的王國維先生在《人間詞話》中所列舉人生三大境界的最高境界：「眾裡尋他千百度，驀然回首，那人正在燈火闌珊處」，白居易詩：「千呼萬喚始出來」無一不是專心執著於學問之途相當寫實的經歷。

　　如果從現實面來看，擁有博士學位，代表你具備相當優秀的資質、「力爭上游」的企圖心，有在年輕時投資數年的工夫而專心為高遠目標努力的智慧，具體宣告對自己有「高人一等」的期許與動力，在社會觀感中，屬於菁英份子，在一般人眼光中，你有可能是個人物，因而進入「贏者圈」，「談笑有鴻儒」的機會大增，也符合現在台灣產業界對高級人力迫切需求，許多台灣標竿企業在雇用新人時，新進碩士要晉升到新進博士職等，所需時間一般會比攻讀

博士學位所需時間多兩年以上，可見其對博士訓練的評價與器重；在工作上，博士要較有自主性與彈性，從事重複而枯燥的工作機會少，擔任主管機會多，如此可以帶領團隊以眾人之力實現自己的發想與創意，達成創新成果，工作的成就與滿足感較高，有較佳的發展前景；再者，從經濟學基本供需原理角度而言，在博士人數銳減，而需求面依舊的情況下，博士以稀為貴，未來將更炙手可熱。

今天我們有幸邀請到潤泰集團的尹衍樑總裁致詞；尹衍樑先生是本校名譽博士，尹先生曾有慘綠少年時代，醒悟後奮發向上，進入產業界後從基層做起，不怕累、不怕苦、不怕髒，用心學習七年，創業屢經失敗，終獲得非凡成就，建立國內首屈一指的企業集團，年歲較長後，深感「學然後知不足」，陸續攻讀臺灣大學商學研究所碩士班與政治大學企業管理博士班，順利獲得學位，他是企管博士、工程教授、企業總裁，不僅是國內有數的成功企業家，而且在工程技術上有獨到創新成就，屢得國際大獎，並獲選俄羅斯國際工程學院副院長，是難得的跨產業界與研究界的傑出人士，而且熱心公益，尤其是教育事業，在國內企業家中率先宣布將財產之百分之九十五交付信託，作為公益之用，為一代奇人；而尹總裁多年來對清華校務推動，多所襄助，也是清華的貴人。

尹總裁最近更捐贈設立舉世矚目的「唐獎」，是台灣第一座真正的國際級大獎；盛唐之世，是東西方文明交會、政治經濟顛峰時期，唐人對世界展現的自信、兼容各文化的胸懷氣度，即係唐獎要發揚的理念；獎掖「永續發展」、「生技醫藥」、「漢學」與「法治」四領域世界頂尖人才，鼓勵更多有利於地球與人類、保護自然的重要研究，並發揚中華文化與盛唐精神，充分展現寬廣心志與高瞻遠矚的睿智。今天他將以「挫折是進步的動力」為題，現身說法，必定深富啟發性，在此也要對尹總裁深致感謝之忱。

唐朝大詩人王之渙登鸛雀樓有詩：「欲窮千里目，更上一層樓」，希望大家未來秉持「自強不息，厚德載物」校訓，努力向更高遠的目標前進，達到更高的境界，除追求個人與家庭幸福快樂外，也能「更上一層樓」，為人類文明、社會國家卓越貢獻；最後讓我再次祝賀清華人中新科博士及碩士以及師長家人，今天是你們的大日子，值得盡情歡慶，祝大家在良好的基礎上，以決心與毅力打造光明燦爛的未來，為人生鐫刻華美篇章。

▲ 欲窮千里目，更上一層樓

▲ 名譽博士尹衍樑總裁致詞：「挫折是進步的動力」

七、各項學生活動

編錄清華大學社團幹部訓練、清華營、諮商中心活動、期待未來領袖營、國際志工培訓等各項學生活動致詞，展現清華大學充實豐富、多元自主的教育理念，使學生經由各種學習，探索自我，放眼國際，活出精彩人生。

2012年社團幹部訓練營始業式致詞

2012年8月21日　星期二

很高興參加社團幹部訓練營始業式。訓練營參加人員包括新任社團負責人與幹部。清華大學的教育理念是希望透過充實、豐富與多元的校園生活，使學生未來能活出精彩人生。大學社團活動是學習生活重要的一環；近年來，大學教育由於網路科技的迅速發展，線上學習風潮，來勢洶洶，因而有「大學虛擬化」為大勢所趨的看法。課外活動，包括社團活動是「大學虛擬化課內教學」所無法取代的部分，重要性將更為增加，彌足珍貴。身為社團負責人與幹部，更是任重道遠。

同學們參加社團，依社團性質，可能有不同動機，未來也會有各種體驗，在始業之時我希望能提醒大家下列三點：

一、「行有餘力，則以學文」，這是《論語・學而》篇中，孔子說的話；如果我們把「文」當作社團中的學藝、才藝、服務、學生自治等活動，這句話的意思是先把學業顧好，如果還有餘力，再來從事社團活動。清華大學的教育不鼓勵同學死讀書，作書呆子，這是為什麼清大在國內大學中率先將成績由百分制改為等級制做為給分方式，讓學生不以追求高分為唯一目標，而更願意致力於學習效果的提升。凡事有優先順序（first thing first），學生應用心於課程學習，培養專業能力，一般而言，最少要有班上平均的成績，才能說行有餘力。進了大學，畢業時學有所成，才算盡了本份。《論語》中說：「君子務本，本立而道生」也是同樣的道理。

二、「以文會友，以友輔仁」，這是《論語・顏淵》篇中曾子說的話，有很多人認為唸大學時最大的收穫是結交到志同道合、終生不渝的朋友，社團活動有別於個人學習，是團體活動。參加社團活動更是就共

同目標結交志同道合朋友的大好機會，如能相互砥礪，共同從學習中成長，友情會更深厚恆久，能在現今與未來「己立立人，己達達人」，不僅深具意義，而且終身受用不盡。

三、「運用之妙，存乎一心」，這是岳飛與他的老師宗澤對話時說的。擔任負責人與幹部一方面是服務社員，與社員一起成長，一方面更有機會發展心智，學習領導、溝通、處理人際關係、提升語言與文字表達能力，表現自己與突顯團體，拓展人脈，增廣視野，服務社會，增強執行能力，但也可能「入寶山而空返」，做志工不代表你已成為好人，有知識並不表示具備素養，興趣、熱誠與用心，都很重要。身為負責人與幹部，如做不到這些，反而「誤人誤己」，不可不慎。

今天訓練營活動目標是希望透過營隊的培訓，培育優質的領導人才，提升領導力、執行力與拓展視野，加強各社團間學習交流，促進社團蓬勃發展，並增進社團與行政單位互動與溝通。「他山之石，可以攻錯」，互相學習是非常可貴的，譬如說名牌製作，將行程表印在名牌背面，貴賓排座標示於座前而非座後，給參與者不少方便，我自己的理解是本校這兩年才從香港引入，是見微知著的例子；另外學校行政單位對社團活動是站在輔導與協助的立場，良好的互動與溝通，至為重要。

最後祝大家有個充實而豐富的訓練營經驗，滿載而歸。

2013清華營始業式致詞

2013年8月27日　星期二

很高興來參加2013清華大學幹部訓練研習營，也就是清華營始業式；這是每學年將開始前學務處辦理的研習營，大家身屬的社團名稱包括會（association）、社（club）、隊（team，squad）、團（group）以及學會（society）等，雖常約定成俗，並沒有一定的規定，如另有其他名稱，在交流時間不妨提出，供大家參詳。

從研習營活動時程表來看，活動包括團隊塑造、魅力形領導、修法議程、企劃書撰寫、資源維護與管理、場地協調、團隊影響力、座談等，套句英文中有句常言All you want to know about (what)…but are afraid to ask，即是All you need to know about the extracurricular activities，這句話的中文是較簡潔的「課外活動須知」，也就是相當豐富與多元，希望大家在為期三天的研習營中，在領導統御以及行政管理方面能有豐碩的學習經驗。

課外活動是大學生活中重要的一環，許多人對大學最愉快而津津樂道的回憶常是課外活動的點滴；社團幹部身負領導與服務的重任，將社團活動辦得轟轟烈烈或雲淡風清，不僅關係到個人，而且擴及到團體的體驗與成長，用有系統而有效率的方式，積極主動，達成社團成立的宗旨，是寶貴的人生經驗，值得大家珍惜愛護。

大學生活中，課堂學習與課外活動鼎足而立，不可偏廢，有很多人因為「玩」社團，讓課業荒廢，是需要竭力避免的，要兩全其美，取得平衡，時間管理就非常重要了；最近有一本關於時間管理的翻譯新書《時間，愈用愈有價值》（*Extreme Productivity*），或譯《極限效能》，很值得參考；該書首先提出三個重要觀念，一為明確闡述目標，排列優先順序，並依目標區分輕重緩急（first thing first），在設立目標時，先列出所有事項，包括必要工作項目、工

作期望，再依時間跨度整理項目，次依重要性排序，仔細思考想做的事、擅長的事以及被期待的事，並考慮較短期但有助於推動長期目標的「促成目標」與「指定目標」，再次估計實際的時間配置，讓時間配置符合目標優先順序；另一方面；成功學大師柯維（Stephen Covey）在《與成功有約》一書中，強調生活管理的觀念，「做好『優先而迫切』的事固然重要，但更重要的是去做『優先但非迫切』的事，這些事通常被我們忽略、擱在一邊。如果沒有顧好這些『非緊迫但重要的事』，例如你的健康、規劃長期目標、防患未然、發掘新機會，建立人際關係、調適身心等」，很值得參考。

二為講求最終成果，成功不能只靠辛勤工作和周密計畫，雖然這兩件事也很重要，成功主要是靠正確的心態，你要講求預計實現的工作成果，而不是投入的工作時數，要有「功效」（effective），而不只有「效率」（efficient），以「逆向工作」（work backward）為要，要有效率的完成計畫，先暫作總結，依照目前所知，重新評估未來成果，做為後續工作引導。

三是別為小事耗費力氣，為優先目標爭取更多時間，在電子郵件時代，遇到請求充分利用很實用的「只處理一次」（Only Handle It Once, OHIO）準則，也就是說，先決定是否忽略或回應，如果可能，立即回應重要請求，遇到低度優先事項應一次解決。積壓這些小事，日後會浪費不少時間，也會造成心理負擔。如果等一小時、一天或一週才處理應該回應的請求，可能要花一、兩倍時間尋找與重讀內容，同時也讓請求者認為你不重視他們。而在管理電子郵件方面，別忍不住一再查看電子郵件，在點擊「回覆所有人」前三思，避免僅有「謝謝」兩字回信等，都是很好的勸告；同時接納自己無法事事做到完美，不重要的事，B+就好，如此才有時間把重要的工作做到A。

另一方面，要完成高效能工作，需要提升三項個人技巧：閱讀、寫作和演說技巧，所謂的「個人效能」是指達成個人目標時，成果的質與量；大思想家與哲學家培根曾說：「閱讀給人以樂趣，給人以榮耀，給人以能力」，閱讀可用於理解重要觀念，蒐集重要統計數字、要點與實證，挖掘資訊來源、評估分析與輔助工作；2003年美國一項大型研究，發現大學畢業生的閱讀能力，程度達「精通」的僅占31%，而閱讀是專業工作者必備的成功利器。在社團工作上，蒐集相關資料並有效率的正確解讀，實踐主動閱讀三原則為：掌握文本結構、由閱讀導言與結論開始、先瀏覽每段開頭，成為「策略型」讀者，而非

「直線型」讀者；標題是理解文件的重要關鍵，由於更易於掌握文本結構，閱讀效率大為提升。仔細閱讀導言，能找出破題的主題句或主題段落，涵蓋整篇文章的構想與結構，結論透露總結論點，以及文章精華。看過導言與結論，閱讀正文已經縮小為拓展對重點的理解，或是釐清複雜觀念，主動的瀏覽可幫助專注於重點，略過其他內容。

寫作是通知、引導與說服他人的工具，尤其在電子郵件取代電話時代，寫作能力更重要；如果不知所云或語焉不詳，必然會溝通不良；綱要是寫作路線圖，用以勾勒脈絡，寫作時規劃、表達、潤飾都在爭奪大腦「工作記憶區」資源，分階段施行才是有效率的作法；在研擬綱要時，先多方聯想、分類整理，導言包括背景資料、主旨、本文結構，摘要覆述文件濃縮重點，各段落以表達該段要旨的主題句起頭，結論必需要有摘要外之其他見解，要包括提出可供其他主題借鏡的課題，指出更深公共政策寓意以及建議可深入研究的特定問題，實際寫作方法，文字要有力，用語要簡潔，使用主動語態，用字精準，拼字和文法準確無誤；根據美國2006年的一項調查，求職履歷表有一字拼錯，就會被47%召募主管丟棄，有兩個錯字更會被84%主管丟棄，可見即使是拼字無誤小節都有大影響。

演講是多數專業工作者的重要技能，或在內部登台報告，或對贊助與合作單位作簡報，或應邀對公眾演講；在事前準備上，關鍵是瞭解聽眾、架構講綱以及實際演練；演講時，要有不同凡響的開場白，並設法以笑話或故事讓聽眾心情放鬆，提升效益，並先以導言說明講題和聽眾的相關性，提出明確的架構，讓聽眾明瞭演說論述的邏輯脈絡、觀點所在，演講正文應該結構分明、推演合乎邏輯，藉助於分析與實證資訊，爭取認同，以肢體動作和語氣變化，加以強調，演講結尾列出精華摘要，可能的話，帶入情緒高潮，演講時間以不超過三十分鐘為度，末了安排問答時間，對於可能的問題類型預做準備。

最後我要談談學生會的問題；「大學法」將學生會定位為學生自治組織，明定「大學應輔導學生成立由全校學生選舉產生之學生會及其他相關自治組織，以增進學生在校學習效果及自治能力。學生為前項學生會當然會員，學生會得向會員收取會費；學校應依學生會請求代收會費」；在清華大學「組織規程」第五十二條亦相應規定「本大學保障並輔導學生成立自治組織，以處理其自身之事務」，「前項學生自治組織，應經由民主程序產生，其中大學部及研

究生得合併或各自成立之，其組織原則經校務會議通過後實施」。但實務上產生問題是一般認知繳納會費並不是學生的義務，學生會或校方也不得因學生未繳交會費而作出懲處，事實上前幾天就有同學寫信給我，認為「學生會費出現在『註冊單』，會讓人以為學生會費好像就是學費的一部分」不妥，同時「學生繳交學生會費，應該是在學生自己認同學生會，且願意自掏腰包奉獻學生會的情況下繳交，而學生會方面，也應該是要對學生有所作為，甚至是一點點的廣告，爭取學生認同」，代表一部分同學意見，據了解，學生會會費繳費單是由學生會另製，而其上有註明「志願繳納」，以後如何減少誤會，是可以討論的。

　　另一方面，學校輔導也容易被解釋成干涉，由於學生為學生會當然會員，如絕大多數學生不繳費、不投票，學生自治組織的代表性自然會遭到質疑，以清華大學來說，2011、2012、2013年研究生聯合會與大學部學生會投票率各為3.02%、1.67%、1.03%與3.93%、12.33%、5.33%，正如本校一位教授在網路上發表的文章指出，「這樣的現象成因可能很複雜（大學的文化生態、學校風氣），但清大自治團體得票率不到2%的代表性問題的確存在（當然沒有要怪當選的人，可能要從制度改善）」；由於本校並無如「總統副總統選舉罷免法」第六十三條「得票數須達選舉人總數百分之二十以上，始為當選」規定「最低得票數」，自治團體幹部的合法性應無問題，但對本身的代表性能抱持合情、合理態度，才不致誤導社會大眾，也才合乎民主自治的原理。這裡我也希望釐清代表性的觀念，譬如，《大學法》與清華大學「組織規程」均明定校長代表學校，校長仍不應對與學校相關事務與教育理念無涉的事務發言，希望學生會幹部對外發言，也能抱持審慎態度。

　　《大學法》與清華大學「組織規程」將學生會定位為學生自治組織，目的是增進學生在校學習效果及自治能力，以處理其自身之事務，可謂良法美意，學校也十分肯定參與同學有意學習與熱心服務，也很感謝學生會辦理新生盃、紫荊季等有意義活動；但長期以來，同學們自發的參與率低，這部分我已請學務處與同學們多溝通，學校願與熱心參與學生自治團體同學共同努力改善。

　　最後祝大家有一個充實的學習經驗。

▲ 時間，愈用愈有價值

2012年諮商中心「人際航海圖」活動致詞

2012年3月27日　星期二

今天很高興參加諮商中心「人際航海圖」活動。我大兒子在唸本校化學系大一時迎新會上，曾發言說他大學時代是不會交女朋友的，這話經他學長轉告我學生傳到我耳裡。當我回家問他時，他大為驚訝，我如何會得知。這次如果我告訴他我知道「海賊王」的來龍去脈，他恐怕又要大吃一驚，尤其他也是動漫迷。

事實上我今天在了解「人際航海圖」活動時，第一次聽到「海賊王」哥爾‧D‧羅傑的名字。從維基百科中，知道他是日本動漫作品《ONE PIECE》裡的故事開端人物。哥爾‧D‧羅傑在畢業前的一句話「我把所有寶物都放在校園裏，大家儘量去找吧！」，非常值得參考。大學就如寶山，進入大學應儘量搜尋寶藏，期待滿載而歸。大家一定知道，位於清華南校區的南門，面對的就是寶山路，象徵清華就是座寶山，各位與寶山特別有緣，千萬要警惕自己，不要入寶山而空返。

本活動的四個單元：夥伴、知識、寶藏、勇氣，正是大家在大學應追尋的。現代大學教育面臨很大的挑戰。在資訊網路科技發達時代，精心製作的開放式教材以致精緻的網路課程漸趨普及，傳統課堂教育的效果及必要性受到挑戰與質疑。一般來說，課堂教育中良師指引與激勵，為學生引為角色典範（role model），是網路教學無法取代的，但前提是教師必須為良師，而大家在學習時要分辨可在網路上輕易查詢到的資訊或是經過內化的知識，學習如何自我學習與終生學習，至為重要。另一方面，大學中同學共同生活、學習、參加活動、玩樂、逐夢等對每個人能力培養、成長以及建立畢業後人脈基礎極為重要，也是網路教學完全無法取代的。因此大學中夥伴關係，與同儕相處體驗的寶貴經驗，可謂維護現存大學教育制度的堅實堡壘，要好好珍惜。

本活動更進一步，要求同學們依照不同的角色說明，找到八個人生重要的夥伴，邀請對方送給自己一段祝福的話，簽下名字後，共同拍下照片留作紀念，這對不習慣的人，需要相當的勇氣，但即使稍嫌勉強，也值得嘗試；相信在友善的氛圍下，對增進雙方情誼，必然大有幫助，另一方面讓大家思索人生際遇，在生活中，碰到那些貴人，他們對自己有些什麼幫助，什麼啟發，帶來甚麼歡樂，知道感恩惜福，別具意義。

　　本活動同時藉由系列演講、團體活動、工作坊，讓參與者探索自我、了解自己、學習溝通技巧，為自己贏得圓滿的人際關係、開啟善的理解，帶來生命中美的感通，豐富而充實。很感謝諮商中心的師長與同學們，精心設計一系列的活動，讓參與同學能追尋夥伴、知識、寶藏、勇氣，並將經驗分享、傳播，祝大家有個開心的「人際航海圖」週。

▲ 希望每個人都甜甜蜜蜜、圓圓滿滿，穩穩圈住你我之間的友誼

▲ 知道感恩惜福，別具意義

2012年期待未來領袖對談引言

2012年10月11日　星期四

　　很高興趁入住清齋「師長房」的機會與清華最新的宿舍導師王丹教授對談：「期待未來領袖」，學校行政主管與教師入住「師長房」以及聘任宿舍導師都是清華最新的舉措，目的其實也就是「期待未來領袖」，希望由師生的分享經驗與看法，為「未來領袖」播種。

　　清華大學於1911年成立，學制屢經更迭，到1925年才正式成立大學部，在1924年教師會通過的清華大學總綱就明白宣示道：

一、清華希望成為造就領袖人才之試驗學校，

二、清華大學教育應特別講究創造力、個人研究及應付中國實際情況的能力，

三、清華高級中等教育的目的，在使將來領袖人才受廣闊的基本訓練；其方法在利用教室內外之實際活動，使學生經驗近世文化之要領。

　　目前來看，雖然用語與含義或有差別，造就領袖人才乃是當年清華的教育目標；如果大家看現今清華大學的教育目標為：秉持「自強不息，厚德載物」校訓，致力培育德、智、體、群、美五育兼優，具備科學與人文素養的清華人；其中並不見培養領袖人才字樣，主要是希望能務實的避免對「領袖人才」一詞之誤解，清華的教育是要使每一個畢業生未來都成為社會的中堅份子，能「己立立人，己達達人」。「領袖人才」現實中是百中難得其一，學校如期待所有學生「希賢作聖」，不「應材施教」，對大多數學子並不適當；「領袖人才」傳統上是指能立德、立功、立言的人才，立德、立言較屬個人修養學識，可引領風氣、開啟民智、移風易俗，收教化之效；立功是在政治、經濟、產業、教育、科技界的「服萬人務」的功業。清華藉由豐富、充實、多元的校園生活，讓有高度企圖心的學子有滋潤的園地，提供成長的機會，未來能成為

「領袖人才」。

如就未來領袖破題，首先要來看我們面臨的是怎樣的未來，今年六月我參加「清華學院」畢業典禮曾說，未來的世界與社會「不平靜、不單純、不容易」。

「不平靜」是因為2008年由美國引發的金融危機，到今時的歐債風暴，曝露出民主政治普遍失能之兆。西方與回教文明衝突，加上世界人口爆炸、資源枯竭，能源短缺、氣候暖化等關係人類生存問題席捲而來，人類在科學驅動下，積聚改變世界能力，是否能抵抗大自然的反撲已成疑問，世界會持續「不平靜」。

「不單純」是由於社會上許多問題有相當複雜的面相，油電資費應該漲嗎？核能發電是必須的嗎？科學園區應繼續開發嗎？都市應更新嗎？變與不變，做與不做，都有兩難之處，問題「不單純」。

「不容易」：台灣產業曾經輝煌，轉型並不順利，同時變遷迅速，政治人物善炒短線，不顧明天；朝野競價之下，政府財政急遽惡化，寅吃卯糧，債留子孫；投資未來的教育與提升人民素質遭遇瓶頸；民眾自由但不容忍，不能理性對話，以低稅負要求財務不能負擔的福利；以整個世界來看，民主政治普遍失能，以大陸為代表的政制似仍未發展成長久經營模式，未來要安身立命「不容易」。

種種問題，嚴重性恐會與日俱增，這些問題，在未來五十年不僅可能一一加劇，而有危險演變為不可逆轉之勢，這些都是大家「成家立業」時必須面對的問題。

如果我們希望的「領袖人才」是指能「服萬人務」的人才，他的特質是：

一、大公無私，有誠信，具使命感與大格局，有寬大胸懷，

二、知識與能力；歌德說「人們所見到的，正是他們所知道的」，否則淪為視而不見，了解事務真象，具同理心，有能力方能落實好的想法，

三、見識與智慧，能通古今之變，而能把握時機，作正確判斷，

四、表達能力強，長於溝通，知人善用，用人才德兼備，有清晰願景，不聽民調決策。

以上是「期待中未來領袖」的必要條件，但不一定是充分條件，理想的「未來領袖」將會很難得，也許不一定存在，但可作為我們的參考，成為努力方向，個人雖不能致，也可作為評價選擇的標準，是所希望就教於王教授與各位的。

2013年國際志工培訓營致詞

2013年2月23日　星期六

很歡迎大家來參加國際志工培訓營。國際志工是到國外做志工；前一陣子，看到一篇批評國際志工活動的文章，認為做好事不必到國外，是把重點放在做好事，而對境外經驗與國際交流的教育意義不了解；有人說：「人生是一本大書，如果你沒有接觸不同世界，就只翻到第一頁」；有國外經驗，可以接觸不同風土人情，增廣見聞，拓展識野，豐富人生，是很值得鼓勵的；另一方面，志工是志願工作者，獻身於對社會人類有益的工作，大家年紀青青，志願到國外較偏遠艱困地區，幫忙當地人，改善其教育或衛生情況，更是值得嘉許。

在學校輔導下，清大學生們從2007年成立國際志工團，實際走入海外偏鄉服務，從最初2支團隊發展到先後已有6支團隊成行，參與的志工人數累超過350個人次，清大陸續出版《種籽》、《萌芽》與《扎根》三本專書，記錄這些動人的故事，也傳承清大人無國界的服務精神；同學們體會服務過程最大的收穫莫過於過程中的感動，以及學習到的謙卑與關懷。成果集的圖文記錄，除了希望傳遞給關心的人外，更期待能對當前社會樹立正確的價值觀，也讓新的一代珍視自己的環境及文化。

國際志工培訓營的目的是希望培訓大家擔任志工的能力，由於大家是到國外幫助別人，對異地應有相當的了解，同時以適當方式達到效果；我們做事，通常要考慮兩個原則：一是activity（活動）不等於achievement（成就），也就是有活動不見得會有成就，選擇活動內容就很重要；另一方面efficiency（效率）不等於effectiveness（效果），也就是有效率不見得會有效果，事情也許做得很俐落，但效果不佳，擔任國際志工自然要考慮這兩項基本原則，即首要看可能的成就與效果。

在大家滿懷熱情，踏上國際志工征途之際，也希望能就人生準備觀點，多做思考；學校教育的目的，不僅在學習謀生的技能，而更在培養正確的價值觀，以及交到好朋友，同時也得在團隊合作中，認知「推己及人」的重要性。發願擔任國際志工的同學，在不算短的時段裡，一起到海外做善事，正是結交志同道合的良友很好的機會，孔子說「友直、友諒、友多聞」，終身受用無窮；有人說，人生有三、五知己，就像中了人生大樂透，是很有道理的。

擔任國際志工，如能善用時間體驗生命、把握學習機會，對未來會有很好的指引作用；一方面學習面對陌生環境，發掘與解決問題，另外也要趁此機會把握學習，培養思辨能力；譬如說，國際志工到國外幫助需要的人，是很高尚的情操。而「助人為快樂之本」，是大家常聽到，並親身體驗到助人的快樂，但被公認為近代西方最偉大的哲學家康德卻不作如是觀；他認為人是理性動物，助人為應做之事，而如以「快樂之本」為出發點，是不足取的；如果以此邏輯，憤世嫉俗，不會以助人為樂的人助人才真可貴；這個長久以來哲學思辨問題，與人生意義與價值有很密切的關係，也希望同學們有開放心胸，在無課業占去大多時間的擔任國際志工時期，多所思索而培養思辨能力。

去年年底最後一天，本校「清華出版社」獲邀在「2012台北書展」發表羅聿同學《在世界盡頭遇見台灣》新書；羅聿是本校分子生物所研究生，兩年前就讀數學系四年級時，於瑞典當交換學生的期間，以一部二手菜籃腳踏車為工具，展開五十天、超過兩千四百公里的瑞典老華僑拜訪之旅。回臺後，羅聿將所見所聞，把老華僑「離鄉、思鄉、落地生根」的故事，撰寫成《在世界盡頭遇見台灣》專書，由清華出版社出版；羅聿當年也是本校非洲國際志工團的一員，並曾與朋友以單車挑戰青藏高原，換取「千金難買」的經驗，不僅坐而言，並起而行，完成了許多成年人都不能做到的壯舉，精彩人生可期，是大家很好的榜樣。

最後我要提醒大家，健康是我們的財富與本錢，要為別人服務，更需要健康的身體作後盾；希望大家在遠行之前，加倍注重健康。屆時才能「快快樂樂成行，平平安安歸來」。

▲ 有活動不見得會有成就，有效率不見得會有效果

▲ 友直、友諒、友多聞

2013年諮商中心「勇闖第二人生」活動致詞

2013年3月26日　星期二

今天很高興參加諮商中心「勇闖第二人生」（my way, my adventure）活動。去年我參加諮商中心「人際航海圖」活動，第一次聽到「海賊王」哥爾・D・羅傑（Gol.D Rogers）的名字；我在去年新生入學時曾略改動他所講的一句話「我把所有寶物都放在大海裡，大家儘量去找吧！」，為「我把所有寶物都放在校園裡，大家儘量去找吧！」加以引用，舉出在本校校園各處的寶藏，等大家搜尋，頗引起媒體注目。今年「勇闖第二人生」活動，又能給我們什麼啟發呢？

每個人都在生活，都要過一生，為什麼要「勇闖第二人生」？我想至少可從兩方面來看；一方面是希望生活面更寬廣，勇於作不同的嘗試，而有更多的機會體驗美好人生；另一方面，是自「為人而活」轉為「為己而活」；上星期五本校「通識講堂」邀請人文學者王邦雄教授主講「儒道對話」；中國人思想深受儒、道兩家影響，道家精義是「道法自然」，自然一般了解為自然界的現象，而王教授認為自然是「自然而然」、「自以為然」，然是好的、對的意思，以自己的方式過生活，是好的、對的，而不必太在意他人的期待，這與本活動的英文副題「my way」是相契合的；「My way」是我在美國唸書時最喜歡的英文歌之一，是由美國著名歌手法蘭克・辛納屈（Frank Sinatra）唱紅的，他主唱的單曲自2008年上傳到You Tube以來，點聽次數已超過一千八百萬次，足見好歌配合王牌歌手的威力；這首歌不僅旋律非常美，歌詞尤其感人，大意是「在人生的旅程中，我走自己的路（I've lived a life that's full; I traveled each and ev'ry highway; And more, much more than this, I did it my way）；我有些許遺憾，但不足掛齒（Regrets, I've had a few; But then again, too few to mention），我盡力做了我該做的（I did what I had to do and saw it through without exemption），我用心策劃旅程，考慮各個步驟（I planned each charted course, each careful step along the byway），有時會有難以吞嚥的遭遇，我曾經愛過、笑過、哭過，我有時會感到很無奈，有時遭遇失敗，但當淚痕漸退，我反覺得是喜劇一場（I've had my fill, my share of losing; And now, as tears subside, I find it all so amusing），而我經歷過而安然渡過，讓我覺得自豪；一個人如果不擁有他自己，就一無所有，應說出他真心感受的話，而不是卑躬屈膝的言詞（For what is a man, what has he got? If not himself, then he has naught），在我的人生記錄上顯示我情願接受打擊，也要堅持以我自己的方式做人（The record shows I took the blows and did it my way!），我勇敢面對，昂然豎立，以我自己的方式生活（I faced it all and I stood tall and did it my way）」。歌中重複說「But more, much more than this, I did it my way」（更多的是，遠不只於此的是，我是以自己的方式做的），最為動人。我們要「為自己而活」的人生，而不是「為他人而活」的人生，是為「第二人生」。

再回過來看，世界之大，人文以及自然風景之美，值得大家走出心靈與物理的侷限，盡情闖蕩，有時會歷險（adventure），但不須畏懼，勇敢嘗試，會有不同體驗，豐富人生。當然更可取的是在闖蕩人生之際，寬心放鬆，「道法自然」；不論那一種「第二人生」都是很正面而值得我們追求的。

最後我要感謝諮商中心深具使命感與愛心的孫主任、師長與同學們，精心設計了「勇闖第二人生」活動，協助清華園部分師生同仁拓展一條步向充實有意義人生大道；祝大家有個愉快的夜晚。

▲ 諮商中心同仁協助清師生同仁拓展充實有意義人生

▲ 勇闖「為自己而活」的「第二人生」

2013年清大鐘塔跨年活動致詞

2013年12月31日　星期二

　　很高興來參加學生會舉辦的2013年清大鐘塔跨年活動，還有4個小時，2014年即將翩然來臨，相信大家回顧2013年，都依依不捨但也倍感充實；英文有句話叫You ain't seen nothing yet。也就是「精彩的還在後頭」，清華的教育目標是希望透過健全的教育讓學生能活出精彩人生。也在此祝大家在2014年有可圈可點的生活與學習經驗。

　　在不到兩週前，也就是在12月19日，本校曾舉行「清華名人堂」開幕典禮。「清華名人堂」的設立是希望突顯清華立校以來，為清華、社會、國家、世界「立德、立功、立言」的清華人，也就是有精彩人生的清華人；一方面感謝他們的重大貢獻，永誌紀念，「尋清華源流，留世間絕響」，一方面也由彰顯清華人的事蹟，在人格、事業、著作方面有永遠存在的價值。激勵莘莘學子，引為典範，「觀賢人之光耀，聞一言以自壯」。同時也希望能讓參訪賓客與民眾了解清華大學能推出如此鑽石級「名人堂」的特色。

　　清華歷來大師雲集，校友人才輩出，不僅璀璨杏壇，更深刻影響社會思潮、嘉益人群；第一批「名人」，包括大門口梅校長與國學院四大導師（梁啟超、王國維、陳寅恪、趙元任）浮雕以及胡適、楊振寧、李遠哲三先生半身銅雕，門前「清華名人堂」五個大字則由胡適先生墨寶集字而成；規劃中「名人」還包括其他有功清華「名人」、新竹清華傑出校友、名譽博士、歷任校長、講座教授等。特別榮幸與高興的是楊振寧與李遠哲校友以及兩位前校長能親自來參加揭幕儀式。

　　大家可能注意到在這八位名人中，有五位是人文學科學者，包括四大導師與胡適先生，重視人文學科與科學是清華的優良傳統，但近世學術有逐漸分化的趨勢，英國劍橋大學的學者史諾（C.P. Snow）在1959年發表了一篇〈兩種

文化及科學革命〉文章，主旨是學術文化由專業化驅使，已經分裂為「人文」與「科學」兩種文化，成為解決世界問題的障礙，不能對「過去」作正確的解釋，不能對「現在」作合理的判斷，不能對「未來」有所展望，他呼籲學術文化世界要尋求消弭兩種文化之隔離與脫節現象；不幸的是，半世紀後的今天，兩種文化問題仍然存在，甚至也存在於清華的校園，而大社會學家柏深思（T. Parson）更提出至少另有一種「社會科學文化」，亦即是「三種文化」。事實上，在現代社會，最需要同時具備人文、科學與社會科學素養的公民，才能協助面對並解決世界複雜問題與挑戰，希望清華的師生能努力克服障礙，在完整的教育氛圍下，尋求不同學術文化的融合，擁有一共同的整體文化觀。

　　剛才在走向人社院大門時，特意再尋找並一睹大門前坡道石欄杆上的刻句：「我們是什麼？我們可以是什麼？」這發人深省兩問，應是哲學家期許大家對人生有所思索，惕厲自己，奮發向上，發揮潛力；猶太聖經《塔木德》中有三問，「不是我，是誰？」認為對該做的事，要勇於承擔，「不是現在，是什麼時候？」行動要把握時機，劍及履及，「不幫助人，我活著有甚麼意義？」人生苦短，有意願有能力幫助人，才有意義，是很值得大家反覆思索的金句。也希望大家在嶄新的一年多所體會，開拓美麗精彩的人生。

八、運動賽事

收錄清華大學全校運動會、梅竹競賽、台大清華友誼賽等運動賽事致詞，體現清華重視體育運動的傳統，並標舉清華向來堅持德、智、體、群、美五育均衡發展的教育理念。

2011年百歲清華運動會致詞

2011年11月16日　星期三

「百歲清華風雲，躍動百年榮耀」，各位剛才入場時，一定都注意到運動場後方醒目的大型標語，強調「百歲清華，百年榮耀」，清華大學每年都舉辦運動會，但今年是百歲清華運動會，別具歷史意義。

清華校訓「自強不息，厚德載物」，源自易經乾坤二卦卦辭「天行健，君子以自強不息；地勢坤，君子以厚德載物」，而在清華校歌裏，三次重複「行健不息須自強」句，是世界名校中，極少數在校訓、校歌中強調強身健體的學校。清華大學一百年前在北京建校，在大陸時期，各領域中大師鴻儒無數，但在校友心目中，有兩個人名氣最大，一位自然是兩岸清華永久共同校長，梅貽琦校長，另外一位則是長期任體育部主任的馬約翰教授。馬教授是清華大學最負盛名的體育精神人物，工作了整整52年，將體育運動的精神帶給了清華。他按照規定每天下午從教室中將悶頭讀書的同學趕出來鍛鍊身體，從而形成了清華的「強迫運動」、「五項測驗」、「體育不及格不准畢業」等傳統，至今每年一度的北京清華大學校運動會即以馬約翰命名。

在新竹清華，同樣有重視體育運動的傳統。第一任體育組主任是1934年曾以清華學生身分參加全國運動會，獲男子十項全能和鐵餅冠軍的張齡佳教授，他對校內體育措施建立與優良傳統貢獻至鉅，至今為畢業校友津津樂道。多年來，運動會與梅竹賽均為年度盛事。今年清華大學歡度百歲，由校友捐贈的多功能體育館已在體育場左後方動工興建，預計下一學年度開學前後即可落成啟用，屆時將可大幅度充實本校體育設施，前景可期。英國哲學家培根有言：「健康的身體是靈魂的客廳，病弱的身體是靈魂的監獄」，清華人要有健康的身體，才能「己立立人，己達達人」。

有一句廣告詞說：「用心的人是最美的」，剛才大家入場時，我不禁想起

這句廣告詞。有些系所準備充分，先聲奪人，讓人眼睛一亮，有些隊伍力求表現，可圈可點，令人驚豔，有些則虛應故事，以資質相近的同學而言，團隊表現差異之大，是很驚人的。這反應出不同系所任事態度，用心的同學獲得有創意、很認真、很團結、有組織力的高度評價。有句話說，「態度決定高度」，這是很好的例子。許多人資部門專家強調，在求職面談時，往往在一分鐘內即可決定是否錄取應徵者，希望同學們能體會到「第一印象」的重要，「不放棄表現的機會」，「機會是留給準備好的人」。今天運動場兩側與後方都被青蔥的樹木環繞，我們常說：「十年樹木，百年樹人」，英文裏有句話說The best time to plant a tree was 10 years ago, and the 2nd best is now! 也就是種樹最好的時間是十年以前，但如果沒有做的話，此時現刻仍不失為次佳時間，做好事永遠不嫌晚，盼望同學們「青春不留白，自強要及時」，「高下立判，要爭取在高的一方」。

最後祝今天參加比賽的師生同仁，創造更快、更高、更遠佳績，強身健體之外，抱得錦標歸。

▲ 百歲清華風雲，躍動百年榮耀　▲ 高下立判，要爭取在高的一方

▲ 清華有重視體育運動的傳統　▲ 青春不留白，自強要及時

2012年全校運動會致詞

2012年11月21日　星期三

很高興來參加101年全校運動會，如果我們問每年的運動會與他年的運動會有什麼不同，很明顯的是至少參加的大一同學不同；但今年的運動會很特別的是：清華建校一百年來第一次由校友捐贈全部經費興建的「校友體育館」已於上週四啟用；「校友體育館」正座落於大家現在位置的左後方，剛才各位繞場一周時一定也看到這全新而美奐美侖的體育館以及上面「校友體育館」五個大字。

現在使用的體育館，以後要叫舊體育館於1993年完工；當年在校生不到六千人，近年來，學生人數倍增，體育館舍設施嚴重不足；去年適逢清大百周年校慶，學校規劃成立「清大百人會」，希望能結合校友的力量，以每位「百人會」會員校友捐贈一百萬元的方式，共同募集建造新體育館，獲得校友熱烈響應，募集總經費一億七千兩百萬元，同時為感念校友們對母校的愛護與支持，經學校正式程序，命名為「校友體育館」；新體育館包括八面羽球場／兩面排球場以及供韻律操以及啦啦隊挑高活動場地，原羽球館將改為桌球館，現桌球運動場地將移用為較目前規模大三倍的健身房，使學校體育館舍設施整備度大為增加，戰力大為增強。

緊鄰運動場右側是兩岸清華永久校長梅貽琦校長安息的梅園，很多人都知道梅校長自美學成返國後，雖一直在清華任教，擔任過與清華一體的三所一流大學的校長；可能比較不知道的是他1916年曾任清華教職員籃球隊隊長，另外他擔任的第一個校長職務是1928年他代理校長期間曾任「清華暑期體育學校」校長，當時清華在國內大學體育最具優勢，思以貢獻於國人，利用暑期舉辦「清華暑期體育學校」，以後續辦共三期，培養全國男女學員三百人，對當時中國體育教育的提倡與推動有很大的貢獻；因此對體育的重視，是清華的傳

統；梅校長在〈清華大學與通才教育〉一文中，闡述體育的重要。很多校友在其回憶文章中常會詳述清華大學對體育特別注重的情狀；新竹清華五十六年前在梅貽琦校長領導下，繼承北京清華「體育大校」傳統，強調學子要有健全體魄，才能擔負艱鉅工作；他所聘任的第一任體育組主任是1934年曾以清華學生身分參加全國運動會，獲男子十項全能和鐵餅冠軍的張齡佳教授，他對校內體育措施建立與優良傳統貢獻至鉅，至今為畢業校友津津樂道，多年來校園體育風氣蓬勃發展；今年教育部頒發的101年度大專組體育績優學校獎座。教育部每年度由全國165所大專校院中，評選兩所學校獲獎。本校能脫穎而出，除了學校慣有的靈活策略成功推行體育政策，而教師、職員、學生們向來重視體育發展，對於各項體育活動都能團結合作共同達成也是重要的因素。獲獎不僅是肯定學校體育的發展，更是肯定清華向來堅持德、智、體、群、美五育均衡發展的教育理念。另一方面，今年的梅竹賽雖然未能賽完，但在正式宣布停賽之前，清華已在桌球、羽球、棒球賽節節勝利，尤其羽球已連續十一年飲恨，棒球也連續七年沒有贏，但在將士用命、士氣如虹下，均奪得錦標歸，另外桌球是長勝軍；最近了解在清華校史上，第一次與交大前身南洋公學比賽是足球賽，結果清華以3：1勝，先聲奪人，希望清華梅竹健兒能以學長姐為師，明年梅竹賽一定奪得錦標歸。

最後祝今天運動會成功，大家有個歡樂而屢破記錄的盛會。

▶ 梅校長曾任「清華暑期體育學校」校長

①將士用命、士氣如虹
②學校體育館舍設施整
　備度大為增加，戰力
　大為增強
③表演人員精心裝扮演
　出，值得獎賞

2013年全校運動會開幕致詞

2013年11月20日　星期三

今天我是抱著歡欣鼓舞的心情來參加全校運動會；今年是清華體育活動大放異彩年，從年初開始，捷報頻傳；首先是年初本校以九比五拿下首屆「台大清華友誼賽」總錦標後，又在大專運動會上以十六金、三銀、九銅（田徑5金2銀1銅、游泳5金1銀3銅、桌球4金3銅、網球2金1銅、體操1銅），勇奪一般組（無體育系所院校）冠軍，戰果輝煌，再加上在大專聯賽一般組得到冠軍的棒球與足球隊，創新竹清華校史上最佳戰績，成為名副其實的體育大校，這些輝煌戰果都有賴教師、教練與同學的勤練苦練，發揮校訓「自強不息」精神，運用智慧、將士用命，可謂「實至名歸」，可喜可賀。

各位剛才入場時，一定都注意到運動場後方醒目的大型標語，「百歲清華風雲，躍動百年榮耀」，第一、二次參加全校運動會的同學也許不知道，這是兩年前清華慶祝百周年時「百歲清華運動會」，推出的標語，強調「百歲清華，百年榮耀」，在中文裡，「百歲清華」用上十年應沒有問題，體育室將其保存至今，作最佳的運用，是智慧的呈現，值得大家鼓勵。

上星期四，也就是六天前，本校頒予張懋中校友名譽博士學位典禮；張懋中院士是新竹清華第十三位榮膺中央研究院院士校友，但在十三位院士校友中，以前僅有獲得諾貝爾獎的李遠哲院士獲頒名譽博士，因此頒贈張院士名譽博士學位具特別意義，主要是彰顯張院士是本土「一條鞭」培育，而在美國學術界與產業界大放異彩的人才，是極少數獲得台灣本土博士學位得在美國著名大學任教，並擔任講座以及規模龐大學系主管的傑出學者。張院士在致詞時也提到「世界大學排名」評比，較廣為大家接受的指標是legacy，翻成中文有傳承之意，也就是大學培育的博士是否能到其他名校任教，這讓我想到幾位可能人選，其中很突出的一位是當年清華運動健將；近年來許多研究，很具體的顯

示，並且是腦神經學界的普遍共識，運動有助於大腦開發，運動改造大腦，促成IQ和EQ大進步，運動會使人心情愉快，且增進學習效果。

在學術表現上，清華居於執牛耳的地位，教師及學生兢兢業業從事研究，多有斬獲，得獎無數爭光不少。而清華自創校之始，校園運動風氣鼎盛，已成優異特色，代表隊成績更是蒸蒸日上，清華人「文武雙全」，人才輩出；或許反過來說，正因為清華人皆愛運動，才能在各方面表現愈益傑出。重視體育傳統的清華，受惠於運動的效益著實不小。

在運動場上，大家自然全力求勝，但要以健康的心態，運動家的精神，「勝者不驕，敗者不餒」，而在人生道路上，求取成功，也有不二法門，重要的是心態；有一則企業所登廣告說，「我們不教員工有禮貌」，當然讓人覺得很奇怪，但下一句「我們雇用有禮貌的人」卻道出其中深義，在社會分工中，學校負責教育，甚至改變人的思維與行為，企業要用好的人才需要去發掘，而不是去改變，找積極主動的人，而非去激勵他們，所以希望大家在學校能把握學習的機會，養成良好習慣，增強知識能力；有道是「學歷是銅牌，能力是銀牌，態度是金牌，思維是王牌」，學歷可用於一時，長久的考驗在能力，與人為善，廣建人脈，是更上層樓的關鍵，持續創新思維才是永續經營的王道，願與大家共勉之。

▲ 百歲清華，百年榮耀

▲ 清華人「文武雙全」，人才輩出

2012年梅竹賽開幕典禮致詞

2012年3月2日　星期五

今天很高興再度參加梅竹賽的開幕典禮。梅竹賽今年已進入第四十四屆，是清交兩校長期共存共榮發展中最受人注目的活動。有「沒有經過梅竹賽的洗禮，就白上了清華交大」的名聲，是清交兩校共同的資產，值得倍加珍惜。

大家知道梅竹賽是因紀念清華的梅貽琦校長與交大的凌竹銘校長而命名。紀念清華梅貽琦校長的梅園，正位於體育場左側。今年適逢梅校長逝世五十周年。在前幾天的連假中，我將清華出版的《梅貽琦校長1956－1960日記》逐字研讀，發現其中有許多地方提到交大電子研究所的設立經過。1956年清華在新竹復校，倡議交大在台灣復校的交大美國校友會會長趙曾玨先生多次與梅校長討論復校事宜，梅校長除竭力助成交大電子研究所的設立，並在交大電子研究所在1958年成立半年前即達成師資、設備合作共識，可見清交合作其來有自，清交在新竹的設立發展，後來引來工研院，科學園區，是台灣高等教育與高科技產業發展光輝的歷史。清華與交大都因有彼此而更好。

莎士比亞把人生舞台分為七個階段，先是嬰兒、學童，再是勇於嘗試的青春年少（lover）、血氣方剛的鬥士（fighter）、閱歷豐富的智者與裁判（justice）。今天在運動場中的同學是青春年少與鬥士，在台上的堪稱智者與裁判。梅竹賽是青春饗宴，智者與裁判在分享之餘，或也該提供一些可資嚴肅討論的意見。

梅竹賽跟所有的競賽活動一樣，希望能做到fair and square，也就是公平與公正。梅竹賽的發展，很遺憾的漸失公平，我們只要問為什麼有些項目停賽或根本無法開賽？為什麼許多項目只有男生賽而沒有女生賽？為什麼有些項目算一點，有些算半點？為什麼有些項目是正式賽，有些是表演賽？我想很多人有各種答案，但我認為是在過往某個時間點，少數人為求勝而想出的機鋒累積下來的問題而連累。去年梅竹賽閉幕時，我曾提出商討三年以後的辦法，也當場

呼應吳校長提出的男女賽應同時進行。很可惜的是將近一年沒有具體進展。今天我更具體建議，三年以內採取大專杯或大專聯賽的規則。今天蒞臨的許市長是自由車國手，這樣在不為那個學校量身定做的規則下，我們以後也可能看到男女自由車賽事。希望兩校師生能發揮智慧，澈底尋求改善，而不致讓盛大而深具特色的青春饗宴逐步式微。

　　至於公正，在大家已同意的規則下，盡力發揮，不論輸贏，都要光明正大。如此才贏的不心虛而坦然，輸的不致於連格調也輸掉，如此方符合一流名校的風範。梅竹賽應是公平的競賽，友善的聯誼，趣味的融合，充滿歡樂的氣氛，讓青春不留白，未來回味無窮。最後祝今年梅竹賽圓滿成功，有更光明的未來，正如司儀說「壬辰梅竹，清交雙贏」。

▲ 沒有經過梅竹賽的洗禮，就白上了清華交大

▲ 梅竹賽是青春饗宴

▲ 不論輸贏，都要光明正大

▲ 壬辰梅竹，清交雙贏

2012年梅竹賽閉幕典禮致詞

2012年3月4日　星期日

　　今天我們是以相當沉重的心情在此參加壬辰梅竹賽閉幕典禮。由於對選手資格及比賽辦法的認定，導致許多項目停賽，總錦標也取消，是非常遺憾的事。選手資格及比賽辦法的認定，是壬辰梅竹賽籌備啟動初期就該解決的事，但因為以往也多有臨近比賽才從各自解讀到拍板定案，籌委與諮委們與所有師生一樣，期待梅竹賽能順利進行，認為「船到橋頭自然直」，「奇蹟或會發生」，不幸本屆雙方無法達成協議導致憾事發生。

　　今年梅竹賽的憾事所以會發生，很明顯的是諮議委員會結構性的問題。梅竹賽定位為學生主辦，由學校輔導，方向雖正確，但積年累積下來的問題要由一屆諮議委員會兩校學生委員來承擔是太過沉重。梅竹賽舉辦多年，比賽辦法一再更改，雙方各有委屈，一旦決定堅持立場，停賽或棄賽憾事就會發生，因此現在是澈底改善的時機。我在開幕典禮中就具體建議，三年以內採取大專杯或大專聯賽的規則，大專杯或大專聯賽的規則行之有年，適用於各級學校的辦法應可避免爭議性，而做到真正的公平公正。梅竹賽應是公平的競賽，友善的聯誼，趣味的融合，充滿歡樂的氣氛，讓青春不留白，未來回味無窮。希望兩校師生能發揮智慧，化憾事為轉機，而不致讓盛大而深具特色的青春饗宴逐步式微。

　　美國詩人、普立茲獎得主羅伯福洛斯特（Robert Frost）曾說：Life itself, road taken and road not taken make all the difference.也就是說有沒有體驗過，有極大的差異。在清華與交大間進行有年的梅竹賽對清交同學來說，正有這樣的意義。今年梅竹賽雖然未竟全功，但羽球、棒球、男籃賽以及男排賽一定仍給身歷其境或看現場轉播的所有清交人終生難忘的經驗。對準備經年但無法出賽的同學們學校要鄭重的向你們道歉。你們的努力與付出，全校師生都看得到，

今後學校也會如大家已正式出賽一樣加以慰勞與鼓勵，也希望大家能體會「功不唐捐」的含義，你們的努力不致白費，重要的是要能從失望中蓄積再出發的動力。

正如我在開幕典禮所說，清交兩校有深厚的友誼，因為有彼此而更美好。清交兩校師生許多有親人與好友在鄰校，都同樣愛護學校並希望有光輝歷史的梅竹賽長長久久。最近我收到不少清交兩校同學的電子郵件，訴說對壬辰梅竹賽的看法。在小說、戲劇或電影中，常有反派角色陪襯，以增加故事張力。此次梅竹賽，大家絕不能以正派反派二分法，認為憾事完全由他方而起。開幕典禮那天，也就是前天，梅竹賽媒體小組到我辦公室錄影，要校長們在賽前說一些勉勵的話，並且告訴我中午就會在網站上播出，讓我想到一句名言「光陰、機會、說出去的話、是追不回來的」。在資通訊發達時代，我更要提醒「送出去的電子郵件、上臉書、Youtube是追不回來的」，尤其是情緒性的言語，可能造成難以修補的裂痕，大家尤應審慎。

最後我要向壬辰梅竹賽的籌委、諮委、所有的工作人員、啦啦隊、火力班、表演同學以及協助的老師同仁致謝。雖然成果不美滿，但大家已盡心盡力。同時我也要向出賽隊伍的教練與同學道賀，不論輸贏，你們都展現了運動員精神，竭力為校爭光，奮戰不懈，而不失風度。壬辰梅竹賽雖然未劃成圓滿句點，深盼已為未來梅竹賽創造成功的基礎。

▲ 梅竹賽是清交最珍貴的資產之一，期盼癸巳梅竹能有新氣象

▲ 光陰、機會、說出去的話、是追不回來的

2013年台大清華友誼賽開幕典禮致詞

2013年3月2日　星期六

　　首先歡迎台灣大學趙永茂副校長率領壯盛的代表隊到新竹來參加「台大清華友誼賽」，有人說：「偶然創造歷史」，「梅竹賽」是每年初春時節清華與交通大學兩校共同的盛事。但有時會有爭議而暫停，不幸今年就是暫停年；往年曾由於出賽雙方各有堅持在最後一刻而破局，但本屆在去年十二月即宣布停賽，因此較有時間「亡羊補牢」，幸而得以在原定「梅竹賽」期間舉辦「清華台大友誼賽」，是一個燦爛的開始；有同學說今年的大賽還是可以叫「沒竹賽」，只是把梅花的梅改成沒有的沒。

　　常言道：「遠親不如近鄰」，這次我們多虧台大「遠親」義助，才使得清華苦練經年的代表隊有在校園中大顯身手的機會，所以也不全是偶然；各位可能不曉得，台大確實是清華的「遠親」；新竹清華於1956年由在北京清華擔任校長十八年的梅貽琦校長自美來台建校，有一年多是借台大校舍上課，師資也多由台大物理系戴運軌教授、化學系潘貫教授等支援，而時任台大校長的錢思亮先生，是1931年獲清華大學化學系畢業校友；根據梅校長日記，清華在台北前後兩個辦事處，包括目前在金華街的辦事處，都由錢校長陪同選定；錢校長在台大擔任校長超過二十年（1951年3月－1970年5月6日），繼任的閻振興校長，又是清華大學1934年土木系畢業校友，在台大擔任校長超過十一年（1970年06月－1981年08月），所以台大從1951年至今，有一半時間由清華校友擔任校長，同時閻校長在擔任台大校長前是清華校長；另一方面，清華從梅校長開始，前二十五年五任校長，都是北京清華校友，但從1981年歷經毛高文、劉兆玄、沈君山校長與本人，算起來也有十九年，過半的時間是由台大校友擔任校長，所以兩校關係綿密，是名副其實的親戚，以後走動應更密切些。

　　今年十二月，清大將主辦「東亞研究型大學協會」校長會議，「東亞研

究型大學協會」是由東亞最好的十七所大學組成，台灣只有台大與清華是會員；在各項世界大學學術評比上，一般都是台大居台灣第一，而清華第二，但以人均計，清華常居第一，並且兩校都是體育大校；如果比清華規模大三倍的台大得勝而歸，是很自然的事，如果是清華先馳得點，以清華在人均指標上領先，也不會是意外，因此可以平常心看待結果；在運動場上大家是公平競爭，compete而非conquer（征服），場上全力以赴，但要勝之以方，相信兩校同學都有充分認識與準備；而最希望的是，由這次友誼賽開始，協助兩校建立更深厚的友誼，共同享受這次難得的青春饗宴。

　　清華這次很感謝台大的盛情，「來而不往，非禮也」，明年如果台大有意與清華像這次友誼賽一樣，練練拳腳，鍛鍊鍛鍊頭腦，清華一定「投桃報李」；另外我要邀請大家，在這兩天找機會逛逛清華美麗校園；清華與台大一樣漂亮，但比台大更為遼闊，以美景出名，有湖光山色，在體育館前及校園各處可見盛開美麗的櫻花，另外梅園位於體育館左前方，雖然梅花花期已過，但通往梅校長墓碑的道路兩旁，與龍柏相間的杜鵑花正爭妍鬥豔，可比美台大椰林大道旁的杜鵑花，再加上校園處處正逢花期的火炬刺桐、粉撲花、豔紫荊、羊蹄甲、仙丹與扶桑花，各類淺紅、深紅、淡紅、粉紅、豔紅、桃紅花朵點綴了校園，襯托無邊綠意，美不勝收，希望大家帶著友誼與美麗的經驗賦歸。

▲ 偶然創造歷史

▲ 台大確實是清華的「遠親」

2013年台大清華友誼賽閉幕典禮致詞

2013年3月3日　星期日

　　首先再次感謝台灣大學壯盛的代表隊開到新竹來參加「台大清華友誼賽」，這次友誼賽雖然辦得比較倉促，但比賽項目高達十四項，兩校同學將士用命，有高水準的表現，實在可喜可賀。

　　「台大清華友誼賽」是歷史的首次，常言道：「不打不相識」，兩校同學體力與智力競賽中，經過一番龍爭虎鬥，拿捏一下對方斤兩，必有惺惺相惜之感；俗話說：「有一必有二」，好的開始是未來交流的基礎，來年必會有緣來相會。正如我在開幕時所說：「清華這次很感謝台大的盛情，明年如果台大有意與清華像這次友誼賽一樣，練練拳腳，鍛鍊鍛鍊頭腦，清華一定『投桃報李』」，「投桃報李」出自《詩經・大雅・抑篇》：「投我以桃，報之以李」，是理所當然的意思，所以最快我們可以「相約在明年」。

　　台大與清華是台灣的龍頭學校，根據去年十月的一份統計資料，於2006－2010五年間，在全球最大的論文資料庫Scopus所載論文中，清華所出的論文與台大合作者占了很高的比率；前天我很高興知道「清華國學院」四大導師之一的陳寅恪先生的三位女兒將於下週到清華訪問，就是由台大圖書館林副館長安排的，其他諸如此類的綿密互動，不勝枚舉，此次兩校相當廣泛的體力與智力競賽，將對兩校未來的交流，產生催化的作用，我在開幕時與台大攀關係說我們是「遠親」，有相當的根據，當然遠近親疏有別，我們要好好思考如何成為「近親」，這次台大校長遴選，貴校羅清華副校長是候選人之一，也許是一個方向。

　　走親戚應走的勤快些，才會「親上加親」，這裡我要提出兩項邀請，一是四月份清華有「奕園」開幕活動；建設「奕園」為沈君山前校長的心願，結合圍棋主題與融合於環境的公共藝術方式進行，採公共藝術邀請比件方式，並由

楊尊智老師率領團隊脫穎而出;「奕園」設計與建設在林海峰國手協助下,蒐集到包括吳清源、林海峰、日本木古實、韓國曹薰鉉、中國大陸聶衛平以及陳祖德大師墨寶及珍貴棋局,讓「奕園」深具潛力成為未來的世界圍棋勝地;開幕時至少林海峰國手會親自來參加,並有意安排世界級高手對奕,必將為圍棋界盛事;很歡迎大家屆時共襄盛舉。

另一活動是四月二十八日清華校慶時,已邀請到中國現代體育事業的開拓者、體壇宗師、曾在清華大學執教五十二年的馬約翰教授的孫子馬迅教授參與;清華由馬約翰教授提倡,梅貽琦校長強力支持,開展體育普及運動,由而成為體育大校,使很多校友終生受益;馬迅教授是知名的韻律操專家,屆時也希望有興趣的台大師生們一起觀摩交流。

在開幕時曾提到這次「台大清華友誼賽」是「偶然創造歷史」,同時今早的羽球賽是「清華校友體育館」兩星期前開館以來,第一次校際比賽,也是在創造歷史,喜事成雙,是好的開始。讓我們一起為兩校健兒、表演同學與工作同學鼓掌,也感謝老師與教練的辛勤付出,讓歷史上首屆「台大清華友誼賽」圓滿成功,最後祝台大清華兩校百尺竿頭,更進一步。

▲ 走親戚應走的勤快些,才會「親上加親」　▲ 喜事成雙,是好的開始

2013年台大清華友誼賽慶功宴致詞

2013年3月29日　星期五

今天是抱著歡欣的心情來參加慶功宴；我當校長以後，經歷了四次兩校間的體育賽事；2010年「梅竹賽」時，清華雖將士用命，感覺上是略遜一籌；2011年「梅竹賽」時，兩校是勢均力敵，可惜女排在最後一刻逆轉，以致飲恨；去年本校士氣如虹，一路過關斬將，勝券在握，很遺憾的是以破局告終，有實質勝利而未奪得錦標歸；本年雖然「梅竹賽」沒有成局，但在更全面與廣泛的「台大清華友誼賽」中，清華力克強敵，寫下光輝的歷史新頁；所以今天的慶功宴是名副其實的慶功宴，特別值得慶賀。

這次比賽，我個人除「不得其門而入」的圍棋、象棋及橋藝三場比賽外，親身體驗了十一場賽事，對同學們全力以赴、奮戰不懈的精神，留下非常深刻的印象；二日早上緊接著開幕式女籃以超高的命中率，多個三分球旗開得勝（69：52），下午男、女網球也一鼓作氣分別以3：2與3：0告捷，棒球則檔上開花，贏得漂亮（11：2）；晚間先是男排以3：1得勝，女排首局先以25：10拿下，似已勝券在握，不料隨後豬羊變色，贏得驚險（3：2），而圍棋則以7：8飲恨，因此二日進行七場賽事，台大只搶下圍棋項目一點，清大以六比一領先，大勢似已底定。

但台大並非省油的燈，三日上午本校男女羽球隊雖有優異表現，仍不敵台大挾「大專杯」冠軍的優勢，分別以2：3與1：3落敗，繼而象棋（0：4）及橋藝（37.95：42.05）陸續敗北，至中午時，戰績呈現六比五緊繃狀態；下午進行男足、女桌及男桌三項賽程，本校不再給台大任何機會，男足先以三比零勝聽牌，女桌再以四比三險勝，拿下第八點確定勝利到手時，選手們都激動的吶喊及歡呼。最後一點男桌乘勝追擊，以六比三領先，清大最終以九比五拿下首屆友誼賽總錦標。

本校代表隊在這次比賽中的傑出表現，可圈可點，有些似乎更可以「可歌可泣」來形容；台大學生數約是清華的三倍，賽前有老師私下說：「打平就算贏」；讓人欣喜的是清華此役，一戰成名，力克勁敵，也擦亮清華「體育大校」的名號；證明這幾年整軍經武，訓練有成，在此我要向所有選手、教練、老師、啦啦隊、表演同學以及參與同學們道賀與喝采。

　　重視體育是清華的優良傳統，從教育理念來說，運動可以健身，健康的身體是未來「成家立業」的基礎，在學校裡鼓勵校內校外體育競賽，除了帶動全校的運動風氣外，對運動員來說，最可貴的是人格特質的養成；曾經蟬聯多年世界首富的比爾・蓋茲的父親，在《比爾・蓋茲是這樣教出來的》一書中分享教養秘訣和傳家智慧！當中說他常刻意讓比爾・蓋茲參與各種運動或遊戲；他說：「不要小看各種運動或遊戲，它可以培養孩子冒險進取的精神，讓他學習如何追求成功，以及面對失敗。」同學們平常在優秀教練指導下，用心勤練，在比賽中，勇往直前，發揮智慧，沉著應戰，在團體競賽中知道如何與隊友互相支援，合作無間，堅忍不拔，勝固可喜，敗亦不餒，光明正大的面對輸贏，這些都是以後為人處世成功的特質；有人說：「在大學裡你能給自己最好的禮物，是交到好朋友」，運動員們有最好的機會接觸同樣有天分、興趣相同的戰友，又有並肩作戰的夥伴情誼，是交到好朋友的「天賜良機」，最近我了解到有幾位在這學期為校爭光的年輕同仁，當年曾是校隊一份子，可以做為運動員養成有助未來發展例證。所以我也要勉勵運動員們能效法前輩，自我期許。

　　今年「梅竹賽」很遺憾的沒有成局，但替代方案「台大清華友誼賽」讓長期全力練習的選手們有一展身手的機會，要感謝體育室老師們發揮的創意；有時以嶄新思維，面對困局，反而海闊天空，是一個很好的範例；「梅竹賽」是清交兩校值得維護的傳統，學校在公平原則下將盡力協助復賽，也希望藉機破除一些長年累積的「陳疴」，譬如有些比賽只有男子賽、沒有女子賽，有些計一點、有些計半點，有些是表演賽，有些是正式賽，有些乾脆不比了，如此實際上喪失掉運動精神與教育意義，希望大家一起努力。

　　最後再向大家致賀，讓我們同為清華校史上光輝的一頁喝采。

2013年大專運動會與台大清華友誼賽慶功宴致詞

2013年6月6日　星期四

　　今年是清華體育校史上一個值得大書特書的年份，繼三月初本校以九比五拿下首屆「台大清華友誼賽」總錦標後，又在大專運動會上大放異采，以十六金、三銀、九銅（田徑5金2銀1銅、游泳5金1銀3銅、桌球4金3銅、網球2金1銅、體操1銅），勇奪一般組（無體育系所院校）冠軍，戰果輝煌，再加上在大專聯賽一般組得到冠軍的棒球與足球隊，創新竹清華校史上最佳戰績，成為名副其實的體育大校。在大專運動會後期，我曾與葉副校長談到，要拿到一般組冠軍，清華需要拿到最少十四面金牌，接近「不可能任務」，因此當他在閉幕當天，從宜蘭打電話回校，並問「你猜我們今年拿到了幾面金牌」？我也故意猜拿到十五面，他才告訴我大家最後勇奪十六面金牌，雖讓我猜測失靈，還是舉校同慶的大喜事。

　　今天是抱著極為歡欣的心情來參加慶功宴；大家應注意到今晚的慶功宴規格似乎高於往年，因為今天的慶功宴是名副其實的慶功宴，清華健兒在運動場上揚威，寫下光輝的歷史新頁，特別值得慶賀。很多人有的疑問是清華在一般大學中，學生人數排名在十名以後，為何反能在大專運動會中勇奪一般組冠軍？當然我們可以說重視體育是清華的優良傳統，學校英明領導讓教練選手士氣大振，但為什麼今年成績特別突出？尤其團體項目在大專運動會或大專聯賽中棒球、足球、男女網球、男女桌球、男排紛紛告捷，女籃、女排也在台大清華友誼賽勇克強敵，再加上去年羽球與男籃隊在去年梅竹賽中令人激賞的表現，可以說清華代表隊是全面性的勁旅，這不能不歸功於我們的「金牌教練」群以及優秀的運動員，全力為校爭光，我要趁此機會向各位道賀與致謝。

　　我在學校裡很多場合說過，運動可以健身，健康的身體是未來「成家立

業」、一生努力成功的基礎；在學校裡鼓勵校內校外體育競賽，除了帶動全校的運動風氣外，對運動員來說，最可貴的是人格特質的養成；所有運動都講紀律，而紀律正是學習必要的自制力，在優秀教練指導下，用心勤練，高度專注，同時團體運動更是人際關係的訓練，在團體競賽中知道如何與隊友互相支援，相互鼓勵，合作無間，在比賽中，勇往直前，發揮智慧，沉著應戰，堅忍不拔，產生自信，勝固可喜，敗亦不餒，光明正大的面對輸贏，這些都是以後為人處世成功的特質，有正向和正確的人生觀，有助未來發展，終身受益無窮；同時擁有這樣有正向和正確的人格特質，正是清華所希望培育的人才，「健全的心靈，寓於健康的身體」，身體不健康，何談身心健全；也寄望運動員養成的良好風氣，也能對一般同學發揮帶動與影響的力量，運動不但補充而且擴大教育的內涵。

①

②

◀①健全的心靈，寓於健康的身體
②重視體育是清華的優良傳統

展望未來，自然希望清華體育「白尺竿頭，更進一步」；至於與交大間行之有年的「梅竹賽」，歷經許多波折，去年中途喊停，今年則未成局，未來可能必需要「釜底抽薪」，回歸一體通行的大專運動會及大專聯賽中辦法，而不須年年由兩校籌委會攻防，畢竟競賽要講「運動員精神」（sportsmanship），公平競爭（fair play），才有意義，才值得續辦；清華前校長羅家倫先生在《新人生觀》說：「運動家的風度表現在人生上，是一個莊嚴公正、協調進取的人生。有運動家風度的人，寧可有光明的失敗，決不要不榮譽的成功」，希望明年起能看到大專運動會及大專聯賽中項目，包括各項男子、女子賽都在「梅竹賽」所遵行的公平原則下全面進行，「長痛不如短痛」，願與大家共同努力。

▶ ③今年是清華體育校史上一個值
　　得大書特書的年份
　④清華代表隊是全面性的勁旅

九、百人會與校友

記載百人會發起緣由與愛校貢獻，併有傑出校友所舉辦創業論壇、企業家網絡協會高峰論壇、清華學堂及各校友團圓集會等相關活動記錄致詞，展顯清華人才輩出，且因校友具極強向心力的捐贈愛護，使清華得以持續提昇軟硬體建設，強化教學研究，成為資源豐富的頂尖大學。

2011年清華「百人會」與傑出校友晚宴致詞

2011年4月23日　星期六

今天晚宴是宴請本年度傑出校友以及清華「百人會」的會員的盛宴，堪稱「群英會。」前幾天我收到一位中台灣的詩人鄧彥達先生為慶祝清華百歲所作的詩：

清譽恒強，國家百歲校百歲。

華成豐果，弦頌千秋美千秋。

除了有象徵意義外，也代表各界對清華百歲校慶的重視。事實上，明天校慶大會，馬英九總統、行政院吳敦義院長、立法院王金平院長、中央研究院李遠哲前院長、教育部部長吳清基、行政院政務委員曾志朗、以及許多政、商、學、研界的貴賓，都會親自前來祝賀，此外，今年高齡100歲的前教務長朱樹恭教授，北京清華大學程建平副校長亦率團參加，現場將熱鬧非凡，齊祝清華百歲生日，是喜事也是盛事。

清華人才輩出，以擁有眾多傑出而向心力極強的校友自豪。大家也許都聽過或唱過的一首歌〈叫我如何不想她？〉是清華國學院四大導師之一的趙元任校友作曲。在他晚年時，有次應邀高歌一曲後，大家追問他：「她是誰？」他說：「是清華。」雖然聽者半信半疑，仍足見趙元任校友對清華感情之深。

本年度校慶大會表揚八位傑出校友，分別為現任偉德工作室主持人的李偉德博士、現任辛耘企業股份有限公司董事長謝宏亮、現任台達電子技術長及旺能光電董事長梁榮昌、現任力旺電子公司董事長徐清祥、現任國碩科技公司董事及總經理、碩禾電子公司董事長兼執行長陳繼仁、現任益鼎創業投資公司董事長及總經理、利鼎創投等多家創投公司總經理的邱德偉、現任大愛電視戲劇部經理蕭菊貞、現任威剛科技公司董事長、台灣藝術電視台董事長陳立白。他

們在事業上表現傑出，對學校有重大貢獻，是母校無上榮光、無上驕傲，我謹代表學校祝賀並感謝這八位傑出校友。

今晚現場熱鬧滾滾，主要是因為有約百位「百人會」會員參加。這可能是清華校史上最大的一次菁英校友集會。各位「百人會」會員是事業達人也是清華貴人。一百萬元在現今不是小數目，如果不是對清華有特殊的感情，即使有能力也不會如各位會員的熱情參與。學校與校友為一體，所謂「花花轎子人抬人，水漲船高」，各位對母校的隆情盛意，清華當銜環以報。過去幾個月我已經參加過幾次「百人會」會員公司動土、上樑、落成、完工、頒獎、發表會等活動，如果各位以後有類似活動，本人將儘量共襄盛舉。

去年九月發佈的泰晤士報世界大學評比，清華位居第107名，在全台居冠，同時在教師人數700人以下的大學，清華是全世界第9。日前教育部第二期「邁向頂尖大學計畫」審議結果出爐，本校獲得12億補助，得以持續提昇軟硬體建設，強化教學、研究，並擴展國際化視野外，又有企業捐助興學以及延攬國際大師級師資，再加上全校師生與校友的努力，成為華人地區首學、邁向世界頂尖大學的目標，將指日可待，願與諸位共勉之。

▲「百人會」會員是事業達人也是清華貴人

▲ 花花轎子人抬人，水漲船高

①

②

③

①清譽恒強，國家百歲
　校百歲
②華成豐果，弦頌千秋
　美千秋
③在事業上表現傑出，
　對學校有重大貢獻

2012年表揚傑出校友與百人會餐會致詞

2012年4月28日　星期六

　　各位傑出校友、百人會會員、各位嘉賓、清華師生同仁。很歡迎大家來參加今晚的餐會。清華校慶日是以1911年4月29日「清華學堂」開學日而定，例於四月最後一個星期日舉辦校慶大會。4月29日與星期日碰在一起，以二十八年為週期，平均七年才一次，今年正是這特殊的年份，而再過幾小時就是百歲清華真正滿一百歲的大日子。

　　清華大學在滿第一百歲的一年中，有三部傳世傑作。一是今天在場的岳南先生，去年六月出版新書《南渡北歸》，是以民初到國共內戰告一段落時期學術大師故事為主題的巨作。時報出版社為本套書所出專刊中，列舉二十八位學術大師，其中至少有十九位為清華人。從一個清華人的觀點來看本書，感覺處處皆見清華人，遍地皆為清華事，情節扣人心弦。很高興清華有機緣請到岳南先生為駐校作家。

　　二是北京清華名師後裔在去年底編輯出版了《清華名師風采》，包括文科卷、理科卷與工科卷三巨冊，收錄名師117人，長達兩千餘頁。在岳南先生引介下，去年十二月趁在北京清華舉辦「新竹清華日」之便，與編輯「清華名師風采」的名師後裔於北京清華園見面，發想邀請名師後裔來訪，經幾個月的努力，北京清華名師梁啟超、王國維、李濟、聞一多、夏鼐、周先庚及史國衡等先生後裔得以專程從大陸來台參加校慶活動，包括今晚的餐會。也特別高興現居台北王國維先生女兒，百歲人瑞王東明女士以及梁啟超曾孫女，本校客座教授梁帆女士明天也會共襄盛舉，參加各項校慶活動。

　　三為「百人會」的成立，促成清華建校一百年來第一次由校友捐贈全部經費興建多功能體育館，現已正式命名為「校友體育館」。很高興向大家報告，「校友體育館」施工非常順利，三月五日在曾子章理事長與多位百人會會員見

證下舉行上樑典禮，預計約半年時間即可完工啟用。

本星期藝術中心舉辦現實主義畫家吳耀忠先生畫展，主題是「尋畫」，是由策展者在民間收藏家處搜尋吳先生畫作而來。他們發現，每一幅畫，背後都有一則動人的故事。而吳耀忠先生本人的生平更是波瀾起伏，是一個時代的寫照。我剛才看到「百人會」名錄時，也想起過去兩年時間，「百人會」成立的點點滴滴，也同樣有許多感人的故事在背後，因此學校隨後即將著手訪錄各位「百人會」會員的故事，集結成書，暫名「清華百人會」。預計於明年「百人會」大會時出版，將是清華過一百零一歲時的傑作。

順便向大家報告的是，「百人會」、「校友體育館」募款活動雖已截止，但為免熱心校友向隅，只要勒石工作尚未發包，仍可接受新會員，上週香港北京清華同學會會長李佳林校友加入即為一例，請大家告訴大家。

過去一年當中，「百人會」會員與清華互動緊密，1969級李偉德校友捐贈協助興建的「綠能大樓」即將動工；1973級謝宏亮校友捐贈羅丹巨型銅雕「沉思者」已成清華最顯著地標；在台積館旁即將興建的清華實驗室，規劃由材料系、化學系、化工系以及物理系四系進行跨領域的實驗研究使用，部分工程款由使用單位籌募，原目標兩億元，已募集一億五千萬元，現目標已上看兩億五千萬元。在此要特別感謝陳繼仁校友經營的碩禾電子捐贈五千萬元，蔡朝陽校友與李義發校友各捐贈一千萬元，化學系在系友會呂正理會長等人捐助下也順利募得三千萬的資金。同時百略科技林金源校友捐贈五百萬元為規劃中的社會創新中心種子基金，曾子章會長捐贈三百萬元為校友會活動經費等，在在都顯示「百人會」會員對清華的殷切愛護。

今年適逢梅校長逝世五十周年，梅校長一生奉獻給清華，在兩岸清華擔任校長二十四年期間，奠定了北京清華與新竹清華在兩岸分別成為數一數二名校的基礎，是兩岸清華永久共同校長。為紀念梅校長逝世五十周年，學校規劃一系列的紀念活動，包括系列演講、邀請名師後裔訪台以及在十月份舉辦為期兩天的紀念研討會，北京清華的陳吉寧校長已表示將會儘量來台參加，屆時將會是兩岸清華盛事，並歡迎各位踴躍參加。

最後讓我們舉杯共祝大家身體健康，家庭和樂，事業順利，校運昌隆。

▶ ①清華「百人會」是傳
世傑作
②過去一年當中,「百
人會」會員與清華互
動緊密
③「百人會」會員的故
事,集結成書,將是
清華過一百零一歲時
的傑作

2013年清華百人會晚宴致詞

2013年4月27日　星期六

　　很歡迎大家來參加「百人會」晚宴；每年「百人會」聚會，內心都倍感溫馨，因為這不僅是與清華校友聚會，更是與最關心與愛護母校的菁英校友聚會，讓人充滿喜悅與歡欣。

　　「百人會」到目前為止，最主要的成果是幫母校蓋了一棟美奐美侖的體育館；「校友體育館」於兩年前百年校慶時舉行動土典禮，去年十一月十五日正式完工啟用，「校友體育館」是新竹清華歷史上首度完全由校友捐助的場館，是清華校史中動人的篇章；這裡也要向大家報告一個喜上加喜的好消息，在「校友體育館」動土典禮上我用的金鏟，為經濟系校友，當年女排校隊，後來在學務處服務的楊喻竦預訂，而在她與夫婿，也是電機系校友，當年男排校隊陳彥甫努力，並得到金鏟加持，順利的喜得一對龍鳳胎，「一男一女真正好」，代表他們不僅eager to achieve，而且work smart and sharp，有清華人的智慧與運氣，平添「百人會」佳話。

　　「百人會」的第二項成果，自然是「清華百人會」專書的出版，在此要特別感謝清華子弟王仕琦女士精心採訪撰稿，多位同仁編輯、校稿，在今天晚宴前及時完成；回顧「百人會」成立到順利達陣過程，令我難忘的人與事太多，無法一一細數。但這段經歷，是我在清華30餘年時光中，最具意義的活動，構成極為美麗溫馨的回憶，並讓熱愛學校的校友彼此間變得更熟悉，另外讓這些校友互相連結並增進情誼，未來在事業上也可互相扶持，由此連結出去的善緣，將累積擴散，生生不息。

　　在專書序言中，我曾提到在募款過程中有很多印象深刻的事；包括一開始推廣「百人會」時，曾子章理事長當場宣布加入，並策動欣興集團五位校友總經理一起共襄盛舉；而在我參加的許多校友活動中，我一定會介紹「百人會」

活動，每一次在現場一定有人響應，從來沒有空手而回過；在「百人會」啟動不久後，適逢校友會理監事會開會，當天下午蔡進步校友即將捐款匯入學校帳戶，而最近兩次學校募款活動中，蔡校友更是以五分鐘的速度響應，而盧崑瑞與謝詠芬校友有類似的好習慣，值得大家學習；隨後對學校捐助「無役不與」的李義發校友也迅速的加入，最後幾乎所有理監事都成了「百人會」會員，而次屆，也就是本屆，校友會理監事會開會，則同時成為「百人會」會員歡聚的時刻，對母校愛護之殷，著實感人。

在此我也要特別表達對已故財務規劃室副主任周立人教授的感謝與懷念，他與財務規劃室許明德主任與易昀小姐三人同心，合作無間，在推動「百人會」過程中不遺餘力，策劃了「校長宿舍茶會」、「材料系系友餐會」，又陪我出席「北加州校友餐會」，一起拜訪他大學寢室室友碩禾科技董事長陳繼仁校友，繼仁除慷慨捐贈四單位外，並策動國碩集團多位擔任高階主管的清華校友共襄盛舉；立人並經常陪同好友如蘇峰正、俎永熙校友來校長室一敘，都有很好成果。在他病情較嚴重後，好幾次尤其好友呂勝宗校友代替他引介校友參與「百人會」，也有很好成績。2012年11月15日「校友體育館」的啟用典禮，立人身體狀況已無法親身與會，是我很大的遺憾，想來亦是他的遺憾。

「百人會」的持續推動是目前學校重點工作之一，上週六，也就是四月二十日，邀請本校駐校藝術家「當代傳奇劇場」吳興國藝術總監在本校大禮堂演出「李爾在此」，並在清華校慶前夕獻給「清華百人會」，以示感謝，當晚「百人會」會員或親友參加者約有五十人，是一種新的嘗試，未來也會考慮其他方式加強聯繫，永續經營百人會，為校友與學校互動樹立典範，讓清華校史的華美篇章得以傳頌不息。

▲①「百人會」晚宴，是最關心與愛護母校的菁英校友聚會
　②清華人的智慧與運氣，平添「百人會」佳話
　③永續經營百人會，讓清華校史的華美篇章得以傳頌不息
　④清大阿卡貝拉人聲樂團「海鷗‧K」獻唱美聲表演
　⑤春風化雨樂未央，行健不息須自強

③

④

⑤

清華永續基金記者會致詞

2014年1月22日　星期三

　　歡迎大家來參加今天的「永續基金記者會」，有教育家說：「大學是一國皇冠上的明珠，」而清華是台灣高教的明珠；最近上海交通大學公佈的「兩岸四地大學評比」，本校與去年一樣，名列第三，北京清華、台大分列第一、二名；清華雖次於北京清大、台大，但是受限於規模以及資源投入，如將此兩項因素納入考慮，則清華是「華人首學」，並非過譽，這點是「清華人」可以引以為榮的；但由於近年來政府財政困難，對國立大學支援力道有所不足，譬如說，清華大學學生人均經費為哈佛大學的十二分之一，北京清華的三分之一，長此以往，清華大學很難更上層樓，甚至維持現在的競爭力，因此決定展開籌募「永續基金」，所募得母金持續穩健投資，投資利得提供清華永續發展：

　　一、遴聘頂尖師資，提升研究及國際競爭力，

　　二、提供獎助學金，讓清寒學子安心向學，協助清華學生逐夢，

　　三、改善教學研究設施，建構優質教育環境。

　　由於如「永續基金」募款，屬於長期性，而目標較廣泛，不易引起共鳴，故本人決定在卸任校長前，率先捐贈一百萬元，一方面「拋磚引玉」，另一方面，也是對主要募款目標，也就是校友宣示其必要性與急迫性，很高興的這項構想獲得校友們的認同，順利達成第一階段目標五千萬元，因此在今天舉行記者會，希望能借媒體的力量，公告周知，得到不僅是校友，而且包括社會熱心教育人士的迴響，讓基金能早日達到能實質協助校務發展的規模。

　　根據美國大學院校管理人員協會National Association of College and University Business Officers（NACUBO）統計，2012年美國大學院校永續基金超過十億美金的有六十八所，其中哈佛大學（304.35億）、耶魯大學（193.45億）、史丹福大學（170.36億）、普林斯頓大學（169.54億）、麻省理工學院

（101.50億）更超過百億美金，在六十八所大學院校固然有許多私立大學，但州立大學也所在多有，美國高等教育目前獨步全球，當非偶然，與有較充裕與穩定的經費支援有密切關係，清華大學在此時籌募「永續基金」有其必要性與急迫性。

　　「永續基金」的遠程目標是一百億元，如此每年至少可挹注學校四、五億元，產生實質的效果，現今募得的五千萬元與一百億元目標相較，固屬杯水車薪，但凡事總要有個起頭，而從近年來李偉德校友捐贈一億五千萬元興建「綠能館」，同時蔡宏亮校友捐贈羅丹「沉思者」大型銅雕，李義發校友對學校各項捐贈以及楊儒賓、方聖平教授夫婦捐贈珍稀文物，均各價值上億，連同企業界與社會人士的慷慨捐贈，四年間，對清華大學共有超過十四億元的捐贈，未來必有更多「清華人」與「有緣人」動念，加入「永續基金」貴人行列，達成一百億元目標也未必是「不可能的任務」，尚須大家共同努力。

　　最後要一提的是，「清華永續基金」的籌募，對學校未來發展極為重要，為感謝捐贈的貴人，將在「清華名人堂」入口外牆，將捐款芳名錄勒石紀念，凡捐款永續基金達百萬元即可名列其上，而此捐款金額可累積，以符永續之意。

▲「清華永續基金」的籌募，對學校未來發展極為重要

▲「清華永續基金」勒石初期捐款芳名錄

2014年清華百人會晚宴致詞

2014年4月26日　星期六

很高興又一次參加「百人會」晚宴，進場後看到很多百人會會員，都是老朋友或故知，分外感到親切。

今天是本人卸任校長後，第一次參加「百人會」餐會，同時也是第一次以「百人會」會員身分，參加百人會的活動；我在一月二十四日校長卸任惜別會上，曾提到在校長任內發起成立百人會，是我在校長任內，最引以為榮的成就之一；「百人會」不僅協助學校興建美奐美侖的「校友體育館」，而且象徵「清華人」愛護母校無與倫比的向心力，這可從「百人會」在清華百年校慶前成立至今，國內還沒有任何一所其他大學能成功地成立類似的組織可以看出其獨特之處，「百人會」無疑是所有清華人的榮耀。

在去年出版的「清華百人會」專書序言中，我回憶在成立百人會時，與眾多校友互動的溫馨與感人故事；百人會聚集清華在台創校以來，在社會中事業有成而最關愛母校的「清華人」，意義非凡，因此，今年三位本校選出的傑出校友都是「百人會」的會員，就毫不令人意外；其中蔡進步校友在某日中午校友會理監事會得知母校推動成立「百人會」訊息後，當天下午即將捐款匯入，並且助成動機系同級校友共同捐獻；楊正任校友則是在我拜訪「正文科技」的「正」與「文」，也就是楊正任與陳鴻文校友時，當場與陳鴻文校友各捐贈三單位，成群傑校友不僅是「百人會」早收成員，並多年在「清華企業家網絡協會」秘書長任內，對學校多所襄助。在此恭喜與感謝這三位校友，你們的殊榮是「實至名歸」。

「百人會」成立三年多來，對學校多方協助，套句流行話說，是「罄竹難書」；舉凡「清華實驗室」、「亞洲政策中心」以及「永續基金」等幾項主要的募款活動，百人會的會員都積極參與，有時甚至就是「百人會」的活動，

由會員全部包辦，而有多位會員是「無役不與」，熱誠感人，成為學校最堅實的後盾，最大的助力。另一方面，透過「百人會」的網絡，會員之間聯繫更為緊密，例如本週四，謝詠芬校友所經營的「閎康科技公司」的子公司「閎康生技公司」在科學園區隆重開幕，就有好幾位「百人會」的會員「共襄盛舉」，發揮百人會「花花轎子人抬人」、「水漲船高」的效用；另外值得一提的是，「閎康科技公司」幾位關鍵人物都與清華大學關係匪淺；閎康的謝詠芬總經理是清華大學材料系的學士、碩士、博士，閎康的楊重熙總經理除了是清華化學系畢業生，也是清華核工系楊覺民教授的哲嗣，同時游萃蓉博士團隊是「閎康」生物生檢測技術主要來源，而游博士是清華材料系校友，也是現任教授，可謂「清華一家親」，也是清華力量的延伸。

「清華百人會」是清華校訓「自強不息，厚德載物」的具體展現，讓人憂心的是，最近一個多月來，媒體上提到清華，多半與本校延畢生或社會所部分學生有關，這些人頂著學生的保護傘，與特殊色彩政治人物呼應，魚目混珠，視校訓為無物，何曾如「百人會」會員知恩惜福，不僅放言高論，違法亂紀，糾眾行暴，以低俗為高尚，以民粹為民意，在侈言「公民不服從」的大帽子下，要大家服從他們，「我不服從你，你要服從我」，充滿矛盾錯亂，尤其讓人憂心的是，有許多平日不知學術為何的教授用半吊子理論在背後喝采鼓動，自己聲音特別大，而不讓別人說話，有嚴重法西斯傾向；我們從小就了解民主是「少數要服從多數，多數要尊重少數」，是強調多數要尊重少數的發言權；但少數更要服從多數的表決權，絕非「自封代表人民，我說了算」；樂觀的人，或以為是一時亂象，不值理睬，但就長遠看，如不及時反制，恐積非成是，對絕大多數純潔自愛的學子造成不良影響；清朝中興名臣曾國藩曾說過大意為：「無用之人謅狂，而好人轉趨沉默，為亂世之徵」，台灣與清華所以有今天，是大家努力地結果，來得不易，豈容「跳樑小丑」恣意破壞，讓少數霸凌多數；「清華百人會」為清華菁英的代表，在現時今刻，以大家的智慧、經驗與愛校之心，貢獻一己力量，發揮撥亂反正、力挽狂瀾的功能，將為學校幸，為台灣社會幸。

最後我借「閎康科技公司」之「閎康」代表「闔府安康」之意，祝大家闔府安康！

▲ 第一次以「百人會」會員身分，參加百人會的活動

▲ 百人會會員，都是老朋友或故知

2017年清華百人會晚宴致詞

2017年4月22日　星期六

　　今天很高興來參加一年一度的「百人會」晚宴。推算起來，這也是百人會自2011年首度聚會以來，第七次聚會，可謂已建立起良好傳統，值得百人會會員，甚至所有清華人慶幸。因為百人會象徵清華人的向心力，百人會能夠永續發展，代表清華欣欣向榮一大助力的歷久彌新。

　　過去一年，清華發生最大的變化，首推與新竹教育大學的合併。推動清華與竹教大合併，歷經清華四任校長，期間有很多轉折，也有許多不同聲音，但終於去年十一月，水到渠成，可謂得來不易。當初賀陳校長希望我對兩校合併發表支持意見，我曾寫道：「如果我們參照現況，想像十年、二十年以後的清華，求新求變有所必要，而與竹教大在適當配套措施下合併是難得一見的契機；清華人應秉持『自強不息、厚德載物』精神，把握良機，進一步擦亮華人首學招牌，奠定永續發展的基礎。」如今喜見大功告成，賀陳校長不畏險阻，事實上是捧了烏紗帽，或可說是帶了鋼盔上陣，領導清華完成了艱鉅的任務，我想我們大家應該藉此機會一起對他報以最熱烈的掌聲。

　　在清華，有所謂「三清幫」之說，也就是大學、碩士班、博士班都從清華畢業的校友「團體」，但未來將會出現「四清幫」，因為清華與竹教大合併後，竹教大附小也成了清大附小，未來要真正的根正苗紅，必須從清大附小開始，才能修成正果。我因為生不逢時，當年未能成為清華校友，但我是清大附小前身，「新竹師範附小」，也就是「竹師附小」的校友，而且是「竹師附小」首屆「標竿校友」，相當於「傑出校友」，所以我可以想像自己是以傑出校友身分，一躍而成清華校友，同時我家在小學畢業前不久，從「竹師附小」邊搬到清華大學旁的光明新村，可謂「無巧不成書」，人生遇合快意，莫過於此。

　　由於近年來政府財政情況不佳，對高教的支持力道明顯減弱，所謂的「頂

尖大學五年五百億」計畫，經費年年減少，今年是計畫結束後的第一年，到明年可能推出的新辦法前的過渡期，情況也不樂觀；「百人會」做為清華校務發展的一大助力，我們應該多多瞭解學校比較迫切的需要，給予適時的協助。我個人認為，在現階段，最佳切入點，可能是挹注「清華永續基金」，這裡我要先感謝在我卸任前，籌募「清華永續基金」慷慨捐輸的「百人會」會員，鐫刻他們大名的「清華永續基金」捐贈芳名錄勒石高掛在「校友體育館」正面右側牆上。很高興目前「清華永續基金」已累積到相當數目，而在林哲群教授的操盤下，也有相當不錯的收益。去年底清華通過「國立清華大學各教學單位參與永續基金運作方案」，推動「各教學單位永續基金」募款計畫，加入永續基金。我以為各系所，可以百人會會員做骨幹，成立「系所次基金」，由學校基金統一操作，收益絕大部分將可由各系所運用，如此若一個「次基金」母金有一千萬元，每年收益估計可達四、五十萬元，如有兩千萬元，收益甚至可近百萬，以此類推，對各系所將會有非常實質的幫助。據我所知，材料系系友會陳超乾會長，將於近期內，從百人會會員開始，發起勸募活動。當然我們也期待其他各系所也紛紛成立「次基金」，十個不為多，五個不為少，「輸人不輸陣」，再演當年募款興建「校友體育館」的盛況，還希望大家多多支持。

最後我要祝大家身體健康、家庭幸福、事業順利。

▲ 竹教大附小也成了清大附小，使個人一躍而成清華校友

▲ 百人會能夠永續發展，代表清華欣欣向榮一大助力的歷久彌新

2017年「清華百人會」新舊會長交接典禮致詞

2017年10月18日　星期三

　　今天的「清華百人會」新舊會長交接典禮，簡單而隆重。據我了解，刻意低調的原因是新任會長經營的企業前三季幾乎賺了一個資本額，引起媒體相當大的關注，今天如有媒體在場發問，恐會失焦；另一方面，對清華大學來說，是一件大事，因為「清華百人會」可以說是清華人支持校務運作一個最重要的團體，會長人選至為重要。

　　兩位會長都是「清華百人會」最早期加入的會員。讓我印象很深刻的是，當年我在校友會理監事的午餐會說明「百人會」的構想，下午即收到蔡進步會長匯入學校帳戶的一百五十萬元，讓人覺得沒有辦法比他更進步了。但讓人驚訝的是，蔡會長在對學校挹助方面，一直節節進步，包括擔任「清華百人會」首任會長；新任的陳立百會長，對清華的熱心愛護，在校友中，也絕對名列前茅。尤其知道清華正準備盛大慶祝建校百年時，立刻主動明白表示捐贈六百萬元，提供學校慶祝活動所需，讓學校能夠在經費比較寬裕的情況下舉辦百年校慶活動，發揮了相當效果；具體來說，清華人都看得到的，是在校慶前，將學校近百棟大樓外牆，全部洗刷一遍，至於大部分人都不知道的，則是有審計部或是教育部的主計人員，覺得清華所編有關校慶預算太多，經學校說明，部分經費來自校友捐助後，才得解套。所以陳立百會長的適時捐助，可謂幫了學校大忙；同時陳會長在百年校慶時，也指示企業集團中傳播公司，拍攝一套五集的相關影片，再者在學校舉辦「清華學堂」研習會以及在兩岸交流活動中，在南京大學與浙江大學，分別舉辦「新竹清華日」時，陳董事長與威剛的王總經理也分別與會，以校友身分，現身說法，大大實質的增進活動宣導的效果。

　　去年學校發想將「清華百人會」組織化，一方面可加強會員間聯誼，一

方面自然也希望發揮更大功能；本人忝為榮譽會長，也參與諮詢規劃。當時認為有兩件事可以率先推行，一是發行電子報，這部分在同仁的努力下，已順利發行三期，另一則是推動以系所為單位的永續基金；基於長遠計，清華必須成立自給自足且長期穩定之種子基金，孕育儲存教育資源，以克服經費不足之困境，因而有「清華永續基金」構想，在校友與熱心社會人士的支持下，加上校內講座和獎學金捐款，組成清華永續基金之初期資金來源。於103年11月5日正式啟動進入投資市場，目前在財務規劃室林哲群副主任為投資代表人以「保守穩健」為原則擬定，並透過專業評估及嚴謹程序，健全投資項目與審核機制，將資金投資於獲利穩定之股票或指數型基金（ETF）等金融商品，使永續基金發揮最大效益，104年與105年投資報酬率各達4.08%與9.48%，績效甚為良好。由於考量部分校友希望永續基金收益由指定系所運用，所以建議學校修訂辦法，學校也從善如流，於去年底通過「各教學單位參與永續基金運作方案」，並書函請各教學單位協助積極發起募款，加入永續基金。本人與材料系系友會陳超乾會長、工學院賴志煌院長以及材料系嚴大任主任，共同發起以成立材料系「雙百會」方式，籌募永續基金，將本金存入學校永續基金，委由學校進行財務操作，而每年的收益用於材料系招募傑出人才以及優秀學生等工作的經費來源。目前已很接近階段目標1500萬元，相信在明年百人會大會前，將能達到籌措超過2000萬元的目標。我以為這項活動很值得推廣，首先讓其他有潛力的幾個系都能相繼成立系級「雙百會」，將很切合學校當前的需要，並為永續經營奠基。這裡要特別一提的是，當年在我卸任校長前幾個月，開始推動籌募永續基金，時程相當倉卒，而兩位會長以及在場的校友會謝理事長以及本人，都迅速共襄盛舉，昨天經過校友體育館前，還看到同列勒石捐款人榜上，備感溫馨。

清華很幸運有許多傑出而愛護學校的校友，因而得以順利成立百人會，今天交接的兩位會長更同為會員表率，適才適所，相信會務能更進步，會員能在學校各種活動中，更能立刻明白表示支持的熱情。

▲「清華百人會」是清華人支持校務運作一個最重要的團體，會長人選至為重要

2018年清華大學材料系雙百會慶祝會致詞

2018年4月18日　星期三

　　歡迎大家來參加「雙百會」慶祝會。今天召開慶祝會的目的，一方面是慶祝「雙百會」正式成立，一方面是向大家報告清華材料系成立「雙百會」籌募永續基金初步成果，以期拋磚引玉，讓清華其他系所跟進，同時並希望借重報導，使訊息能更廣為周知，號召更多會員共襄盛舉，擴大成果。

　　清華材料系除了是臺灣最好的材料系外，也期許朝向世界頂尖目標前進。在經費逐年遞減、少子化及許多學校陸續成立材料系所等衝擊下，需要更多的積極作為，才能達到目標。特別在傑出師資的遴聘，及優秀學生的甄選與培育兩項重點工作上，迫切需要加深、加強人才招募的力道。

　　大家一定好奇，「雙百會」名稱由何而來？「雙百會」是源自約六年前清華創立的「百人會」。當時學校因籌建體育館，以成立「百人會」的方式，號召一百位有能力的校友每人捐贈一百萬，共捐助一億元，配合學校其他經費，興建體育館。很感謝獲得校友們熱烈響應，共有一百四十六位校友，捐助超過一億七千兩百萬元，負擔了興建體育館的全額經費；同時，美奐美侖的體育館，已於2012年11月完工啟用，並命名為「校友體育館」，嘉惠所有清華人。值得一提的是，在「百人會」籌募活動中，材料系校友在短期內就捐贈了3500萬元，為全校各系之冠！

　　材料系的師長與系友們鑑於近年來材料系系務運作的經費目前僅約為十年前的一半，發起成立「材料系雙百會」，募款建立「材料系永續基金」；以材料系「百人會」會員為種子，再各捐一百萬元，達到「雙百」；「雙百會」發起會員每人捐贈100萬元，系友會員每人捐贈10萬元，在所有系友能力範圍內，凝聚對材料系及學弟妹的心意，籌措超過2000萬元的永續基金。感謝多位系友的贊助，「材料系雙百會」募款活動進行相當順利，總額已達24.65百萬

元；今天大家看到的海報，包括即將在材料系門廳勒石樣稿，上面除略述成立「材料系雙百會」緣由，並列有「發起會員」名單，目前有二十四個贊助單位，這其中除個人系友外，還有夫妻檔系友、父子檔系友、班級系友、學生家長以及材料系教師，相當多元。

而最特別的是黃祿予校友，她是已故的陳繼仁系友夫人，陳繼仁系友是最愛護清華母校的校友之一，不幸於約三年前病故，祿予是清華2016 EMBA校友，承續繼仁的遺澤，是最早響應「材料系雙百會」活動的發起會員之一，充分顯示清華校友愛校愛家的情懷。燁輝的吳林茂總經理，除是前任「清華企業家會」會長外，也是第一位加入的會員，很感謝今天一早從高雄趕來參加盛會；呂勝宗系友一向熱心過人，當年除自己參加百人會，還協助說動其EMBA同學參加，並個人提供材料系成功招募到的第二類組狀元在校四年優厚的全額獎學金，而他所屬的材料84級，也另共同捐贈一單位；交大電子系的鄭晃忠教授是本系博士班第一屆畢業生，也感謝共襄盛舉，相當具象徵性的意義；本系的葉均蔚教授是「三清幫」成員，對母系回饋，無役不與。另外賴志煌院長所屬的材料88級，有高達五對清華親子檔，也共同捐贈一單位，蔚為佳話；同時今年總統獎得主余振華系友，也是會員之一。

「材料系雙百會」是由本人，系友會會長陳超乾總經理、賴志煌教授兼工學院院長、嚴大任教授兼全球事務處全球長、吳志明教授兼系主任發起。這裡要特別感謝陳超乾會長，他是典型的空中飛人，在百忙中，仍親自與各系友聯絡，成果斐然；記得去年與他約好在Smile Café商談「雙百會」事宜，承告當時「創意電子」股價約為七、八十塊，其後但見節節上升，目前維持在三百元以上，再次印證我常說的「積善之家，必有餘慶」或「好心有好報」，在此祝福各位「材料系雙百會」的會員，也盼望大家能協助推廣「有能力的人，多盡一分心力」的概念，共同協助清華校務發展。

▲ 報告清華材料系籌募永續基金初步成果，以期
　抛磚引玉

▲ 與賀陳弘校長合影，攜手齊心為校努力

▲ 雙百會會員歡聚，高舉雙手歡呼

▲ 雙百會會員及貴賓合影

2018年清華大學百人會晚會致詞

2018年4月28日　星期六

　　最近在整理我擔任校長後的演講集，發現在至少幾十個場合，都有提到「百人會」；包括本人接任清華校長典禮上倡議成立以及在卸任時，歷數「百人會」的豐功偉績，與感謝之忱。「百人會」成立之初的具體成果，即是全額捐助「校友體育館」的興建，而其後不論是為籌建「清華實驗室」，設立「亞洲研究中心」，以及籌募清華永續基金，「百人會」會員都一馬當先，慷慨贊助，而今年學校為由「旭日計畫」招收弱勢家庭出身的學生籌募獎學金，據了解大部分也是由「百人會」會員捐贈，顯示「百人會」確實已成為協助清華發展的重要力量，讓我們同為「百人會」熱烈鼓掌鼓勵。

　　本月18日，在學校的全力支持下，材料系曾假名人堂舉行「雙百會」慶祝會。去年百人會晚會時，本人曾提到清華材料系師長與系友為籌募永續基金，以材料系「百人會」會員為種子，再各捐一百萬元，達到「雙百」，成立材料系永續基金，為「清華永續基金」的一部分。「材料系雙百會」自去年七月開始啟動，「雙百會」的發起會員每人捐贈100萬元，會員每人捐贈10萬元，目前總額已超過初期目標2,000萬元，達到2,525萬元，

　　今天大家在會場看到的海報，包括即將在材料系門廳勒石樣稿，上面除略述成立「材料系雙百會」緣由，並列有「發起會員」名單，目前有二十四個贊助單位，這其中除個人系友外，還有夫妻檔系友、父子檔系友、班級系友、學生家長以及材料系教師，相當多元。而最特別的是黃祿予校友，她是已故的陳繼仁系友夫人，陳繼仁系友是最愛護清華母校的校友之一，不幸於約三年前病故，祿予是清華2016 EMBA校友，承續繼仁的遺澤，是最早響應「材料系雙百會」活動的發起會員之一，充分顯示清華校友愛校愛家的情懷。同時今年總統獎得主余振華系友，也是會員之一。另外賴志煌院長所屬的材料88級，有高

達五對清華親子檔，也共同捐贈一單位，蔚為佳話。

「材料系雙百會」是由本人，系友會會長陳超乾總經理、賴志煌院長、嚴大任全球長、吳志明系主任發起。這裡要特別感謝陳超乾會長，他是「材料系雙百會」成果斐然的靈魂人物，在百忙中，仍親自與各系友聯絡；另外也承蒙在場的鄭晃忠、葉均蔚、曾炳南、葉宗壽、謝詠芬、伍壽國、呂勝宗校友及84級代表蔡哲正校友全力支持；「材料系雙百會」的會員是好樣的，值得大家鼓掌鼓勵，同時希望大家能有樣學樣，讓「雙百會」能在各系所遍地開花。

回到演講集，原僅收錄2010－2014年，本人擔任清華大學校長期間，在各種場合演講全文，凡370餘篇；其後在許多場合致詞也一併收錄，共430餘篇；當初承蒙人文社會學院蔡院長曾說動一位清華知名暢銷書作者教授協助編輯，但本人整理演講集，或部分有一得之愚，主要僅為做為紀念，而與同儕友朋共享，不敢驚動方家。目前已請一位蔡院長介紹的清華中文系博士生協助初步整理完成，厚達一千六百餘頁，已接近送出版商編印階段；將分四冊出版；除網路通路外，原則上只送不賣，而贈送對象是親朋好友；「百人會」會員當然都算親朋好友，其中不少也是我在演講中提到的「主人公」。另外可向大家報告的是，後續計畫是整理出版「清華故事集」與「文章彙集」，期待於今年底前完成。屆時將透過「百人會通訊」公告周知，再奉贈給有興趣閱讀的會員。

當年參加「校友體育館」啟用典禮的校友可能記得，在典禮後，我與校友會曾子章理事長，曾與台灣羽球天后戴資穎略作比劃，這幾年喜見戴小姐在世界女子羽球排名節節上升，成為世界排名第一的女羽天后；另外在「校友體育館」動土典禮所用的金鏟，也順利助成課外活動組的楊喻辣校友產下一對龍鳳胎，好兆頭與佳話不斷，希望也有給所有會員們帶來好的運道。

▲「百人會」確實已成為協助清華發展的重要力量

▲ 百人會好兆頭與佳話不斷,希望也有給所有會員們帶來好的運道

2011年清華畢業校友創業論壇致詞

2011年4月23日　星期六

　　首先歡迎並感謝來參加為慶祝清華大學百年校慶所舉辦的清華畢業校友創業論壇——關鍵產業的發展前景及相關的創業、就業機會。在清華園中，長期流傳的一句名言是清華有三寶：「校訓、校園與校友」。大學之大在精神之偉大，清華人秉持「自強不息，厚德載物」校訓，發揚光大，為民國史寫出燦爛新頁；清華校園水清木華，湖光山色，幽靜動人，有全台最美校園之譽；清華人才輩出，擁有五萬多傑出而向心力極強的校友，在各行各業頭角崢嶸，做出重大貢獻，勇於承擔「大學強則國家強，大學興則國家興」的歷史使命。

　　很感謝校友在近一年中慷慨回饋捐贈，幫助學校發展建設。1969級工程與系統科學系（原核子工程系）校友李偉德博士，於99年5月捐贈新台幣壹億伍千萬元協助興建「綠色低碳能源教學研究大樓」；1974級物理系校友謝宏亮董事長，捐贈母校價值不菲的羅丹巨型銅雕「沉思者」；本校為興建「多功能體育館」所發動之清華「百人會」，在校友會理事長曾子章先生率先捐出500萬元外，也促成旗下5家公司的清華校友總經理共同捐贈500萬元，在一百四十多位校友加持下，順利達陣，成功募得新台幣壹億柒仟萬元，用以興建「校友體育館」，將於校慶慶祝大會當日舉行動土典禮，預計在明年底即可完工啟用；由企業界校友籌設的大清華基金，已募得三億元資金，將以部分獲利所得挹注母校。另一方面永安船務副總經理陳俊秀先生將收藏「價值連城」的五千餘件珍奇甲蟲標本，全數都捐贈給本校，也是由1977級材料系張翼校友穿針引線促成。清華受到校友強烈支持，必當全力以赴，不負期待。

　　今日的論壇主講人大多為清華「百人會」的創業家校友，熱情前來參與並分享在創業上的體驗與獨到之處。主講者長期來積極與學校、校友互動良好，堪稱「清華至寶」，本人謹代表學校深致感謝之忱。

清華為慶祝百年校慶，策劃百項慶祝活動，而於4月22日至24日達到高潮。等一下本人需要先離開參加其他活動。照我的行程表，這三天之中至少要參加二十五項活動。「清華畢業校友創業論壇」是我今天參加的第一項活動。上午緊接著是在館外大草坪舉行的「百家爭鳴風箏大會」放風箏活動，接著在為環校路跑鳴槍及頒獎空檔，又要趕去成功湖畔參加一項別開生面的召集全省名叫「清華」的人組成的「清華名人會」活動，為所有預定到場的「清華人」都準備了一個只有姓的大名牌，雖然時間緊湊，卻也興味盎然，有道是「校長越忙，學校越旺」，大家必然跟我一樣希望校長更忙，當與眾校友共同努力，使校務蒸蒸日上，百尺竿頭，更進一步。

▶①大學強則國家
　強，大學興則
　國家興
　②2011年清華畢
　業校友創業論
　壇與會嘉賓

2012年清華企業家網絡協會高峰論壇致詞

2012年4月28日　星期六

　　今年以喜悅的心情來參加「第二屆清華企業家網絡協會高峰論壇」。去年協會舉辦第一屆高峰論壇，是一種創新的嘗試；很高興在大家努力下，不僅有一番盛況，而且備受好評。今年再接再厲，也熱鬧非常，未來產業高峰論壇有望成為清華的優良傳統之一，因此我們今天是在共寫清華的歷史。

　　有道是：「皇天不負苦心人」，前幾天新竹天氣很不穩定，常下傾盆大雨，威脅到今明兩天許多校慶活動。我聽說前兩天材料系有兩位在露天籃球場主辦慶祝成立四十年「千人宴」的教授曾去校內土地公廟參拜，祈求土地公保佑，今早果然風和日麗，真是心誠則靈。

　　昨天北京雕塑學院吳為山院長應邀到校演講「雕塑的靈魂」，他說：「清華大學是中國教育、思想、文化史的標記、座標與豐碑」，盛譽之下讓人思考這句話有沒有溢美呢？

　　今年三月底台師大修復梁實秋先生的故居「雅舍」，正式開放參觀，成為台北市第五個文學家故居。在此之前台北市有四位文學家，包括胡適（第二屆直接留美生）、林語堂（教授）、錢穆（西南聯大教授）、殷海光（西南聯大哲學系，清華大學哲學研究所畢業）諸先生，的故居開放參觀，這五位先生的共通點是他們都是清華人。

　　公元2000年時，大陸中國物理學會為紀念對中國物理發展最有貢獻的物理學界前輩，設立了胡剛復（第一屆直接留美生）、饒毓泰（西南聯大教授）、葉企孫（清華大學物理系畢業，教授）、吳有訓（教授）、王淦昌（清華學校畢業，助教）物理學獎，這五位物理學家都是廣義的清華人。

　　華人中最先獲得諾貝爾物理獎的李政道和楊振寧先生，最先獲得諾貝爾化學獎的李遠哲先生，不僅都是清華人，而且讓清華成為華人地區唯一擁有三位

諾貝爾獎得主的大學。他們就學期間，都在梅校長任上，誠如名作家岳南先生所言：「這個人才輩出，碩果延綿不絕的局機，不是偶然」。

上月荷蘭萊頓大學（Leiden University）公布2011年萊頓世界大學論文引用排行榜（Leiden Ranking，簡稱萊頓排名），尤其影響指標及引用次數的面向觀察，不論是以「發表前10%傑出論文之比例」或是「標準化後平均被引用的分數」作為排名統計，本校都居臺灣9所入榜的大學之首，在亞洲104所入榜學校中排第18名。這與歷年來各項大學排名評比，清華教師研究平均表現在兩岸四地大學中一直高居第一是相呼應的。

國科會「學術攻頂研究計畫」計畫，支持頂尖學者從事學術攻頂研究，每個計畫在五年間經費可高達一億元；總計過去三年全國僅通過八件，其中四件在清華，這也與歷年來，本校教授當選中研院院士，榮獲教育部、國科會等重要獎項比率遠遠超過其他大學之統計一致。中研院李遠哲前院長在很多場合提及，當年最優秀的師資都集中在清華，而這個優秀的傳統也一直延續到現在。

今年本校在頂尖標竿期刊發表論文上，更是喜訊連連，迄今已有刊登於Science期刊論文一篇，Nature期刊論文兩篇，Cell期刊論文一篇，充分顯示本校研究實力，而與2007－2011年本校教師於此三期刊共發表七篇論文相較，進步驚人。

見果知樹，清華擁有最多傑出而向心力極強的校友，1969級李偉德校友捐贈協助興建的「綠色低碳能源教學研究大樓」即將動工；1973級謝宏亮校友捐贈羅丹巨型銅雕「沉思者」已成清華地標；清華建校一百年來第一次由校友捐贈全部經費興建的體育館，也就是「百人會」促成的校友體育館，施工非常順利，三月五日在曾子章理事長與多位百人會會員見證下舉行上樑典禮，預計約半年時間即可完工啟用，屆時當敬邀各位會員一同慶祝。在台積館旁即將興建的清華實驗室，規劃由材料系、化學系、化工系以及物理系四系進行跨領域的實驗研究使用，部分工程款由使用單位籌募，原目標兩億元，已募集一億五千萬元，現目標已上看兩億五千萬元。在此要特別感謝陳繼仁校友經營的碩禾電子捐贈五千萬元，天瑞公司捐贈三千萬元，上緯企業蔡朝陽校友、承德油脂董事長李義發校友各捐贈一千萬元，化學系在系友會呂正理會長等人捐助下也順利募得三千萬的資金。同時百略科技林金源校友捐贈五百萬元為規劃中的社會創新中心種子基金，曾子章會長捐贈三百萬元為校友會活動經費等。另一方面

沈君山前校長之胞妹與妹婿以沈校長名義捐贈六百萬元，協助完成其在校園中設立奕園的願望，在在都見校友與社會人士對清華的殷切愛護。而由企業界校友籌設的大清華基金，已募得三億元資金，將以部分獲利所得挹注母校。

　　凡此種種及其他，我們可很有信心的說：「清華大學是中國教育、思想、文化史的標記、座標與豐碑」，並非溢美。TEN會員為清華校友中的菁英，未來學校發展，必多仰賴諸君協助，在清華品質、品味與品牌基礎上，以積極作為，早日達成華人首學，世界頂尖名校目標。

2013年清華企業家網絡協會高峰論壇致詞

2013年4月27日　星期六

　　今天是以很欣悅的心情來參加第三屆清華「企業家網絡協會」高峰論壇；高峰論壇在大家努力下，已成為清華的優良傳統之一，校慶前一日的標的活動，精彩風情的一環，是清華「企業家網絡協會」送給母校絕佳的禮物。

　　昨天我參加學生會舉辦的校慶系列活動開幕以及「才子才女達人秀」，我致詞的時候說到，剛接到學生會邀請時有些錯愕，因為這半月來每天都在參加校慶活動，所以開幕有些遲來，後來雖弄清楚是「學生會校慶系列活動開幕」，即使如此，僑外生已在上週辦了「美食展」等三項活動，學生合唱團也辦了慶祝五十周年音樂會，好不熱鬧，今明兩天我預定參加十一項校慶活動，也說明現在校園活動豐富而多元。

　　在過去一年，本校各種活動，包括從約半月前開始，本校舉辦一連串的慶祝校慶活動中，幾乎都會感受到清華人內含的博大精深，對國家社會的卓越貢獻；三月初清華國學院四大導師之一的陳寅恪先生三位女公子連袂來訪，而陳先生被譽為「三百年來史學第一人」，王國維先生學術成就「幾若無涯岸之可望、轍跡之可尋」，且為中國近代美學最早的開拓者；早在1902年，他翻譯日文書，用了「美學」、「美感」、「審美」、「美育」、「優美」、「壯美」等詞彙；去年九月舉辦的「清華文武雙傑紀念會」紀念吳國楨與孫立人校友，在1949年，中原板蕩，國民政府播遷台灣，風雨飄搖之際，吳國楨省主席與孫立人將軍，一文一武分別擔任台灣軍政首長，對台灣社會政治、軍事局勢發揮了中流砥柱的作用，奠定後來穩定發展，建設台灣為自由民主基地良好基礎；去年適逢梅貽琦校長逝世五十周年，學校舉辦系列紀念活動，而於十月舉行「梅貽琦校長逝世五十周年紀念會」緬懷兩岸清華永久校長，梅貽琦校長是民國以來有數的偉大教育家，風範長存。

4月10日為本校榮譽講座，有「華人世界新詩祭酒」之譽的鄭愁予教授辦的「八十壽誕詩樂禮讚」中，我們可以指出清華第二屆直接留美生胡適先生在民國八年出了中國第一本個人新詩集《嘗試集》；最負盛名的「新月詩社」，除徐志摩外，胡適、梁實秋、聞一多、沈從文、葉公超、林徽因等人都是清華人，連「新月」之名也是受時任清華教務長的張彭春先生建議所取；另一方面，長期擔任清華中文系系主任的朱自清先生除為散文大家外，新舊詩都很有造詣，西南聯大時代的教師陳夢家、穆旦等都是有名詩人。因此清華在現代中國新詩發展中，有不可磨滅的地位。

　　去年本校邀請前美國在台協會駐台北辦事處處長，也是第一位選擇在台長期定居的美國大使級外交家，司徒文博士在「通識講堂」演講；自然會想到在民國外交界大放異彩的清華人，除多位校友擔任駐外大使及公使，舉足輕重；在我國駐美大使中，知名度最高，貢獻最大的三位分別是胡適、葉公超、蔣廷黻先生，也都是清華人；胡適先生於1938－1942年，對日抗戰期間，任駐美大使，在爭取美方對中國的支持發揮了關鍵的作用，清華教授，曾任西南聯大外國文學系系主任先生葉公超有「文學的天才，外交的奇才」的美譽，於1950－1956年任外交部長，1956年－1961年任駐美大使；1929－1935年任清華大學教授、歷史系主任的蔣廷黻先生，1947－1962年任常駐聯合國代表，1961－1965年任駐美國大使；另一方面，1905年至1909年任美國駐華大使的柔克義（William Woodville Rockhill）先生，在任上成功協助清廷駐美公使梁誠先生堅持將美國退還多索的庚款作為教育之用，對清華的建立，功不可沒。在這個背景下，我很高興藉此機會向大家報告，前美國在台協會駐台北辦事處處長，也是第一位選擇在台長期定居的美國大使級外交家，司徒文博士已決定接受本校聘請，擔任「葉公超講座」，司徒文先生是英語文學博士，退休前是有三十四年資歷的資深外交官，曾經派駐巴基斯坦、黎巴嫩、南韓及澳洲，並曾兩度派駐北京的美國大使館。2009年至2012年間曾任美國在台協會台北辦事處處長，任內成就包含台灣獲加入免美簽計畫候選國以及促成美國資深官員來訪等，卸任後於台北美國學校任教，2012年7月17日獲頒大綬景星勳章，同年8月1日獲頒表徵在台外國人士特殊成就的外僑永久居留證「梅花卡」。未來將主持本校預定設立的「亞洲政策中心」，將為本校在民國外交政策之貢獻再創高峰。

去年與今年本校師生在頂尖標竿期刊發表論文上，表現突出，去年全台以通訊作者份發表於「科學」（Science）與「自然」（Nature）期刊論文共七篇，本校即有四篇，占一半以上，超過「天下兩分，清華居半」的說法；今年到現在為止，清華已有四篇論文在Science期刊發表或被接受，也就是說本校在不到一年半時間已在Science與Nature期刊發表論文八篇，而與2007－2011年本校教師於此二期刊共發表七篇論文相較，進步驚人。另外今年一月底公佈的國科會傑出研究獎，本校有十位教授獲獎，平均清華每100名教授就有1.59人得獎，獲獎人均值高居全國第一名，不僅高於居第二名學校人均值1.29，而且遠高於其他學校一倍以上。

　　另一方面，清華同學甫於上週拿下首屆亞洲大學生超級電腦競賽第2名，在棒球與足球方面，均分別在大專棒球與足球聯賽中，拿到同級冠軍，桌球隊刻在宜蘭大專運動會中衛冕，今年首屆「清華台大友誼賽」，本校也以9：5比數告捷。

　　在校園軟硬體建設方面，清華建校一百年來第一次由校友捐贈全部經費興建的體育館，也就是「百人會」促成的校友體育館，已與去年十一月十五日完工啟用；學習資源中心，總圖書館部分，於三月四日啟用，四月十一日則舉行了整個「旺宏館」啟用典禮，除總圖書館外，新的「國際會議廳」、階梯講堂、遠距教室、視訊會議室等也加入了學習中心的行列，使「旺宏館」成為一個更具學習功能的場館，而從新總圖開館以來校內校外佳評如潮看來，初步成效已顯示出來；沈君山前校長之胞妹與妹婿以沈校長名義捐贈六百萬元，協助完成其在校園中設立的「奕園」，預定6月1日正式開幕；而在三個月以內將陸續動工的五大建築，包括1969級李偉德校友捐贈協助興建的「綠色低碳能源教學研究大樓」；由材料系、化學系、化工系以及物理系四系進行跨領域的實驗研究使用的清華實驗室，部分工程款由使用單位籌募，目標兩億元，基本上已達標；其他尚有創新育成中心、生科三館與學人宿舍，在兩、三年內完工後，不僅切合所需，必將成為清華美麗風景線最新景點。在此要特別感謝陳繼仁校友經營的碩禾電子捐贈五千萬元，天瑞公司捐贈三千萬元，曾子章會長捐贈一千六百萬元，上緯企業蔡朝陽校友、承德油脂董事長李義發校友，正文科技陳鴻文與楊正任校友各捐贈一千萬元。而由企業界校友籌設的大清華基金，今年更以部分獲利所得八百萬元挹注母校。

總之清華在過去一年在優良的傳統、堅實的根基上，加強軟硬體建設，在教學、研究、服務上力求精進，未來將持續以宏觀理念、積極作為，在校友及愛護清華人士支持下，向華人首學大步邁進。

◀①「企業家網絡協會」高峰論壇已
　　成為清華的優良傳統之一
　②成群傑秘書長代表捐款給母校

2012年清華校友會理監事會致詞

2012年2月17日　星期五

　　每次參加校友會理監事會都倍感溫馨，因為清華校友對學校向心力最強，而理監事更是其中佼佼者、對學校最關心愛護，在此除藉開春之際，祝大家「龍年行大運」外，也要對各位過去對母校的強力支持，再次致最深沉的謝意。

　　清華大學去年慶祝百周年，在校友的積極參與下，舉辦了百項以上的活動，全校師生同仁以及校友，以辦喜事的心情盡心盡力，力期辦得盡善盡美。成果可謂有聲有色，可圈可點。

　　兩個禮拜前我與台灣聯合大學系統幾位校長與同仁一起參訪美國加州大學系統總部與幾個大學，返國前有機會與南加州兩岸清華校友聚會，並以「清華100：過去、現在、未來」為題演講。內容主要是兩岸清華歡慶一百周年，除了要緬懷光輝的過去，把握光榮的現在，光明的未來是可以期待的。同時在這個旅程中，我們有機會與Santa Barbara楊祖佑校長會面。楊校長是徐賢修前校長生前摯友。他提到當年蔣介石總統告訴徐賢修前校長：「台灣的未來靠經濟發展，經濟發展靠科技發展，而科技發展要靠清華」，說動了他辭去美國普渡大學教職返回母校擔任校長。徐校長後來果然不負期望，先於1970－1975擔任校長，1975年轉任國家科學委員會主任委員，工業技術研究院董事長等職。在其任職國科會期間，對於在新竹設立科學工業園區一事居功厥偉。一方面可見清華在蔣介石總統心目中的地位，同時也可看到清華人對台灣社會貢獻之一例。

　　清華教授去年持續在教學與研究上表現卓越，獲得獎項與肯定無數。開春以來，更是捷報連連。首先國科會公佈100年度「國科會傑出研究獎」，本校有八位教授獲獎。尤其值得注意的是，動機系在去年與今年各有兩位教授獲獎。同時在上週中央研究院院士會議中，何志明院士兩次在全體數理組院士面

前，提到本校奈米微系統研究為亞洲第一。週一因為江安世教授所帶領的跨領域研究團隊，在長期記憶的形成研究的突破，成果以長篇完整論文的方式發表在Science期刊上，在國科會舉行的記者會得到很大迴響。在此預告本校有另兩項研究突破，不久將分別在Nature與Cell刊出。同時，去年本校在申請邁向頂尖大學計畫，規劃「奈米科技」頂尖中心，據研發處統計，本校在奈米材料與元件研究上，所發表於標竿期刊的論文篇數，要優於大多數倫敦泰晤士報高教排名前二十名的學校。

同時本校同學在指導老師領軍下，在國內外大賽屢傳捷報，如資工系學生團隊榮獲全球最大規模的超級電腦研討會「國際高速計算會議學生叢集電腦計算競賽」世界冠軍連莊榮譽；資工系學生團隊榮獲微軟全球潛能創意盃「嵌入式系統組」冠軍；本校阿卡貝拉人聲樂團「海鷗‧K」，到韓國參加人聲樂團亞洲大賽，赴香港參加2011「香港無伴奏合唱比賽」，均順利為台灣抱回大賽冠軍等。種種訊息，顯示本校研究在打「國際賽」，而且迭傳佳績。

在學校建設上，去年已完成之重大工程，包括：教學大樓（台達館）、學習資源中心（旺宏館）、一千床位的清齋學生宿舍……等工程。目前進行或規劃中新建工程，包括：多功能運動館、學人宿舍、創新育成大樓、生醫科技大樓、綠色低碳能源教學研究大樓、清華實驗室、一招B棟新建工程等。清華實驗室規劃由材料系、化學系、化工系以及物理系四系進行跨領域的實驗研究使用，部分工程款由使用單位籌募，目標兩億元，進行相當順利，預計於近期內達到募款的目標。

今年適逢梅校長逝世五十周年，新竹清華正規劃一系列紀念活動。《一個時代的斯文：清華校長梅貽琦》作者之一的鍾秀斌先生預計下週到校訪問。另外新竹清華駐校作家岳南先生去年出版《南渡北歸》套書，是以民初到內戰時期知識份子遭遇為主題的巨作。在時報出版社為本套書所出專刊中，列舉二十八位學術大師，其中至少有十九位為清華人。從一個清華人的觀點來看本書，感覺處處皆見清華人，遍地皆為清華事，情節扣人心弦。岳南先生有意以三年時間，撰寫《梅貽琦大傳》，兩岸清華共同永久校長行誼，在岳南先生史家筆下將得以廣為流傳，是所有清華人所深切期待的。另一方面，清華國學院四大導師之一的梁啟超先生曾孫女梁帆博士目前在擔任新竹清華客座教授講授「經濟學與倫理學」課，並擴及生態經濟學及與氣候變化相關的課程。去年岳南先

生除在清華通識講堂以「二十世紀知識份子的南渡北歸——以西南聯大為主軸的起承轉合」為題演講。並與梁帆女士共同參與「梁任公來台百年紀念會」。今年學校規劃邀請清華名師後人到校訪問交流，並積極籌建清華名人堂。清華百年風華，有大師前賢光耀，發揚光大是現今清華人的責任與使命，能不凜然？

　　新竹清華擁有最具向心力的校友，工程與系統科學系（原核子工程系）1969級校友李偉德博士，於2010年5月捐贈新台幣壹億伍千萬元協助興建「綠色低碳能源教學研究大樓」；1973級物理系校友謝宏亮董事長，捐贈價值不菲的羅丹巨型銅雕「沉思者」；清華所發動之「百人會」，也在校慶前達陣成功募得新台幣壹億柒仟萬元，用以興建「校友多功能體育館」；今年即將動工的清華實驗室，將供材料、化學、化工以及物理系四系進行跨領域的實驗研究使用，目標向校友募款兩億元，也迅速獲得超過壹億肆千萬元捐贈，達陣之期不遠。另一方面由企業界校友籌設的大清華基金，已募得三億元資金，將以部分獲利所得挹注學校。

　　去年教育部第二期「邁向頂尖大學計畫」審議結果出爐，本校獲得每位學生所得經費最高，總額每年新台幣12億元補助。最近並蒙新竹市政府同意無償撥用緊鄰本校南校區6.43公頃文教用地作為本校新校區，使本校得以持續提昇軟硬體建設，強化教學、研究，並擴展國際化視野，在全校師生的努力下，成為華人地區首學、邁向世界頂尖大學的目標，將指日可待。

　　去年上海交大的大學評比結果，在兩岸四地三千多個大學中，北京清華第一，新竹清華第四，如果考慮規模因素，新竹清華是第一。兩岸清華合作，打遍天下無敵手，一加一遠大於二，相信在眾校友強力支持下，兩岸清華必可共創第二個燦爛百年。

2012年第六屆清華校友會理監事會餐會致詞

2012年10月24日　星期三

　　今天我是抱者很歡樂的心情來參加校友會理監事會。前不久，簡主秘拿新當選的理監事名單給我看，發現所有的新科理監事都是長期關心愛護母校的校友，今天與熟識的熱愛母校的校友餐敘，真是分外愉悅。

　　由於這屆的理監事都是「百人會」的會員，我首先要向大家報告一個好消息，清華校史上第一個完成由校友捐建的「校友體育館」已拿到使用執照，週內即會完成驗收，預定於十一月十五日舉行啟用典禮；另一方面，「百人會」的會員名錄已勒石完成，將永久展示於館前，請大家屆時務必共襄盛舉，並留影紀念。

　　清華在過去一年，在教學、研究、服務上都有良好的表現，多位教師與學生團隊榮獲國內外難得的獎項，尤其難能可貴的是新進教師表現非常優異，例如今年國科會「吳大猷先生紀念獎」與中央研究院「年輕學者著作獎」，本校各有六位與兩位同仁獲獎，除維持占全國比率最高的佳績外，比友校交大與成大多出一倍；同時本校今年在標竿頂尖期刊論文發表上，大放異彩；尤其令人興奮的，據台灣科學雜誌「科學人」評選，今年台灣十項科技突破，清華工作占了五項。另一方面，本校學生團隊在國際大賽屢傳捷報，如資工系學生團隊榮獲全球最大規模的超級電腦研討會「國際高速計算會議學生叢集電腦計算競賽」世界冠軍連莊榮譽；資工系學生團隊榮獲微軟全球潛能創意盃「嵌入式系統組」冠軍；本校阿卡貝拉人聲樂團「海鷗・K」，到韓國參加人聲樂團亞洲大賽，赴香港參加2011「香港無伴奏合唱比賽」，均順利為台灣抱回大賽冠軍等。

　　在學校硬體建設方面，教學大樓（台達館）與達一千床位的清齋學生宿舍

已正式啟用；前述「校友體育館」，已拿到使用執照，預計於月底啟用，屆時將可供羽球、排球、韻律操以及啦啦隊活動用，原羽球館改為桌球館，現桌球運動場地將移用為較現規模大三倍的健身房；另一方面，學習資源中心（旺宏館）正進行內裝，預定於下學期開學前啟用。一招B棟新建工程預定於本月二十八日上樑，預定於明年校慶前啟用，目前規劃的功能是訪客與接待中心、名人堂、教師與校友聚會所等。再次，沈君山前校長之胞妹與妹婿以沈校長名義捐贈六百萬元，協助完成其在校園中設立奕園的願望，已順利以公共藝術邀請比件方式選定設計施工團隊，預定明年初即可完成。值得一提的是，奕園規劃由蔣亨進教授全程主導參與，並蒙林海峰國手協助，月蒐集到世界頂尖六位圍棋大師，包括吳清源、林海峰、日本木古實、韓國曹薰鉉、中國大陸聶衛平以及陳祖德大師墨寶及珍局，讓奕園深具潛力成為未來的世界圍棋勝地。

在即將動工的建築方面，包括1969級李偉德校友捐贈協助興建的「綠色低碳能源教學研究大樓」、學人宿舍、創新育成大樓、生醫科技大樓、清華實驗室。清華實驗室規劃由材料系、化學系、化工系以及物理系四系進行跨領域的實驗研究使用，部分工程款由使用單位籌募，已很接近原目標兩億元，已上看兩億五千萬元。在此要感謝曾子章理事長、陳繼仁、李義發、蔡朝陽、陳鴻文與楊正任校友協助材料系、物理系、化工系達標，化學系在呂正理校友操盤下，希望藉值年校友之力，以三年為期逐步募集，所以這屆每次理監事會呂校友都會應邀作進度報告；最近，學校有籌募「逐夢獎學金」活動，也迅速獲得理監事中的盧崑瑞、唐迎華、謝詠芬、徐清祥校友支持，在此一併致謝。

今年適逢兩岸清華永久校長梅貽琦校長逝世五十周年，新竹清華舉辦一系列紀念活動；在此要特別邀請大家參加本月二十六、七日舉行的「梅貽琦校長逝世五十周年」紀念會，屆時與梅校長有密切互動的鄧昌黎院士、北京清華顧秉林前校長等將全程參與，同時二十六日下午四點半將舉行祭梅典禮，也請大家不要錯過。

2013年清華學堂開學典禮致詞

2013年7月28日　星期日

很歡迎大家來參加「清華學堂」開學典禮，「清華學堂n」為一開放式「逆境突圍：CEO的十大管理挑戰」之高階主管培訓課程（Executive Development Program），以CEO面對卓越經營和產業趨勢力的十大挑戰做為課程主軸，整合業界領袖與清華知名教授分享實戰的智慧和產業洞見，同時也提供互動機會，讓參與課程的企業高階主管，能夠加入兩岸清華綿密的校友網路。

「清華學堂」乃國立清華大學之前身，1911年利用美國退還的庚子賠款而成立，另外「百年清華第一樓」，正是「清華學堂」，開啟清華致力於培育具備科學與人文素養的清華人的華美篇章；積累百年輝煌歷史與光榮傳統，清華大學重新賦予「清華學堂」全新的時代意義，回到辦學校訓「自強不息，厚德載物」的宗旨，以跨領域、跨產業的思維，邀集清華傑出校友，榮譽博士等擔任課程講師，以整合產、官、學三方的觀點與資源，凝結清華校友之凝聚力。

參與的業師均為國內產業界領袖且多為與清華傑出校友，每年帶領團隊為台灣創造出數以千億元計的產值。業師陣容包括台達電榮譽董事長鄭崇華、聯發科董事長蔡明介、旺宏電子董事長吳敏求、欣興電子曾子章董事長、五鼎生技沈燕士董事長、威剛科技陳立白董事長、碩禾電子陳繼仁董事長、閎康科技謝詠芬總經理、世博科技周延鵬執行長、玉山金控黃男州董事長、台積電文教基金會陳健邦董事……等。

搭配強大業師陣容，清華推出教學經驗豐富、行政或業界資歷完整的教授，除了有本人介紹清華精神與傳承外，如劉容生教授、史欽泰教授、金聯舫教授、李家維教授、王茂駿教授、洪世章教授、鍾經樊教授、范建得教授、簡禎富教授等。課程將融合產業界及學術界觀點，綜觀全局。最近大陸有一項品牌評比，分為有名、知名、著名、馳名等級，清華此次推出的教授群，毫無疑

問的是屬於最高等級、具有金字招牌的。

　　上星期在台灣有一項「兩岸四地大學校長論壇」活動，在清華參觀了「奕園」與「旺宏館」，北京清華顧秉林前校長也全程參與，並代表與會校長們接受清華致贈的紀念品，我在歡迎會中特別澄清有關兩岸清華的兩件公案，一是新竹清華是否因持有清華創校大印而為兩岸清華正統？二是庚款基金孳息分配問題，而兩校除校名外，有共同的校訓、校歌以及極為接近的校徽，同根同源關係之密切為兩岸大學之最；另一方面，兩岸清華互動的綿密可由我與顧校長在約三年期間，有十幾次交流會面的機會，而與新任的陳校長，也見了四次面，並在他來訪時，共同到梅校長墓前致敬；而兩岸清華校友們近年來也積極推動在大陸設立「兩岸清華研究院」，雖因政府法令限制，目前難以實現，但最近有一批校友擬議設立「兩岸清華交流中心」，而由兩岸清華共同開授「高階經理管理碩士專班」等，由於兩岸大學在境外共同開班已有前例，應有可行性，一旦正式施行，將讓兩岸清華交流向前跨一大步。

　　本高階主管培訓課程特別集校友胡適先生墨寶設計「清華學堂n」作為清華學堂專屬LOGO，將百歲華誕視作一個起點，期盼它從此走向更輝煌的第二個、第三個、第N個百年。同時也意味清華人之n次方擴展，持續提供高階經理人終身學習及人脈加乘的資源，薪火相傳清華精神。

　　課程進行方式由教師與業師協調授課形式，基本形式為教師60分鐘教學、其餘時間安排業師教學、演講，分享實務經驗與精闢見解，課末並安排Q&A互動時間。值得一提的是課程費用將全數捐予清華人學作為校務發展之用，很感謝大家鼎力支持，清華大學將持續戮力教學、精進研究，加強服務，追求卓越，為邁向國際頂尖大學而努力。

①頒發聘書給業師，由
　台達電鄭崇華榮譽董
　事長代表接受
②講述清華歷史
③整合業界領袖與清華
　知名教授分享實戰的
　智慧和產業洞見

2013年清華學堂校友座談會引言

2013年8月18日　星期日

　　很歡迎大家來參加「清華學堂」校友座談會，今天參與座談的校友包括校友會曾子章理事長、清華企業家網絡（Tsing Hua Entrepreneur Network，TEN）蔡能賢副會長、北京清華企業家協會（Tsinghua Entrepreneur & Executive Club，TEEC）李泉生會長、北京清華繼續教育校友會劉小明會長、清華高階經理管理碩士班（Executive Master of Business Administration，EMBA）林建宏理事長等，陣容可謂「鑽石級」，首先要感謝他們的熱心參與。

　　清華校友的特色是對學校向心力極強，去年十二月，材料系84級校友周立人教授不幸患病去世，我到安寧病房看他時，他剛好從昏迷中醒來，要求我與他一起唱校歌，不久，又要求再唱一次，唱完後，顯然得到很大的安慰，閉眼睡去，到九小時後逝世；校友在臨終前要求與校長一同唱校歌，一定是因為清華是它魂縈牽繫的最愛，而這種精神可以在許多清華校友身上看到；有人說，因為清華校友對學校強力支持，清華的校長很好做，對後一部分，本人略有保留，對前一部分，則全心強力認同。

　　以本人擔任校長以來而言，有1969級李偉德校友捐贈一億五千萬元協助興建「綠色低碳能源教學研究大樓」，校友以「百人會」方式籌募捐贈全部一億七千萬元經費興建的「校友體育館」，已於去年十一月15日正式啟用，值得一提的是當初成立「百人會」是希望有一百位熱心校友各捐贈一百萬元協助學校興建「多功能體育館」，獲得校友們熱烈的響應，約有一百五十位校友「共襄盛舉」，迅速的募得一億七千兩百萬元，學校並決定以「校友體育館」命名；這裡要感謝「清華學堂」許多學員，如朱效鴻、朱銘清董事長、曾建煌董事長、施義成總經理、馬國鵬總經理，參與座談的曾子章理事長、TEN蔡能賢副會長以及今天在場的盧崑瑞董事長、謝詠芬董事長、呂正理董事長、許明德董

事長,同時台灣北京清華EMBA校友會沈會承會長以及香港清華校友會李佳林會長都是會員;由於「百人會」對學校的幫助以及加強校友間以及與學校互動的積極作用,學校決定擴大「百人會」的成員為所有已為清華認同而就各種項目捐獻的校友;我們很高興昨天有一位最新的會員加入,她就是今天與談的劉小明會長;由於兩岸通匯的問題,捐款無法直接由大陸帶來台灣,而昨天劉會長剛抵台,即得到朱效鴻董事長的協助,由銀行經理帶來一百萬元現鈔,也就是一千張千元大鈔,很是壯觀,本人謹代表清華,再次歡迎並感謝劉會長加入「清華百人會」。

另一方面,物理系73級蔡宏亮校友捐贈價值不菲的有二十世紀最偉大雕塑家之譽的羅丹大型銅雕「沉思者」,已成清華地標之一,由材料系、化學系、化工系以及物理系四系進行跨領域的實驗研究使用的清華實驗室,部分工程款由使用單位主要向校友籌募,目標兩億元,基本上已達標,特別值得一提的是,上週大師講座陳繼仁董事長即獨捐五千萬元;同時本校最近成立「亞洲政策中心」,中心之下設置「葉公超講座」,邀請美國駐華代表處前處長司徒文博士擔任,「亞洲政策中心」的成立,也獲得多位校友捐款支持,包括在場的施義成總經理、曾子章理事長、蔡能賢副總經理、盧崑瑞董事長、謝詠芬董事長等,總之學校一有需要,校友必然熱烈支持;另一方面,由企業界校友籌設的大清華基金,自去年起更以部分獲利所得挹注母校,兩年累計已達一千四百萬元。

今天「清華學堂」舉辦校友座談會,首先由葉副校長介紹「校友服務中心」業務,再請幾位與談校友分享清華經驗與期待;各位學員下月結業後,即將成為清華最新校友,「一日清華人,一世清華人」,同時兩岸清華一家人,歡迎大家加入清華大家庭。

2013年清華學堂結業式致詞

2013年9月15日　　星期日

　　百年清華源起「清華學堂」，多年來戮力教學、作育學子，培養眾多產、官、學界領袖。當前全球的經濟局勢對企業經營是一個挑戰的年代，而做好企業管理在這個階段益形重要。今年暑期本校重新賦予「清華學堂」全新意義，秉持辦學「自強不息，厚德載物」宗旨，以跨領域、跨產業的思維，邀集清華傑出校友、榮譽博士等配合清華名師擔任課程講師，整合各方的觀點與資源，從趨勢、創新、市場、生技、產業、創業、法律、科技、人才、財務、品質、策略各面相切入，建立首屈一指的平台，持續提供高階經理人專業的終身學習及人脈加乘的資源，傳承清華精神給下世代之經理人。

　　2013「清華學堂n」於7月28日開始展開，到今天結業，第一屆50位背景多元學員，在12堂課程中，透過業師長久累積的經驗傳承及教授深入淺出的講解，透過演講與對談傳授跨領域實務經驗，積蓄更多的能力，逆境突圍攀登事業高峰。業師們毫不藏私的將獨門之秘「傾囊相授」，可媲美漢代集經學之大成學者鄭玄將其《春秋注》盡與另一學者服子慎，遂為服氏注。這典故出自《世說新語・文學篇》一則故事：「鄭玄欲注春秋傳，尚未成，時行與服子慎遇，宿客舍。先未相識，服在外車上與人說己注傳意，玄聽之良久，多與己同。玄就車與語曰：『吾久欲注，尚未了。聽君向言，多與我同，今當盡以所注與君。』遂為服氏注。」乃成「傾囊相授」美談；另一方面，學員因多是產業界的資深工作者，課程也相應增加互動與討論時間的比重，並藉由思辨與交流思維的方式，讓學員獲得更多學習成果。而學員也透過事前的小組討論，讓課堂中的雙向交流更為熱絡。在我親身參與的課程中，看到許多學員提出很有深度的問題，也得到講師們縝密詳實的回應，擦撞出不少智慧火花，獲益匪淺。

有人將學校與產業界的步調比較以「山中方一日，世上已一年」形容，學校蓋建築，日程以年計，不像企業界蓋工廠以月計，畢竟「十年樹木，百年樹人，」但在「清華學堂」修業期間，也有幾件對清華重要的事件發生，一是八月初公佈的指考成績，據指考分析專家告知，今年清華新生指考相對成績，較往年進步很多，而電機系也順利的進入第二類組前八志願；另一是本校於八月30日獲頒本年度行政院國家品質獎，是機關團體組唯一獲獎單位，也是第一家榮獲此一殊榮的國立大學！這顯示本校除學術聲譽傲人外，在經營管理方面，也受到相當的肯定；同時最近公布的「上海交大兩岸四地大學排名」2012年排名，本校排名第三，較2011年進步一名。根據這項調查，北京清華、台大分列第一、二名，第四至十名分為香港科大、香港中文大學、香港大學、北京大學、新竹交通大學、浙江大學、復旦大學；清華雖次於北京清大、台大，但是受限於規模以及資源投入，如將此兩項因素納入考慮，則清華是名副其實的「華人首學」。這些都是相當正面的消息，相信大家一定「與有榮焉」。

　　另外我也要向大家預告的下週將發生的大事，就是清華將於下週日，在美國矽谷舉辦招生說明會，這是國內大學的創舉；清華以由美國退還多索庚款設立的背景以及身為「華人首學」的地位，認為是一個幫助台灣與清華國際化「利人利己」的方案；也很感謝與高興，當初提出構想的69級核工系李偉德校友個人捐贈十名全額獎學金做為配套措施；李偉德校友即是我在「清華一百問」中提到清華校史上校友獨力捐贈母校最大金額一億五千萬元的傑出校友，其公子從美返台而現就讀本校化工系二年級，是清華在美招生的最佳廣告。

　　本年「清華學堂n」是首次創舉，感謝以企業界高階主管為主體的學員積極參與，據了解，學員們來自傳產與高科技產業約各居一半，有遠自高雄、宜蘭遠道而來，開講期間，許多學員保持全勤的記錄，難能可貴；希望絕大多數的學員們都會覺得「不虛此行」；前天晚上我到「新竹縣藝文中心」觀賞本校一位深度視障的莊靜潔同學參與由「身障者聯盟」演出的音樂會，巧遇本學堂學員，他很親切的跟我打招呼與寒暄，代表一種新的連結，我也深切盼望各位學員都會珍視與清華建立的永久連結，而成為名副其實的大清華家庭一份子。

▶ 頒發清華學堂書包，與業
　師台達電鄭崇華榮譽董事
　長一同合影

▼ 盼望學員珍視與清華建立
　的永久連結，而成為名副
　其實的大清華家庭一份子

2013清華學堂大師講座

2012年EMBA校友會團圓日晚宴致詞

2012年8月11日　星期六

　　很高興參加EMBA校友會團圓日晚宴，大家在團圓日圓滿團聚、團緣與團結，喜氣洋洋，能與大家一起分享喜悅，是不容錯過的盛會。

　　今天我上台帶來的道具是EMBA校友會eNEWS年度會訊首刊號；我在應邀寫序時，深刻感受到會訊封面背頁所揭櫫的萌芽、成長、茁壯、豐收、喜悅、呵護、付出與感恩的體驗與情懷，濃厚的同學與師生情誼，美好的與同儕切磋互動回憶，以及感染到的清華大學學術氣息與人文價值；也從歷屆校友專訪的故事中，領略清華企業家精神的正面意義。欣見校友會在最先兩任張會長與唐會長領導下奠定良好基礎，尤其自「窩心、向心、發心」展開各項校內外活動及校友關懷，帶動起各屆校友的反應及迴響。這種良性互動，在以理工及製造見長的園區生活圈來看，是一個值得關注及長期培養推廣的以人為本方向。也很恭喜唐會長榮膺今年科管院傑出校友，代表EMBA校友們共同的成就及榮耀。相信未來校友會在新任林會長承先啟後下，會務定會蒸蒸日上。

　　清華在去年歡慶百周年時發動以「校友百人會」方式籌募建造多功能體育館經費，獲得EMBA校友熱烈支持。「百人會」會員包括04級唐迎華及09級黃貞純校友夫妻檔、05級施志賢校友、朱曉鴻校友及公子朱銘清董事長、10級曾建煌校友及高堂曾吳碧蓮女士、陳志鴻、呂勝宗、陳明俊校友，11級余明光校友，13級鄭明明、曾瀞瑩未來校友，分別是曾建煌校友夫人與胞妹，關係千千重，但愛校之心如一。很高興向大家報告，「校友體育館」興建非常順利，下個月初即將落成；同時我要特別提出11級余明光校友於今年三月慨贈TOYOTA七人座校車，並充當招生的帥氣模特兒；10級陳明俊校友是去年工學院傑出校友，之前響應母校建設綠色校園的努力，捐贈燃料電池車用氫氣罐交換站，而10級呂勝宗校友是今年工學院傑出校友，長期捐助材料系學弟妹，包括2003年

第二類組榜首之材料07級徐伯鈞同學獎學金；另外北京清華台灣校友會沈會承會長與香港清華校友會李佳林會長也共襄盛舉，顯示兩岸清華同根同源，同為一家人的深厚情誼。

今年適逢梅校長逝世五十周年，梅校長一生奉獻給清華，在兩岸清華擔任校長二十四年期間，奠定了北京清華與新竹清華在兩岸分別成為數一數二名校的基礎，是兩岸清華永久共同校長。為紀念梅校長逝世五十周年，學校規劃一系列的紀念活動，包括在四月校慶時邀請名師後裔訪台，九月二十一日舉辦吳國禎與孫立人校友紀念會，十月二十六、七日舉辦為期兩天的紀念研討會，北京清華的陳吉寧校長已表示將盡量來台參加，屆時將會是兩岸清華盛事。

不久前，本校歷史所李弘祺教授送我一本他的大作《學以為己》，書中開始即引用《論語・憲問篇》中孔子說：「古之學者為己，今之學者為人」，續以孟子、荀子與朱熹的闡述，主要是說教育的意義，來自各人自身的進取與興趣，充實自己，而非在乎別人肯定以及自身利益，偏重功利考量。很令人惋惜的是，現今許多學子進入大學是為滿足家人親友期待或為獲取學位，不了解學習求知的真諦；EMBA的同學們，在職場有相當工作經驗後，毅然回到學校學習，當然是有為而來；一方面有很高的求知慾、企圖心，對未來有所期許與規劃，一方面能善用時間，求取進步，孟子以「得天下英才而教育之」為君子三樂之一，EMBA的同學是大學的夢幻學生群。

去年有日本諾貝爾獎之稱的「京都賞」得主John Cahn 博士，曾於約三十年前到清大材料系講學，最近受訪時對學子贈言「learn how to learn on your own」，也就是學習自我學習，由於知識不斷快速流動，人要學會自主學習，如只靠老師教，很快就會落伍，融會貫通，自我發揚，才是為學之道，與孟子在兩千多年前說：「君子深造之以道，欲求自得之也」，不謀而合。

EMBA班同學們在心智上比較成熟，事業有成，在EMBA學習中，增廣見聞，磨礪器識，建立人脈網絡，如果凝聚起來對學校的助力會非常巨大。12級的鍾現同學曾建議學校以「打造華人首學，邁入世界頂尖」為目標，這兩句箴言最後出現於清華百周年紀念郵摺中，是EMBA校友協助清華求新求進的表率。本人期勉諸位EMBA校友向心、發心，做個新世代全方位高階經理人，並與學校共同努力「打造華人首學，邁入世界頂尖」。

2013年清華EMBA／MBA團圓晚宴致詞

2013年8月11日　星期日

　　很高興來參加EMBA／MBA校友會會員大會晚宴，清華與民國同壽，EMBA則與二十一世紀同壽，屆別很容易記，MBA歷史相對較複雜，要參詳一陣子才弄得清楚，但正如本人所收到的請柬上所註明：「團結清華，緣聚一堂」，大家都是清華人，有緣聚於一堂，當依照校訓「自強不息，厚德載物」團結自強。

　　過去一年，EMBA／MBA校友對學校各種活動多所襄助，甚至可以「無役不與」來形容，先是由許多校友捐助興建的「校友體育館」於去年十一月十五日風光啟用，今年四月為慶祝校慶在「學習資源中心旺宏館」辦理「校慶特展與校友藝文聯展」，也承蒙近二十位EMBA／MBA校友參與，同時本校同學在今年大專運動會大放異彩，拿下歷年來最多金牌與獎牌數的16金3銀9銅的成績，在今年163所參賽學校中高居第六，且為非體育科系學校第一，這項優異表現更締造了清華參與全大運以來排名的巔峰紀錄，也感謝唐迎華與余明光校友到校頒贈獎勵金，另外，本校於今年七月一日成立「亞洲政策中心」，中心之下設置「葉公超講座」，邀請美國駐華代表處前處長司徒文博士擔任，「亞洲政策中心」的成立，也獲得多位EMBA／MBA校友捐款支持，包括曾建煌、唐迎華、余明光與白妍云校友，另一方面，黃貞純校友自今天暑假起，義務擔任「清華紫荊大使」社團，也就是協助學校接待來賓的學生社團指導老師，曾建煌校友則特別趕往杭州參加本校在浙江大學舉辦的「新竹清華日」，尹秀蓮、鄺麗君校友協助原住民學童「一日清華人」活動，許多校友加入暑期陸生「接待家庭」，對學校多方協助，不勝枚舉。

　　在此要特別向大家報告的是MBA12鍾現校友利用公餘，花了約三年時間，準備了122頁power point的「校務建言」，包括由內而外，一以貫之，

定位為先、現況分析、做法，校譽行銷篇中有目標對象與做法、內部行銷、外部行銷，校務發展篇包括學術、影響、其他等，非常詳盡而有見地，當我邀請他向本校一級主管作簡報時，他才告知當天下午是利用了在僅餘的兩天假期中的半天，專程從台北到校向我說明，更是感人；清華正好好檢視他的建言，擇其優者加以推行，事實上鍾現校友所提出的「邁向華人首學，進入世界頂尖」口號，已用於「清華百年郵摺」中，而他建議強調的兩期教育部「五年五百億」專款以每個學生計清華所獲最多的訊息，我也已在許多場合中提出。

最近我在兩岸四地大學校長座談會中擔任主持人，為拋磚引玉，先提出一些對培育人才的看法，在與國家競爭力相關部分包括：

一是台灣光復後，約六十年期間，由於各種政經因素，醫科與理工科系也長期是優異學子所愛；比較讓人遺憾的是文法科較為冷門，連帶的投入領域的優秀學子較少，也造成今日國內文法科頂尖人才缺乏的窘境。由於專業傾向，從政與擔任治理工作的人以有文法科背景者為多，而國家大計包括資源分配如由非頂尖人才掌握，結果可知；所以在台灣高等教育中，積極培養文法科人才，非常重要，一方面儲備未來從政人才，一方面也協助教育與引導民眾「選賢與能」；在此要特別要強調絕無認為文法科人才不如醫科與理工科人才之意，而在當天座談會隨後發言的一位文法科背景校長就很清楚的點出我拋出問題的用意；同時我在很多場合都強調不應有領域間偏見，抱持偏見的人不是因為他有高見，而是見識不足。

二是我們一方面享受接近舉世開發國家最低的稅負，一方面期待有大有為政府，無異「緣木求魚」，台灣財稅政策很明顯向富人傾斜，貧富不均現象越趨嚴重，到接近年輕人一年薪資還買不到工作地點附近一坪房子時，社會的公平正義就蕩然無存了，未來社會穩定性堪憂。

三是人才是企業蓬勃發展、永續經營所繫，現今常聽企業主談「學用落差」，找不到適用人才，但就台灣頂尖大學現況來看，一方面與世界名校資源相比，以每位學生計不到其十分之一，清華生均經費不到北京清華三分之一，而八年來學雜費受教育部所限制不得調漲，超低學雜費收入總額不到大學經營成本的十分之一，艱困可知；教育鬆綁刻不容緩，而企業界應在培育人才方面多所挹注，就不只是利人利己，對整個社會競爭力都會有很大助益。

以上是我看到台灣高等教育與競爭力相關比較明顯的問題，各位校友都有相當的社會歷練與成就，唯有靠我們共同努力以赴，才有機會逐步改善，共創美好的未來。

各奔前程——誕生於清華的藝術份子

2013年4月15日　星期一

　　很歡迎誕生於清華的藝術份子回到母校歡聚；上月二十七日本校通識講堂邀請國內知名記者、作家、新聞編輯、政治評論者王健壯先生作「知識份子——一個正在消失的名詞」演講；在開始時他放了一首Joan Baez唱的「Where Have All the Flowers Gone」，王先生放這首歌的原意是問「現代知識份子到那裡去了」？各位是清華培養的人才，畢業後各奔前程，師友們也常會問「Where Have All the Flowers Gone」？（在清華長成的花朵到那裡去了？）大家離校都有相當時日，「Long time passing；Long time ago」，今天大家返校，不僅是交代「When will they ever learn?」（他們什麼時候才會了解？）而且是「What have I learned」！（我領悟到什麼？）

　　誕生於清華的藝術份子是一個很特殊的身分，今年六月畢業季過後，新竹清華的校友將超過六萬人，但誕生於清華的藝術份子恐怕很少，原因是有專業級藝術天分及素養的人本來就不多，而大家捨棄穩定的職業生涯，不畏世事多艱，毅然選擇能發揮天賦的志業，更為難得，今天返校歡聚一堂，也是人生遇合的美麗篇章，今天母校除歡迎遊子歸鄉外，也很感謝藝術中心的巧思。

　　大家決定從事藝術專業時，一定經過一番掙扎；前天（4月13日）本校校慶系列活動中，邀請到國際知名舞蹈家許芳宜女士舞團表演；她在與林蔭庭女士合著《不怕我和世界不一樣》中，很感人的描述他父親原反對她的想法，認為學藝術的人很難出頭，擔心我將來「連吃飯都有問題」；對於女兒從事這樣一種沒有儲蓄、沒有養老金的行業，又一直沒有嫁人，始終充滿了不安全感；但由於她的堅持，做給他看！歡喜做、甘心受，父親逐步退讓，最後說：「這麼多年來我一直想要改變妳，現在我知道，與其改變妳，不如改變我自己。」所以她說，父母是永遠的輸家！但當然，前提是孩子一定要有「做給他看」的

決心和行動，用事實來讓父母親了解、放心、接受進而讓步。我想各位校友都是過來人，有機會與學弟妹們分享心路歷程，激勵難免對未來感到徬徨的學子。

據了解，今天返校的藝術家當年唸理工科系的居多，有人打趣說：「藝術家是一群數學不好的人」，或有藝術家數學不好的印象，顯然對大家多不適用；本人以往自認是「藝術創作絕緣體」，一來無天分，二來與專業無關，最近由於本校同仁在公餘推動的「藝文走廊」力邀，參加了兩次攝影展，有所體會，原來我幾十年來以電子顯微鏡為主要工具研究材料，與攝影的界限不是那麼明顯，希望以後得與攝影同好多切磋。

前面提到的王健壯先生在演講最後放了另一首歌「Forever Young」，歌詞中有「雖然我們窮畢生經驗與智慧盡心盡力，在你最後離別時，仍沒有十分把握曾很妥善照應你」（And when you finally fly away, I'll be hoping that I served you well. For all the wisdom of a lifetime, no one can ever tell.），我想這代表大多數父母對將離去的子女或學校對唱驪歌的畢業生的心情；往後大家闖蕩江湖，最後還是要靠自己，最後容我還是以這首「Forever Young」歌詞，祝福所有清華人「有自信與自尊、永遠真誠、能推己及人，勇於面對，義無反顧」（And may you grow to be proud, dignified and true. And do unto others as you'd have done to you. Be courageous and be brave.）畢業之後大家重逢，如名歌〈往日時光〉（Those Were The Days）歌詞所說「我們過自己選擇的生活，盡力而為就無所謂成敗；如今我們年齒漸長，但並沒有更聰明些，因為我們不改初衷，夢想如昔」（We'd live the life we choose. We'd fight and never lose. Oh my friend we're older but no wiser. For in our hearts the dreams are still the same.）祝大家永遠保有一顆年輕的心（Forever young, forever young.）。

清華校友聯合婚禮致詞

2013年9月7日　星期六

　　首先恭喜今天參加「清華校友聯合婚禮」的新人們，今天的校友聯合婚禮是新竹清華歷史上第一次為校友辦的聯合婚禮，不僅在山明水秀的校園中，而且是在清華校史上第一次完全由校友捐款興建的體育館館舉行，別具歷史性的意義。

　　清華大學歷史悠久，作育英才無數，在國內外各行業均有優異表現，而浪漫的校園環境，也造就不少佳偶。這次參加集團結婚的新人，有在清華工作的職員、也有清華畢業的校友，他們因為清華相識、相愛，最後決定攜手一生。

　　清華校園水清木華，向來都是新人拍婚紗的熱門地點，不少清華畢業的校友選擇回母校拍攝婚紗，也有很多校友或是職員在清華找到命中注定的另一半，所以今年特別舉辦「情定清華，幸福花嫁」的活動，讓新人可以在最熟悉的校園內結婚，結婚典禮更是選在由校友捐贈建造的校友體育館舉行。本人雖然擔任過多次的主婚人，但是頭一遭擔任清華人集團結婚上婚人，是最令人開心與幸福的經驗。

　　結婚是人生大事，也是大喜事，兩個人要決定結為連理，相伴終身，是重大的決定；婚姻本身就是一個奇蹟，是一種帶有強大改變力量的親密連結，幸福學大師塔爾班夏哈（Tal Ben—Shahar）說：「幸福的主要來源，不是名利，也不是成就或讚賞，而是我們跟身邊彼此關心的人共同相處的時間。」從今天起，新人們一輩子最常相伴的是你的另一半，美滿合諧關係的經營是第一要務；大家在清華園結成連理，清華校訓「自強不息，厚德載物」，教導我們如何待人處事，如何利己利人，是婚姻謀求美滿幸福之鑰，是新人們最容易也最應謹記的箴言。

　　「自強不息，厚德載物」取自易經乾坤二卦繫辭「天行健，君子以自強不

息;地勢坤,君子以厚德載物。」君子在此泛指正直而高尚的人;亞聖孟子在《孟子‧離婁下》有言:「君子所以異於人者,以其存心也。君子以仁存心,以禮存心。仁者愛人,有禮者敬人。愛人者人恆愛之,敬人者人恆敬之。」在家庭生活中,牢記「愛人者人恆愛之,敬人者人恆敬之。」互敬互愛,必然能維持家庭和諧,美滿幸福,是需要掌握的大原則。

在生活實務上,成功學大師史蒂芬‧柯維(Stephen Covey)提倡的「第三選擇」(The Third Alternative)很可以做參考;「第三選擇」也就是從你觀點的選擇,從我觀點的選擇以外的我們「互相體恤」、「彼此尊重」的選擇;班夏哈說「我們在清醒時每一刻都面臨種種選擇,加總起來,對我們的影響,一點也不少於那些重大決定的影響程度。」人可以選擇思考的方式,我們選擇做什麼、選擇看事情的觀點,直接影響我們的感受。我們可以選擇說句親切的話,也可以微笑以對,但也可能冷言冷語,造成僵局或更大的爭執;尊重來自了解,跨出自我框架,耳到、眼到、心到,真心聆聽,用眼睛去觀察,用心靈去體會,以同理心盡量回應對方感受或需要,才能開啟真正的溝通,增進彼此關係。真誠的讚美,不花本錢,而珍貴無價,以同理心珍惜彼此的差異,有足夠空間使關係得以繁榮昌盛,雙贏互惠。

「情定清華,幸福花嫁!」清華大學特別擇定9月7日這個「愛你一生」(2013)的日子,首度舉辦清華校友聯合婚禮,學校準備了象徵甜甜蜜蜜的「清華蜂蜜」,祝福新人的婚姻能夠永遠甜蜜,而紅棗自然代表吉祥以及「早生貴子」之意,希望大家能及早享用與參與清華為校友子弟舉辦的「清華寶貝」照片展、「親子繪畫」比賽,以及校友家族「一家清」等活動。最後祝今天校友聯合婚禮活動不僅為參加的新人留下甜蜜回憶,婚姻圓滿幸福,也與清華的緣份綿延長久而更密切,今天因為你們創造清華超過六萬名校友們歷史性的第一而留名,未來能在事業上更上層樓而留芳百世。

◀ 婚姻本身就是一個奇蹟,是一種帶有強大改變力量的親密連結

十、校史紀念

主述梅貽琦校長對清華的貢獻。經由「梅貽琦校長逝世五十周年紀念會」與四川傳媒學院劇組所演出「一代斯文」話劇緬懷梅校長事蹟行誼，並就其辦學理念、遺風軼事等內容進行研討，以此追念一代學人風範，同時激勵清華的前瞻發展。

梅貽琦校長逝世五十周年紀念會致詞

2012年10月26日　星期五

　　很歡迎與感謝大家來參加「梅貽琦校長逝世五十周年紀念會」；梅校長一生奉獻給清華，在兩岸清華擔任校長二十四年期間，以全副心血發揮才智，奠定了北京清華與新竹清華在兩岸分別成為數一數二名校的基礎和聲譽，是兩岸清華永久共同校長。今、明兩天舉行的紀念會，除緬懷梅校長事蹟行誼，並就與其辦學理念契合的主軸，包括通識教育、體育教育、全球化、學術自由與校園民主、大學的學術基礎與發展、人文教育與大學精神研討，在追念一代學人風範之際，冀能激勵清華在未來的前瞻發展。

　　今天很感謝許多貴賓遠道而來共襄盛舉，包括北京清華的顧秉林前校長與諸位師長、廈門大學的鄔大光副校長與雲南師大葉燎原書記與諸位師長；尤其難得的是鄧昌黎院士，是梅校長日記中最常提到而讚譽有加的青年才俊，是當年少見經常回國講學的學者；鍾秀斌先生，也是「清華高階經理班」校友，去年與黃延復教授出版《一個時代的斯文》專書紀念梅校長，本校駐校作家岳南先生在去年出版了對清華人多所著墨的《南渡北歸》巨作，目前正積極進行「梅貽琦大傳」的撰寫，他們都是當代梅校長研究權威作家；在此要特別感謝北京清華黃延復教授，他曾多次說過：「此生最大的願望是弘揚梅校長教育思想與道德文章」，另一是跟隨梅校長多年秘書，也是校友，趙賡颺先生，在梅校長身後，對梅校長行誼多所追思著述；梅校長的知友、清華校友胡適先生在晚年常引李恕谷先生語：「交友以自大其身，求士以求此身之不朽」，有人說是收徒弟哲學，黃教授、趙賡颺先生、鍾秀斌先生與岳南先生雖不能算是梅校長徒弟，但發揚光大一代教育家精神的功績則一。

　　在台灣清華，我們處處可看到梅校長的遺澤，新竹清華的校地是梅校長親選的，依傍十八尖山，有成功、相思、昆明湖，沿襲北京清華園的「山明

水秀」、「湖光山色」景觀，同時校地遼闊，預留了發展空間；台灣第一座也是唯一的一座學術用原子爐，是梅校長花了兩年多時間，親自規劃、參訪、洽談、購置、監督建造，現命名為「梅貽琦紀念館」，台北清華辦事處也是由梅校長選定使用，在他逝世後三年，由校友集資改建，命名為「月涵堂」，梅校長逝世後安葬於清華園的墓園，依山面水，園內遍植梅花，後來命名為「梅園」，園中並建有「梅亭」與「月涵亭」。另一方面，清華自1988年有「月涵文學獎」活動；1964年設置月涵先生紀念獎助學金，1982年復由校友發起捐設梅貽琦紀念學術基金，其中含有獎學金辦法，以獎助優秀、激勵後進。2003年將梅貽琦紀念獎學金改為「梅貽琦獎章」，為本校大學畢業生最高之榮譽。

五十年前五月二十三日，梅校長逝世移靈新竹清華暫厝時，我是在新竹參加路祭六千學生並到靈堂敬禮的高一學生之一，梅校長在當年十一月十八日安葬於「梅園」，是我近十幾年幾乎每天散步必經之地，我現住的校長宿舍正是梅校長當年宿舍；不時會思索梅校長是怎樣一個教育家、怎樣一個校長、怎樣一個人，以下就我個人了解，略作闡發：

一、梅校長與清華

梅校長是清華第一屆直接留美生（1909年），清華大學物理教員、教授（1915年），教務長（1926年），代理校務（1928年），留美學生監督（1928－31年），清華大學校長（1931－48年），清華基金監督（1949－55年），新竹清華大學校長（1956－62年）。他在一次致校友函中說：「生斯長斯，吾愛吾廬」，而以終身服務清華實踐；一生盡瘁清華大學，未曾一日間斷。清華事業就是他的事業，是古今極為少見的遇合。

梅貽琦校長是一位傳奇人物，他三十七歲即由大師如林的清華教授群票選為教務長，四十二歲時也在眾望所歸下擔任校長，一直到七十三歲時在新竹清華大學校長任內去世。梅先生在擔任教務長期間，正是清華成立國學院，震動學術界之際；他於1931年起擔任校長，首先竭力平撫屢有驅趕前校長之舉的紛亂氛圍，落實校園民主，繼而積極延攬大師級學者使清華迅速成為頂尖名校，到1941年，清華已有「中邦三十載，西土一千年」之譽。北京大學校長的蔣夢麟先生執橡祭文中所云：「人才之盛，堪稱獨步全國，貢獻之多，尤彰明而昭著，斯非幸致，實耕耘者心血之所傾注」。

抗日戰爭爆發前，清華已未雨綢繆，率先展開後撤行動，因而蒙受較少

損失，而在抗戰大後方物力維艱之際，梅校長以校務委員會常務委員身分主持西南聯合大學校務，維持絃歌不輟，居功最偉；而在抗戰前後國共內戰時期，由左傾學生，甚至是中共地下工作人員，不斷策動學潮，校園動蕩，梅校長均能站在維護學生立場，加以平息；1949－55年滯美擔任清華基金監督，1956年自美轉到台灣創建新竹清華，從尋覓勘查校地到籌措經費，披荊斬棘，蓽路藍縷，以六十八高齡，從親自打字、照料抄寫蠟板、油印考卷、檢齊裝封、監考、閱卷、登記分數，圓滿完成招收第一屆研究生十五人開始，第三屆研究生中即有李遠哲先生日後榮獲諾貝爾化學獎，加上華人中最先獲得諾貝爾物理獎的李政道和楊振寧先生出自西南聯大，使得清華成為華人地區唯一擁有三位諾貝爾獎得主的大學，而都出在梅校長任上，誠如名作家岳南先生所言：「這個人才輩出，碩果延綿不絕的局機，不是偶然」。

二、梅校長的教育與治校理念

梅校長就任時提出的「所謂大學者，非謂有大樓之謂也，有大師之謂也」，已成高等教育名言，深為世人推崇，清華得以成為第一流大學，固然是因為有庚子賠款可以動用的優勢，但梅校長的知人與禮遇，而能延攬第一流教授，也是主要因素。

在治校理念上，他採取「無為而治」的政策，以教授治校為主軸，將學校的重心建築在「教授團」上，由教授們選擇評議員，由評議會決定大政方針。梅校長同時將自己比喻成京戲裡叫「王帽」的角色，「看上去煞有介事，前呼後擁，其實會看戲的絕不注意這正中端坐的『王帽』。他因為運氣好，搭在一個好班子裡，那麼人家對這台戲叫好時，他亦覺得『與有榮焉』而已」。如果開會，為某件事大家議論紛紛，莫衷一是，梅校長總是耐心的聽著，最後他提出意見，眾人莫不折服。正是在這樣一種民主、自由氛圍中，北京清華與西南聯大才識卓絕的教授們，才不斷創造了生動活潑而卓有成效的教育奇蹟。

梅校長注重通識，他認為通識為「一般生活之準備也」，「治學貴謹嚴，思想忌偏蔽」，「社會所需者，通才為大，而專家次之」，所以「通識為本，而專識為末」，「知類通達」，「不只潤身而止，亦所以自通於人也」。今日觀之，均為至理名言，應為教育界人士多所省思。

三、梅校長的為人與風範

梅校長是寡言謙謙君子，他的同屆同學徐君陶回憶，在放榜那天，考生

們都很活躍，考上的喜形於色，沒考上的則面色沮喪。只有瘦高的梅貽琦，始終神色自若，「不慌不忙、不喜不憂地在那裡看榜」，讓人覺察不出他是否考取；而實際上，在參加的全國六百三十名考生當中，他名列第六。1909年，梅校長抵美攻讀電機系，當時的大學室友楊錫仁對他的印象是：「成績優良，性極溫良、從無怨怒，永遠輕聲細語，篤信基督教」。

梅校長不愛講話，並且很少用肯定的句子。當初清華週刊上曾經有同學集校長的話寫了一首打油詩：「大概或者也許是，不過我們不敢說，可是學校總以為，恐怕彷彿不見得」；梅校長是以迂迴的方式，伸張理念，處理事情總是先傾聽大家意見，以集思廣益，在重大決策上，當機立斷，而且擇善固執。以卓越的眼光，宏博的學識，把許多紛亂的意見，改易為平正通達，緻密妥善的主張，使清華能在穩定中發展。

據趙賡颺先生回憶：「後來在臺復校，與教育當局主張不盡相同，梅校長避免爭執，沉默應付。拂意之事無時無之，但梅校長終身不發脾氣，無疾言厲色，只有時閉門默思達二三日之久。辦長期發展科學，遭遇惡意批評及阻礙甚多，梅師皆容忍之，終能開其端」，可看出其堅忍卓絕的一面。

梅校長好友也是清華直接留美生胡適在他七十歲生日時說：「梅部長酒量很好、煙量也不壞、有空還打小牌，而且非常有幽默感，是非常有人情味的人，但在大節上是一絲一毫不苟且的人」。梅校長以酒量大但酒品好出名，從不酒後亂性；其日記有言簡意賅特色，但詳記打小牌的圈數與輸贏，清華曾有教授統計他在台打小牌輸贏，結果是「輸多贏少」；另一方面，日記中少有讀書記載，但有贈與軟禁中的孫立人校友《王陽明傳》、《嚴習齋傳》二書以及數次整理案頭以及書架書籍記載，使人好奇梅校長平常看什麼書？同時日記中屢有對餐宴與飲酒品評，在清華有趣的話題是梅校長認為某師傅廚藝有待改進的記載。

梅校長六十歲時，清華校友傅宗敢先生在〈值得我們學習〉一文中，揭示梅校長具有「專、大、公、愛」四種高貴品格；梅校長專心辦學、有容乃大、公正廉明，同時愛學校、愛國家、愛同仁、愛學生，錢思亮先生（民廿年清大畢業，曾任臺大校長、中研院院長）說：「梅先生一生在清華服務，梅先生忠於國家，敬業不遷，平易近人──雖有崇高學術地位，但對任何人都是那樣平易」，「他的為人做事許多方面，都合中庸之道，平和但有原則，事必躬親，

對大事的決定也能果斷」。梅校長受到清華師生校友很高的評價：「提到梅貽琦就意味著清華」，「梅貽琦是清華永遠的校長」。

　　梅校長逝世十周年紀念會中錢思亮先生代表各界所致紀念詞：「梅先生對國家的貢獻很多很大，每一件對別的人說都可稱為不朽。梅先生民國二十年接任清華大學校長。那一時期清華的校長連年更迭，學校很不穩定，校長很少作得長久的；自從梅先生接掌以後，就一直安定下來，就只這件事在教育史上已是不朽；清華自梅校長執掌不久，就已在世界有名大學中奠立學術地位，這貢獻對任何人說都是很大的功績；抗戰時搬到長沙、昆明，與北大、南開合組西南聯大，三大學合作無間，並把學校辦得很好，梅先生事實上對學校行政負責最多。只就此一事也足稱不朽；戰後復員到北平，梅校長重整清華園，兩年多的時間，清華的規模與素質比以前更擴大提高了。大陸淪陷後在新竹重建清華，極節省的、一點一滴的親自打下好的基礎，這件工作給任何人，也足稱不朽；建立了中國第一座原子爐，以最少的人、最少的錢、最短的時間，一次就成功了，這件事功給別人一生中都是不朽的。我們今天在這裏紀念梅先生，我們就想到梅先生撒播的種子；梅先生在清華四五十年，教導出這麼多學生，都各守崗位工作；作教育部長時改革風氣；倡辦長期科學發展，影響既深且遠。將來再過十年再過二十年，再來紀念梅先生，我們就更覺得梅先生的偉大，認識梅先生比現在更為深刻」。在梅校長逝世五十年後回顧，錢先生一席話可謂神準；清華何其有幸，有曠世不朽教育家引領，奠定今天的基礎與歷史地位；據台灣科學雜誌《科學人》評選，今年台灣十項科技突破，清華工作占了五項，象徵異地開花結果，是我們給梅校長的最佳獻禮，在梅校長逝世五十周年之際恐非巧合；清華人當在此關鍵時刻，承先啟後，由兩岸清華緊密攜手合作，追求卓越，才不辜負梅校長以生命心血寫成的清華故事。

▲ 在追念一代學人風範之際，冀能激勵清華在未來的前瞻發展

「一代斯文——他們眼中的梅貽琦」座談會致詞

2016年9月22日　星期四

　　首先我們要歡迎四川傳媒學院劇組精心規劃的「一代斯文」話劇到新竹清華大學演出；弘揚光大兩岸清華永久校長梅校長的精神與教與理念是「清華人」的責任，四川傳媒學院「一代斯文」話劇將在這主軸線上發揮很大的影響力，所以也是我們要深為感謝的。

　　梅校長一生奉獻給清華，在兩岸清華擔任校長二十四年期間，以全副心血發揮才智，奠定了北京清華與新竹清華在兩岸分別成為數一數二名校的基礎和聲譽。很值得欣慰的是上海交通大學所發布的大中華地區上千大學排名，北京清華大學與新竹清華大學於2014、2015連續兩年分居第一與第二，而以人均值來看，新竹清華大學於學術表現與專利發明則為第一。加上清華成為華人地區唯一擁有在大學或研究所接受完整教育的三位諾貝爾獎得主，即華人中最先獲得諾貝爾物理獎的李政道和楊振寧先生以及最先獲得諾貝爾化學獎的李遠哲先生的大學，都出在梅校長任上。正如北京大學校長的蔣夢麟先生執椽祭文中所云：「人才之盛，堪稱獨步全國，貢獻之多，尤彰明而昭著，斯非幸致，實耕耘者心血之所傾注」。

　　新竹清華大學曾於2012年十月舉辦為期兩天的的梅貽琦校長逝世五十周年紀念會，會中除緬懷梅校長事蹟行誼，並就與其辦學理念契合的主軸，包括通識教育、體育教育、全球化、學術自由與校園民主、大學的學術基礎與發展、人文教育與大學精神研討，在追念一代學人風範之際，冀能激勵清華在未來的前瞻發展。而紀念文集也由清華出版社發行，很值得大家參考。另外也很高興要向大家預告，本校前駐校作家，也是大陸之作家岳南先生歷時五年撰寫的《大學與大師——清華校長梅貽琦傳》六十萬字的初稿已經完成，預計在今年

底或與明年初分別在大陸與台灣出版，據岳南先生自述：「就該著的形式與創作內容而言，目前所能見到、查到的材料，幾乎一網打盡。以後或許有新的材料出現，並有超過該著作者，但可以相信的是，近期不會有了。這是作者值得欣慰的地方，也是當代讀者視為幸運的地方。」是很值得期待的。

今天的活動是在四川傳媒學院劇組到新竹清華大學演出「一代斯文」話劇之際，主題是講員眼中的梅校長，所以我想就所看到的「一代斯文」話劇光碟片幾個場景有所發揮：

一是梅校長為何離開大陸，最後得以輾轉來台創建新竹清華大學，劇中有梅校長對教務長吳澤霖對話，大意是梅校長說「我一定走，我的走是為了保護清華的基金。假使我不走，這個基金我就沒有法子保護起來。」這也是一般的了解；但梅校長自由民主理念，與共產極權主義是格格不入的。尤其在北京治校期間，校務備受由中共指揮的職業學生不斷的鼓動學潮，無所不用其極；梅校長雖基於職責，盡力保護學生安全，但對其作為是十分不以為然的。為政治學潮罷課事件，曾採取斷然措施，於民國25年6月29日，給發動罷課風潮和阻撓考試，並「違反校規，不知悔改」的「救國會」頭頭和成員予以嚴厲處分。開除4人學籍；12人各記大過二次；1人記大過一次。

另一方面，抗戰復原不久，國共內戰隨即展開，由中共指揮「反內戰」、「反飢餓」、「反美帝」等學潮再度轟起；梅校長既痛心於復員後興起之全國騷動，又感多年抱持之大學教育理想再次破滅，頻頻與教育界人士聯名發表對國是之呼籲，希望國人明辨是非善惡，珍重國家民族前途，配合世界局勢，避免無謂之叫囂，與擾亂社會治安、動搖戰後人心望治之群體活動。但終因大局扭轉，無補於事，他於1945年，談時局與學校將來問題：「蓋倘國共問題不得解決，則校內師生意見將更分歧，而負責者欲於此情況中維持局面，實大難事。民主自由將如何解釋？學術自由又將如何保持？使人憂惶！盼短期內有所解決，否則非但數月之內，數年之內將無真正教育可言也！」後來果然「漸乃認定畢生辦學之理想，至此皆成為絕無可能之幻想⋯⋯先生之慨歎者屢矣。」。

劇中另一具有張力的場景是梅校長與當時教育部長陳立夫的對話，雖有激烈爭辯，但也看出陳立夫對梅校長的尊重；這也與從各種記載，梅校長與國民黨政府一直維持良好關係的觀點一致，尤其蔣介石先生長年對梅校長備級禮

遇，相互之見「道同為謀」成分一定不少。

　　其二是有關聞一多部分，聞一多是一位優秀的學者、詩人，由於被特務刺殺，在大陸是頗有聲望的「民主鬥士」，但在西南聯大後期在政治上變得非常偏激，與潛伏學校的職業學生合流，產生非常負面的影響。在劇中「一二、一事件」場景中與傅斯年的正面衝突只是一端。梅校長對教授、學生的政治理念，從不干涉，但對聞一多當時的言行，是相當嫌惡的；如在日記中記有其未在場的昆明聯大校友會有「話別」會中：「由聞一多開謾罵之端，起而繼之者亦即把持該會者。對於學校大肆批評，對於教授橫加侮辱，果何居心必欲如此乎？民主自由之意義被此輩玷污矣。然學校之將來更可慮也。」可嘆的是只隔了兩個多月，聞一多就被國民黨軍警特務暗殺于昆明西倉坡居處。

　　最後是梅夫人為何長期滯美，梅校長與夫人韓詠華女士感情甚篤，婚後一直夫唱婦隨，甘苦相共，但在梅校長1955年起返台處裡創建新竹清華大學事宜，1958年7月並受行政院長陳誠之邀，兼任教育部長，到1960年梅校長病重，夫人趕回台灣照顧，中間約有五年時間，兩人分居台、美，由於梅校長自奉甚儉，又不肯自增在華美基金會之薪資，兩人在美生活至為清苦，尤其自梅祖彥離美回歸大陸後，韓詠華在紐約獨自生活。有記載說「因梅貽琦赴台後領的是台幣，薪水微薄，遠不能支持夫人穿衣吃飯，一生倔強要強的韓詠華開始到外面打工。此時韓已62歲，先是在一家衣帽工廠做工，後轉一家首飾店賣貨，繼之經人介紹到一家醫院做護工，最後轉到一個盲童學校照料盲童，生活極其艱難。」據梅校長秘書趙賡颺回憶：「梅認為自己在台薪金微薄，無法匯錢照料，而新竹清華校區的建設正在關鍵時刻，自己還負有『教育部長』的職責，應酬極多，心力交瘁。更為難的是梅貽琦的居處是臺北清華辦事處辦公室，沒有自己的私人住房，只有等新竹清華原子爐建成，自己辭去『教育部長』之後才能有安家定居的打算。」此點以我了解當時在台灣清華情形，梅夫人在清華園原應可過相當恬適的生活，是否另有考量，目前似無相關資料，也許是值得探討的。

▲ 「一代斯文——他們眼中的梅貽琦」座談會海報

▲ 公演後劇組與貴賓合影

十一、兩岸清華

匯集兩岸清華校友日、清華日、合作研究、學院對談、會議論壇、參訪紀念等跨校活動致詞，從中可見兩岸清華深厚淵源，關係密切。近年來兩岸清華互動熱絡，聯合研究，相互砥礪，提升研究水準，往共建華人首學，邁進世界頂尖的目標前行。

清華文武雙傑紀念會致詞

2012年9月21日　星期五

　　首先歡迎及感謝各位來參加清華文武雙傑紀念會。去年清華大學歡慶一百周年以及在台建校五十五周年校慶，是一個盤點過去，策勵將來的好時機。當時大家在思索的一個重要問題是「清華大學對台灣社會發展有甚麼貢獻與影響」？對我個人而言，除了較為熟知的孫立人校友事蹟外，很驚奇的發現1949－1953年擔任台灣省主席的吳國楨先生也是校友。在1949年，中原板蕩，國民政府播遷台灣，風雨飄搖之際，吳國楨省主席與孫立人將軍，一文一武分別擔任台灣軍政首長，文武雙傑對台灣社會政治、軍事局勢發揮了中流砥柱的作用，奠定後來穩定發展，建設台灣為自由民主基地良好基礎。

　　今年適逢梅貽琦校長逝世五十周年，梅校長一生奉獻清華，在兩岸清華擔任校長二十四年期間，奠定了北京清華與新竹清華在兩岸分別成為數一數二名校的基礎，是兩岸清華永久共同校長。梅校長在清華服務期間，培育無數人才，歷數對台灣生存發展卓有貢獻清華校友，始自吳國楨省主席與孫立人將軍，因此在紀念梅校長逝世五十周年系列活動中，安排了「清華文武雙傑紀念會」，同時彰顯清華人對台灣的貢獻。

　　吳國楨省主席與孫立人將軍雖然一文一武，但有共同的背景與發展軌跡，相似的際遇、命運，唯有身後遺緒相當不同；吳國楨校友於1954年留亡美國後，台灣報刊雜誌鮮少報導，吳又屬歷史學者唐德剛先生所云「有將無兵」的「政學系」，吳出走後幾近被「連根拔除」；孫立人將軍則門生故舊遍布軍中，又有子女、義子等人在台灣成長，解嚴後獲得大眾注目。據Google中文檢索，吳與孫各約64,200與1,930,000辭條，Yahoo中文檢索，吳與孫各約20,500與81,300辭條，吳與孫在華人世界的話題性有相當的差距。

　　吳國楨省主席與孫立人將軍除均為清華傑出校友，保送留學美國深造，返

國後歷任要職，先受蔣介石先生重用，分別在文治武功上嶄露頭角，有功於家國，在政府遷台，風雨飄搖之際，也同膺重命，對台灣安定發展，卓有貢獻，終因與蔣介石、蔣經國父子有根本矛盾，不容於當道，吳先出走美國，遭撤職查辦，旋與政府達成和解，從此流亡異邦，直到一九八四年逝世未再踏入台灣一步；孫則以「縱容」部屬武裝叛亂、「窩藏共匪」、「密謀犯上」等罪名，被革除職務，判處「長期拘禁」，軟禁三十三年後平反，病逝後獲得褒揚，兩人宦海大起大落，情節離奇，均顯有相當的冤屈與悲劇性。

　　吳國楨先生為清華1921級校友，1926年，23歲時，獲得普林斯頓大學政治學博士。曾任蔣介石機要秘書，漢口、重慶與上海市市長、臺灣省主席等要職，蔣介石曾說：「平生待人，未有如待吳（國楨）者」。吳在省主席任內，致力於推動台灣人地方自治、農業改革，允許某些地方官員職位由普選產生，並試圖減少濫用警權，而與蔣經國先生系統激烈爭執而著稱，1953年5月24日，吳與妻子前往美國。吳出走後，國民政府有一連串打壓動作，先是立法院長三次質詢，列舉罪狀，1954年3月17日國民大會通過臨時動議要求政府除撤免職務並依法究辦，同日再以「總統命令」：「據行政院呈：『本院政務委員吳國楨於去年5月借病請假赴美，託故不歸，自本年2月以來，竟連續散布荒誕謠諑，多方詆毀政府，企圖淆亂國際視聽，破壞反共復國大計，擬請予撤職處分。另據各方報告，該員前在臺灣省主席任內，多有違法和瀆職之處，自應一並依法查明究辦，請鑒核明令示遵』等情。查該吳國楨歷任政府高級官吏，負重要責職20餘年，乃出國甫及數月，即背叛國家污衊政府，妄圖分化國軍，離間人民與政府及僑胞與祖國之關係，居心叵測，罪跡顯著，應即將所任行政院政務委員一職予以撤免，以振綱紀，至所報該吳國楨前在臺灣省政府主席任內違法與瀆職情事，並應依法徹底查究辦，此令。」將吳撤職查辦，並開除吳國楨的國民黨籍。耐人尋味的是，吳五次上書蔣介石，隔海公開叫陣，四月中旬，蔣與吳達成和解。此後國府不再攻擊，吳也停戰。吳國楨從此流亡美國，直到一九八四年逝世。

　　本紀念會在邀請吳校友家人參加上也不十分順利；年初曾面邀吳校友女婿中央研究院院士厲鼎毅與其夫人參加，不意厲院士夫婦以及吳校友另一女兒都因健康因素未克前來。由於台灣長期戒嚴，吳與台灣各界互動非常有限，吳事件不得在公共媒體上討論，有關他的著作也很少見，似在台灣集體記憶中消

失，以致解嚴後的今天，大眾對曾在關鍵時刻擔任省主席三年多（1949.12 -
1953.4）的吳校友所知幾乎一片空白，正顯示到本紀念會的切時性，今天很感
謝兩位對吳校友有研究的國史館呂芳上館長與《夜來臨：吳國楨見證的國共爭
門》校訂者馬軍教授能幫吳校友行宜有所補白，在紀念之餘，也希望能夠吸引
更多歷史學者與吳校友親友故舊能共同建立其更清晰的音容像貌。

　　孫立人將軍為清華1923級校友，1927年美國維吉尼亞軍校畢業，他的行宜
大部分可以孫立人於1990年11月19日病逝後，總統李登輝頒發褒揚令呈現：

> 總統府前參軍長除役陸軍二級上將孫立人，學精韜略，性稟剛方，早歲
> 自美國維吉尼亞軍校畢業，歸國陳力，歷經剿匪、抗戰、戡亂諸役，
> 南北馳騁，戰績彪炳，洊膺團、師、軍長、陸軍副總司令、總司令兼台
> 灣防衛總司令等職，勳猷卓著。尤以抗戰時遠征緬甸，解仁安羌盟軍之
> 圍，復破頑敵，打通中印公路，揚威異域，馳聲宇內；來台後，組訓新
> 軍，鞏固復興基地，益宏靖獻。茲聞溘逝，軫悼殊深，應予明令褒揚，
> 用昭勳藎。

總統李登輝
行政院長郝柏村
中華民國七十九年十二月七日
典璽官　甯紀坤

　　在褒揚令中略而未提的是孫將軍於1954年6月陸軍總司令任期屆滿，調任
無實權之總統府參軍長，1955年6月，政府當局以孫立人將軍與其部屬少校郭
廷亮預謀發動兵變為由，對孫實施看管偵訊。8月20日「總統府」發佈「徹查
令」以「縱容」部屬武裝叛亂、「窩藏共匪」、「密謀犯上」等罪名，革除孫
總統府參軍長職務。10月23日，9人調查委員會，報告出爐，結論是：孫的部
下「為中共工作」，利用孫的關係在軍中聯絡軍官，準備發動「兵諫」，孫未
及時「舉報」亦未「採取適當防範之措施」，「應負責任」。孫被判處「長期
拘禁」，軟禁三十三年後平反，1988年5月時任總統的李登輝才解除孫長達33
年的「監護」。1990年11月19日病逝。

　　孫將軍為何遭到罷黜，並被長期軟禁，這部分相信在紀念會中應多有剖

析；這裡我特別要提孫將軍有三位子女為清華大學校友，曾在清華園手植杜鵑花；1979年，長子安平和幺女太平同時從清華畢業，在軟禁中的孫將軍獲准參加畢業典禮。逝世後靈柩由清華大學校旗覆旗委員洪同、李翰、劉兆玄、張昌華覆蓋校旗。

另一方面，據梅校長日記記載，於1956年1月14日晤蔣經國，談及擬往看孫立人，蔣表示可以往看，同年2月8日在台北與葉公超前教授，同往看孫立人，攜《王陽明傳》、《嚴習齋傳》贈與，談約三刻別出。另8月13日記曾為孫將軍重用的清華校友，美國炮兵學校畢業，時任陸軍副總司令賈幼慧將軍來寓，稍談立人近狀，現在台中某地休養，情形尚好。

梅校長日記有言簡意賅特色，但短短數語，可看到梅校長對孫校友的關心。梅校長於五十年前逝世，而吳孫兩校友也分別於二十八年與二十二年前辭世，今天的紀念會是紀念一生奉獻清華的梅校長與兩位對國家社會有重大貢獻的傑出校友，他們是清華人的代表，也是清華人的驕傲；先賢孟子強調「知人論世」，認為應站在前人、當事人的立場去設想去體會，不苛求前人，「以今非古」，不溢美不隱惡。在大時代的洪流下，兩位校友在功成名就，處於人生高峰之際都陡遭奇變，黯然退出歷史舞台，「往者已矣，來者可追」，清華人在唏噓之餘，更應奮發有為，以文字語言與行動，「不讓青史化成灰」，以致類似悲劇發生在現世代，而如杜牧在〈阿房宮賦〉中所說「後人復哀今人」。

◀①參訪紀念館並與孫立
　人將軍公子孫安平
　合影
②省府林政則主席親臨
　致意，並致贈吳國楨
　主席相關珍貴史料
③往者已矣，來者可
　追，不讓青史化成灰

北加州清華校友慶祝創校百週年晚會致詞

2011年5月21日　星期六

　　上個月清華創校百週年校慶典禮結束的次日，我曾經來到北加州參加幾項活動，前幾天有些清華同仁知道我又要啟程到北加州，感到有些驚訝。我告訴他們說：這次我到灣區來，是參加北加州兩岸清華校友會慶祝創校百週年晚會，校友與學校是一體，兩岸清華是一家，自己人的事，當然要全力以赴，共襄盛舉。所以今晚我很高興能躬逢盛會。

　　去年三月顧秉林校長率團訪問新竹清華大學，我們有機會接受台灣大報「聯合報」專訪，而「聯合報」大幅報導的標題是〈兩岸清華內外神似，校長一見如故〉。報導重點包括：1956年，北京清華校長梅貽琦自美來到新竹主持清華建校。新竹清華並無一物自北平搬來──除了梅校長本人以及校訓、校歌，還有那筆一百年還沒用完的「庚子賠款」。兩校發展路線也鬼使神差般相似，都先發展理工、再補足人文養分。不僅內在精神神似，就連「外表」也同樣傾國傾城，都是兩岸票選「最美大學」。

　　在4月24日校慶前一天，北京「中央電視台」、「新華社」與「中新社」記者曾連袂到新竹清華大學採訪。他們報導說：走進校園，馬上感受著同一個名字下兩所學校的親緣。兩岸清華同根同源，兩岸清華不僅有同樣的校名、校歌和校訓，觸目可見的紫色，「新竹清華的前五任校長都出自北京清華，他們把治學理念、育人精神和校風都帶到了新竹清華。兩岸清華人在一起，總有著別樣的親切。」

　　今天兩岸清華師生同仁、校友與貴賓在北加州歡慶清華百歲，我們要特別感謝兩岸清華的共同校長：梅貽琦先生。梅貽琦校長擔任北京清華校長十八年，新竹清華校長六年，共長達二十四年。我前幾天看到上個月北京九州出版社出版的新書《一個時代的斯文：清華校長梅貽琦》，作者是黃延復、鍾秀斌

兩位先生。其中敘述1948年12月北京國共戰事尾聲時，教務長吳澤霖先生在梅貽琦校長離校時問他：「聽說你要走？」梅校長說：「我一定要走，我不走，沒有辦法保護清華基金。」這段話後來得到完全的證實，包括梅校長臨終前病床下始終放著一個加鎖皮包，梅校長逝世後，大家打開皮包，發現全是清華基金帳目。梅校長治校期間，清華人才輩出，例如出自西南聯大的李政道和楊振寧先生，加上出自新竹清華的李遠哲先生，使得清華成為華人地區唯一擁有三位諾貝爾獎得主的大學。正如曾任北京大學校長的蔣夢麟先生執椽祭文中所云：「人才之盛，堪稱獨步全國，貢獻之多，尤彰明而昭著，斯非幸致，實耕耘者心血之所傾注。」

在台灣，清華人在政治、經濟、社會、學術、教育各層面，在國家發展史頁上，同樣居功厥偉。在新竹清華園中，原北京二校門模型旁，有1923年畢業的孫立人將軍手植的杜鵑花樹。1949年，中原板蕩，國民政府播遷台灣，風雨飄搖之際，孫立人將軍正式就職臺灣防衛司令。1950年接任陸軍總司令兼臺灣防衛總司令至1954年。1921年畢業的吳國楨校友，1949年至1953年擔任台灣省主席兼保安司令、行政院政務委員，一文一武分別擔任台灣軍政首長，為穩定台灣，建設台灣為自由民主基地奠定良好的基礎。近一甲子來，清華大學校友與教師中出了俞國華、劉兆玄兩位行政院長，四位教育部長，負責我國科學發展的國家科學委員會成立四十四年來，歷任十三位主任委員，包括最先三位，有六位歷時二十五年是清華人，原子能委員會成立五十六年來，歷任十位主任委員，有七位歷時四十四年是清華人，中央研究院自1957年起，五十四年來，歷任六位院長，其中四位即胡適、錢思亮、吳大猷、李遠哲四位院長歷時四十一年是清華人，台灣大學自1951年起，六十年來，前兩任校長，錢思亮與閻振興校長分別是清華化學系與土木系畢業生、任期長達三十一年。同時在學術界清華大學校友出了一位諾貝爾獎得主，十二位中央研究院院士。清華教師中，歷年來有十六位膺選中央研究院院士，十六位教育部國家講座，四十一位教育部學術獎得主，年輕教師中，有三十二位獲得國科會吳大猷先生紀念獎，得獎比例遠遠超過國內其他各校。

另一方面在世界科技產業聚落評比第一，去年產值高達720億美金的科學工業園區，是在本校前校長徐賢修校長擔任國家科學委員會主任委員任內設立。對我國產業發展有重大貢獻，有科技產業搖籃，執行長培訓所之譽的工業

技術研究院包括現任院長在內的近四任院長，有三位院長都是清華人。在新竹清華校友中，至少出了五百位高科技公司總經理級高級主管，在新興產業如面板、發光二極體、太陽能電池產業更居舉足輕重的地位。另外台灣民主運動先驅殷海光先生、考古學巨擘李濟先生、文學大師梁實秋先生、外交長才蔣廷黻、葉公超先生也都是清華校友。

　　新竹清華擁有最具向心力的校友，工程與系統科學系（原核子工程系）1969級校友李偉德博士，於2010年5月捐贈新台幣壹億伍千萬元協助興建「綠色低碳能源教學研究大樓」；1973級物理系校友謝宏亮董事長，捐贈價值不菲的羅丹巨型銅雕「沉思者」；清華所發動之「百人會」，也在校慶前達陣成功募得新台幣壹億柒仟萬元，用以興建「校友多功能體育館」；另一方面由企業界校友籌設的大清華基金，已募得三億元資金，將以部分獲利所得挹注學校。

　　去年九月發佈的泰晤士報世界大學評比，新竹清華位居第107名，在全台居冠。日前教育部第二期「邁向頂尖大學計畫」審議結果出爐，本校獲得每年新台幣12億元補助，最近並蒙新竹市政府同意無償撥用緊鄰本校南校區6.53公頃文教用地作為本校新校區，使本校得以持續提昇軟硬體建設，強化教學、研究，並擴展國際化視野，在全校師生的努力下，成為華人地區首學、邁向世界頂尖大學的目標，將指日可待。

　　今年兩岸清華互贈的校慶賀禮有著特別的含義。北京清華贈送的是由雕塑大師錢紹武教授設計的一尊孔子塑像，象徵與新竹清華共勉傳承中華文化，兩岸清華承擔培育頂尖人才的責任；新竹清華贈予北京清華的是琉璃「雙龍拱珠」，寓意兩校都是兩岸的學術龍頭，攜手共創輝煌，共同合作把代表「頂尖」的龍珠舉起來。

　　最後祝大家身體健康，家庭和樂，事業順利，兩岸清華人共同開創一個更美好燦爛的未來。

▲①校友與學校是一體，兩岸清華是一家
　②兩岸清華內外神似，同唱校歌
　③獲頒美國材料研究學會會士後與校友合影
　④與北加州校友合影，共同歡慶清華創校百年
　⑤頒贈百人會證書給化學系72B樊德敏校友

2011年兩岸四地清華校友會午餐會致詞

2011年11月17日　星期四

　　很高興來參加兩岸四地清華校友會，尤其在深具中華歷史傳承意義的故宮博物院內舉行，也很感謝地主周功鑫院長的親自接待。昨天在學校裡與大家在「清詩華墨——宗家源詩書展」捐贈典禮初次見面，因為典禮是香港清華校友會副會長宗老的場子，未及向各位報告新竹清華與兩岸清華互動的現況，今天趁此機會向大家補作報告。

　　在兩岸清華互動方面，由於「同根同源」與兩校歷年來建立的深厚情誼，密切的關係可以說是兩岸高校間沒有任何其他兩所學校可以比擬的；例如這一週來可謂兩岸清華週，首先是上週五到週日，北京清華校友高爾夫球隊來台與新竹清華校友聯誼，其次由大陸清華校友組成的知名樂團「水木年華」，在本週二全校運動會選手之夜演唱會擔綱演出。再加上昨天有宗老的詩書展，今天又有午餐盛會，密度與強度都顯示兩岸清華交流密切非比尋常，而是雙方共同的資產。另一方面，兩岸清華雙聯學位協定已經核定，正式上路，成為兩岸高校間的開路先鋒；下一個月23及24日新竹清華將組團到北京清華辦「新竹清華日」，除對師生介紹新竹清華現況外，並由多位在研究上表現非常傑出的教授在各該領域作專題演講，從增進相互了解，促進兩校在原有良好基礎上，進一步交流；同時北京清華預定在明年三月左右，率團回訪，在新竹辦「北京清華日」；雙方也談到未來到歐、美、日名校，合辦「兩岸清華日」，如果落實，不僅將是兩岸交流的大事，也會在國際學術界造成轟動。

　　新竹清華擁有最具向心力的校友，為慶祝百周年校慶，工程與系統科學系（原核子工程系）1969級校友李偉德博士，捐贈新台幣壹億伍千萬元協助興建「綠色低碳能源教學研究大樓」；1973級物理系校友謝宏亮董事長，捐贈價值不菲的羅丹巨型銅雕「沉思者」；清華所發動之「百人會」，也在校慶前達陣

成功募得新台幣壹億柒仟萬元，用以興建「校友多功能體育館」；另一方面由企業界校友籌設的大清華基金，已募得三億元資金，將以部分獲利所得挹注學校。最近為興建物理、化學、材料、化工四系跨領域「清華實驗室」，也迅速獲得超過壹億參千萬元捐贈，預計不久可達到兩億元目標。有人說：「清華的校長最好當，因為校友最支持學校」，我對後一部分，欣然接受，前一部分，則尚待努力。

今年上海交大的大學評比結果，在兩岸四地三千多個大學中，北京清華第一，新竹清華第四，如果考慮規模因素，新竹清華是第一。因此如果兩岸清華密切合作，必將打遍天下無敵手，1+1遠大於二，相信在眾校友強力支持下，兩岸清華將可共創第二個燦爛百年，聯手進入全球二十大。

2013年北加州校友餐會致詞

2013年9月22日　星期日

很高興並歡迎北加州校友來參加今晚的餐會；有部分校友也許不曉得，這次清華同仁一行到北加州來主要目的是辦理招生活動；國內大學以往沒有到美國招生的經驗，清華有此創舉，原因有多重，一是清華以亞洲名校的聲譽有此條件，二是清華希望有多元化的優秀學生而有此需要，三是清華作為台灣頂尖名校，有引領台灣高教國際化的責任，最後是清華是由美國退還多要的庚子賠款設立，培養了大批留美人才，有其歷史意義；清華以由美國退還多索庚款設立的背景以及身為「華人首學」的地位，認為是一個幫助台灣與清華國際化「利人利己」的方案。

如果要數，今晚是我當校長後第四次與灣區校友聚會，上一次是2011年北加州兩岸清華校友會慶祝創校百週年後，去年我有南加州一行，與當地校友聚會，這次回到北加州，與上次見面相隔有兩年多，很高興又能與大家共聚一堂，

大家身在太平洋此岸，對於母校一向關心，我謹在此略為報告母校近況：

首先是今年的招生，八月初指考放榜，電機系排名在委屈幾年後，又躍居友校之前，據指考分析專家告知，今年清華新生指考相對成績，較往年進步很多，這趨勢在今年甄試作業時就普遍感覺到，也就是甄試錄取成績與報到率，雙雙提高，是可喜的現象。

清華在建校初期，以累積聲譽，加上庚款經費的優勢，得以延攬最優秀師資，為當年歸國學人毫無疑問的首選；多年來清大積極維持延攬人才的優良傳統，因此教師的平均表現始終在兩岸四地大學中居首，不僅在中央研究院院士中以及國內難得的學術獎項，如教育部國家講座、學術獎與國科會傑出研究獎得主，清華教師的比率都遠比國內其他大學高；值得欣慰的是中央研究院「年輕學者研究著作獎」與國科會「吳大猷先生紀念獎」這兩項專給年輕學者的大

獎，本校年輕教師同樣表現亮麗，顯示清華後勢看好。清華在頂尖標竿期刊發表論文上，表現突出，去年全台以通訊作者份發表於「科學」（Science）與「自然」（Nature）期刊論文共七篇，本校即有四篇，占一半以上，超過「天下兩分，清華居半」的說法；今年到現在為止，清華已有四篇論文在Science期刊發表，也就是說本校在約一年半時間已在Science與Nature期刊發表論文八篇，成果斐然。

　　新竹清華學生在國內外大賽屢傳捷報，如資訊工程系學生團隊連續獲得三項國際大賽榮譽；本校阿卡貝拉人聲樂團「海鷗·K」，到韓國與香港參加人聲樂團大賽，均抱回大賽冠軍。今年清華體育代表隊在大專運動會上大放異采，勇奪一般組（無體育系所院校）冠軍，戰果輝煌，再加上在大專聯賽一般組得到冠軍的棒球與足球隊，創新竹清華校史上最佳戰績，由這些例子，可略見清華學子能文能武，潛力無窮。

　　清華在台灣已培育超過六萬名畢業生，而校友對母校的向心力比任何其他學校強，顯示在校時受到良好照顧，離校時留有美好回憶；即以近兩年而言，1969級李偉德校友捐贈一億五千萬元協助興建的「綠色低碳能源教學研究大樓」即將動工；1973級系謝宏亮校友捐贈價值不菲的羅丹巨型銅雕「沉思者」已成清華地標；清華建校一百年來第一次由校友捐贈全部經費一億七千萬元興建的體育館，也就是「百人會」促成的校友體育館，已完工啟用。在台積館旁即將興建的清華實驗室，規劃由材料系、化學系、化工系以及物理系四系進行跨領域的實驗研究使用，部分工程款由使用單位籌募，原目標兩億元，已募集一億七千萬元，而由企業界校友籌設的大清華基金，已募得三億元資金，以部分獲利所得挹注母校，在在都見校友對清華的殷切愛護。

　　另一方面，清華對畢業校友也貼心的做終生服務，除與1111人力銀行共闢「清華專區」，協助校友就業、轉業，辦理未婚校友聯誼、結婚校友照片募集臉書，上星期六，也舉辦了本校歷史上第一次校友聯合婚禮，後續有「清華寶貝」照片募集、「大手牽小手」親子繪畫競賽、清華家族「一家清」等活動，最近教務長更研擬對家長們的服務，也就是學生家長年滿六十五歲，有機會到清華選課，而享受學分費減半的優惠。

　　最近「上海交大兩岸四地大學排名」公布2012年排名，本校排名第三，較2011年進步一名。根據這項調查，北京清華、台大分列第一、二名，第四至

十名分為香港科大、香港中文大學、香港大學、北京大學、新竹交通大學、浙江大學、復旦大學；清華雖次於北京清大、台大，但是受限於規模以及資源投入，如將此兩項因素納入考慮，則清華是名副其實的「華人首學」。

另一方面，本校甫於上週五獲頒本年度行政院國家品質獎，是機關團體組唯一獲獎單位，也是第一所榮獲此殊榮的國立大學！這顯示本校除學術聲譽傲人外，在經營管理方面，也受到相當的肯定；本校將持續推動教育創新和組織變革以提升品質，由校務四大願景展開成具體目標和方針，各單位全員參與通力合作，推動各項全面品質管理相關活動並設計創新的策略。

今天下午說明會熱鬧滾滾，座無虛席；這裡我特別要感謝在座的69級核工系李偉德校友，最先提出來美招生構想，而其公子即在兩年多前從美返台到清華升學，現就讀化工系三年級，是清華在美招生的最佳廣告，李校友並個人捐贈十名全額獎學金做為招生配套措施；同時我要感謝台灣駐美代表處、僑委會、清華加州校友會、北加州台灣大專校友聯合會以及灣區中文學校聯合會等單位，以及許多清華之友的協助，由於需要感謝的人太多，所以無法一一指名道謝，但你們是清華的大功臣，使台灣首次大學到美國對高中生進行招生活動，有了一個很好的開始。最後祝大家身體健康、家庭和樂、事業順利。

北京清華「新竹清華日」開幕典禮致詞

2011年12月23日　星期五

　　很高興今天能到北京清華舉辦「新竹清華日」。首先我要感謝顧校長與北京清華同仁的鼎力支持。今年七月我在成都參加「兩岸四地大學校長會議」時，向顧校長提出舉辦「新竹清華日」的構想，顧校長「二話不說」，當即應允，為兩岸清華再締造新里程碑！據了解今天活動也開北京清華舉辦台灣高校日活動的首例，可見兩校的不凡關係。事實上世界上沒有兩所大學有這麼密切的關係。不僅同根同源，有相同校名、校訓與校歌。二十年的交流，兩校建立起的關係，展現的善意、誠意，以及情意，是沒有其他學校可以比擬的。兩岸清華不僅都擁有美麗校園，而且辦學的精神、教育的理念一脈象承。

　　誠如顧校長剛才指出，兩校的交流事項，從清華盃圍棋橋牌賽，到能源、奈米領域的學術研討會；從早年的學生交流協議，一直發展到兩校的全面合作協議；從剛開始的學生暑期項目，到今日北京清華規模最大的校際交流生的交換，無不生動的體現了兩岸清華交流日見頻繁、合作日益深入的發展態勢。兩校每年各投入相當經費，進行共同研發合作已達兩年，並已簽署碩士研究生聯合培養協議。在今年百年校慶之日，更共同舉辦校慶的系列活動，也互派代表致賀觀禮，分享慶典的喜悅。

　　從今天開始的「新竹清華日」活動，一連兩天，首先於今天下午由新竹清華12位鑽石級的名師分三場次做公開演講，這些名師都是在相關領域上學有專精，並善於將知識學問清楚轉譯成學生認知所能了解的形式的教師。晚上將有兩校學生乒乓球友誼賽。明天早上將進行新竹清華大學教、學、研說明會、交換生座談及茶會。最後我要呼應顧校長所說，衷心期望兩校能夠以新竹清華大學日為新的起點，進一步拓展深入合作的模式和渠道。希望不久北京清華也能於新竹清華舉辦北京清華日，更期待兩岸清華能攜手到全世界的名校舉辦兩岸

清華日，而能在新的百年當中攜手邁向世界頂尖大學的行列，共同譜寫清華更加美好的未來篇章。

▼①兩岸清華不僅同根同源，有相同校名、校訓與校歌
　②兩岸清華不僅都擁有美麗校園，而且辦學的精神、教育的理念一脈象承
　③與兩岸清華交換生合影
　④拜訪楊振寧校友
　⑤攝於清華國學苑四大導師銅像前

③

④

⑤

兩岸清華簽訂合作研究計畫協議書致詞

2012年10月8日　星期一

　　很高興趁陳吉寧校長上任以來首度到新竹清華訪問之便簽訂兩岸清華合作研究計畫協議書；兩岸清華聯合研究在約三年前已上路，上月五、六日在金門舉行的兩岸清華研討會，參與聯合研究的兩岸清華教師約各有六十位，精銳盡出，盛況空前；今天簽約，將聯合研究制度化長久化，未來必定有讓人「眼睛一亮」的產出，為兩岸清華合作增添光輝新頁。

　　今年適逢兩岸清華永久校長梅貽琦校長逝世五十周年，新竹清華舉辦的一系列紀念活動，包括四月底邀請北京清華名師後裔訪台、七月初「徐賢修、徐遐生校長父子雙傑，清華傳承」新書發表會、上月二十一日舉行的「清華文武雙傑，吳國楨省主席與孫立人將軍」紀念會以及本月二十六、七日的「梅貽琦校長逝世五十周年」紀念會，無不深深具有兩岸清華同根同源的烙印，這裡要特別一提本月下旬陳吉寧校長因有要事不克前來參加「梅貽琦校長逝世五十周年」紀念會，北京清華將由顧秉林前校長代表全程參與。

　　兩岸清華的特殊關係，可由我擔任校長不到三年期間，與顧秉林前校長有十一次交會看出，尤其交會代表多次見面晤談，譬如說，前年三月，顧校長來台，我們即有三次餐敘以及一次應《聯合報》之邀對談，交流之密切，是任何其他兩岸大學校長所遠遠無法企及的；新竹清華在公元兩千年開始與大陸高校有暑期交換生計畫；自2005年起，增辦學期交換學生活動，今年雙聯碩士學位上路，兩校聯合研究以及在大陸辦「新竹清華日」，無不與北京清華率先交流始，至今已有111位暑期交換生，69位暑期交換生，也都是在大陸高校中人次最多的；這兩年我到美國北加州、南加州與港澳參加清華校友會也都是兩岸清華共同組成的校友會；最近新竹清華即將落成的「校友體育館」，是採由校友組成百人會，由校友會員每人捐贈一百萬元以上興建，北京清華EMBA校友會

沈會承會長以及港澳清華校友會，北京清華畢業的李佳林會長都共襄盛舉；八月底我參加101年暑期大陸交換學生歡送會，在北京清華交換學生表演時，安排了一個唱校歌的節目，結果是兩岸清華師生合唱，看得其他學校交換學生驚訝羨慕不已；兩岸清華不僅同根同源，而都有同是一家人的認知，最為難得。

　　梅貽琦校長五十六年前在新竹建校，是兩岸清華永久校長，新竹清華最先五位校長，治校二十五年間，都是北京清華校友；歷數世界名校，有兩岸清華的特殊關係是絕無僅有；上星期一，北京清華理學院薛其坤院長來看我，談到北京清華在結構生物學上的卓越成就，他告訴我說，大陸在此領域所出的Science與Nature論文，有一半以上是北京清華的成果，我則告訴他說，今年台灣在Science與Nature期刊以通訊作者身分發表論文至今有七篇，新竹清華即占了四篇，如今欣見兩岸清華分在兩岸都發展成數一數二大學，相信這種正向趨勢能在大家的共同努力下，尤其在兩校進行共同研發合作架構下，屢見亮點，發揚光大。

▲ 與北京清華新任校長陳吉寧教授簽訂「兩岸清華大學合作研究計畫協議書」

▲ 適逢梅貽琦校長逝世50週年，兩岸清華校長一同前往梅園祭拜梅貽琦校長

2012兩岸清華研討會致詞

2012年9月5日　　星期三

　　很高興參加兩岸清華研討會，昨天晚上與今天早上我在台灣都有重要會議，所以未能參加開幕式，後來我注意到在金門會議後北京清華同仁還會訪問新竹清華，所以打算在新竹再與各位見面；據主辦單位告知，到新竹後會依領域分組，沒有大家聚在一起的機會；後來我說安排把大家聚在一起並非難事，又得知北京清華同仁有部分會直接回北京，因而與大家在此見面，一方面表示歡迎，另一方面也感謝金門大學熱誠協助接待。

　　剛才看到台上金門大學李金振校長題的「兩岸清華同根生，千里金大一線牽」佳句，真正反應三校的情誼；上個月我參加101年暑期大陸交換學生歡送會，在北京清華交換學生表演時，安排了一個唱校歌的節目，結果是兩岸清華師生合唱，看得其他學校交換學生驚訝羨慕不已；兩岸清華不僅同根同源，而都有同是一家人的認知；目前北京清華陳吉寧校長預定於十月八日訪問新竹清華，顧秉林前校長則預定於十月下旬來參加「梅貽琦校長逝世五十周年紀念會」，都將對深化兩校交流，有很實質的助益。

　　很高興看到近年來兩岸清華都有長足的進度。大陸清華「三個九年，分三步走」計畫，在1994－2002與2003－2011執行的前兩個九年計畫，成績斐然，今年起，第三個九年，目標是整體推進，全面提高，努力在總體上達到世界第一流大學水準，2020年後爭取早日成為世界著名一流大學；七月底在南京舉行的「兩岸四地大學校長會議」中得知，北京清華今年的總經費達到十八億美金，以學生人均經費來說要比台灣任何一個大學要高許多，也為第三個九年計畫，奠立了良好基礎，可喜可賀。

　　兩岸清華聯合研究，最主要的目的還是提升研究水準，往高層次發展。在比較容易量化的科學領域，如果我們看世界學術研究大勢，以科學引用指

標 （Science Citation Index, SCI）期刊論文數來說，美國在2007－2011年五年間，每年都巧合的發表約50萬篇論文，中國大陸自2007年15萬篇增加至2011年22.1萬篇，增幅達47.4%，日本自2007年11萬篇減少至2011年9.7萬篇，減幅達11.7%，與此對應的，台灣增幅為16.4%而韓國增幅為17.5%；可見美國大致持平，中國大陸快速增加，日本則在下跌中，解讀這些數字變化雖只是反應學術實力的一種方式，但也與印象中各國的經濟甚至國力消長趨勢一致。

在頂尖標竿期刊方面，「科學」與「自然」兩期刊是科學界公認的涵蓋各科學領域論文的頂尖標竿期刊。在1991－2000年（前十年）與2001－2010年（後十年）間，「科學」期刊各出版9,710與8,452篇論文（article），「自然」期刊對應的數字是9,804與9,192篇論文。在世界研發經費與人力於後十年較前十年均大增背景下，可能是基於希望維持高影響指數的考量，「科學」與「自然」兩期刊所出版論文數沒有大增而反各減少13%與6%，也表示投稿被接受難度更高。

在1991－2000年，台灣、韓國、中國大陸與日本在「科學」期刊發表論文比率在前十年各為0.22%、0.17%、1.01%與5.43%。2001－2010年間各為0.75%、 1.21%、4.70%與9.54%；在「自然」期刊發表論文比率在前十年各為0.19%、0.25%、0.85%與8.35%，後十年各為0.65%、1.27%、3.82%與10.16%。可看出日本在1991－2000年間科學已嶄露頭角，到2001－2010年更為強勁；韓國進步速度較臺灣快，但考慮人口因素，兩者在伯仲之間；中國大陸則進步驚人，且後勢看好。

再看科學超強美國，在「科學」期刊發表論文比率在前十年與後十年各為百分之53.07%與72.73%；在「自然」期刊發表論文比率在前十年與後十年各為 44.42%與65.09%。與一般印象相反的是，美國主導地位，更為顯著。不可忽視的是，各地與美國合作而在「科學」與「自然」兩期刊發表論文均有顯著增加，一方面反應國際合作趨勢，另一方面，也難免有實際考量。

再看兩岸清華，在「科學」期刊發表論文，2003－2007年新竹與北京清華各6與2篇，2008－2012年各5與13篇，2012年各2與6篇，在「自然」期刊發表論文，2003－2007年新竹與北京清華各2與2篇，2008－2012年各5與19篇，2012年各2與4篇。北京清華在近五年有長足進步，而今年兩岸清華均表現突出，相信這種正向趨勢能在大家的共同努力下，尤其在兩校進行共同研發合作

架構下，屢見亮點，發揚光大。

去年上海交大的大學評比結果，在兩岸四地三千多個大學中，北京清華第一，新竹清華第四，如果考慮規模因素，新竹清華是第一。兩岸清華合作，打遍天下無敵手，一加一遠大於二，相信在大家共同努力下，在不久的將來，達成共建華人首學，邁進世界頂尖目標。

2013年兩岸清華合作研究成果發表會致詞

2013年10月9日　星期三

　　本人今天很高興再次有機會參加兩岸清華合作研究成果發表會，去年約此時兩岸清華合作研究成果發表會在廈門對岸金門大學舉行，所以不少兩次盛會都參加的同仁，去年在金門近身看到「三民主義統一中國」大字標語之後，今番在廈門又有機會親見「一國兩制統一中國」巨型標語立牌，世遷事易，相映成趣；同時廈門在面對金門的海岸邊，除林蔭大道外，還有一長條很漂亮的綠帶，據說是因當年兩岸關係劍拔弩張時大規模禁建而得以保留下來，這就是歷史的弔詭了。

　　很感謝廈門大學協助安排此次「兩岸清華合作研究成果發表會」，廈大在國立廈門大學時期，第一任校長薩本棟先生原是清華教授，薩校長到廈大得到清華的全力支持，可由廈大初期五十一位教授中有四十七位是清華人，而讓廈大有「南方清華」之譽；另一方面，1949年後，廈門大學第一任校長，任期長達二十年的王亞南先生也曾是清華教授，這是兩校關係又一佳話；所以今天的活動可謂三地清華的共同盛會。

　　廈門大學的校訓是「自強不息，止於至善」，「自強不息」取自《易經》乾卦卦辭「天行健，君子以自強不息」，「止於至善」取《易·艮卦》「道止於至善」之意，「自強不息」與清華校訓「自強不息，厚德載物」相輝映，《大學》開章明義即曰：「大學之道在明明德，在親民，在止於至善」。《大學》為四書之一，為南宋著名理學家朱熹取《禮記》中的《中庸》、《大學》兩篇文章，與《論語》、《孟子》合為「四書」，自宋代以來是中國人必讀的書。朱熹在《朱子語類》中曾說「先讀《大學》，以定其規模；次讀《論語》，以立其根本；次讀《孟子》，以觀其發越；次讀《中庸》，以求古人之微妙處」。」而「朱子四書集注」在元、明、清三朝是科學標準教科書，影響

深遠。

在座許多先進可能知道廈門大學朱崇實校長是朱熹先生的第二十五代後裔，在約四年前與朱校長結識後，對朱子著作更加注意，不久前，閱讀朱子與著《東萊博議》的呂祖謙先生合編《近思錄》，選輯北宋理學家周敦頤、程顥、程頤、張載四人語錄而成書，以為學習四子著作的階梯。國學大師錢穆說：「後人治宋代理學，無不首讀《近思錄》」。書中第二卷〈為學篇〉中，有許多名言警句，如孔子說：「古之學者為己，今之學者為人」，伊川先生認為「古之學者為己，欲得之於己也；今之學者為人，欲見之於人也」，又如《中庸》云：「博學之，審問之，慎思之，明辨之，篤行之」。伊川先生曰：「博學、審問，慎思、明辨、篤行，五者廢其一，非學也」，孔子說：「知之者不如好之者，好之者不如樂之者」，伊川先生則曰：「知之必好之，好之必求之，求之必得之。古人此個學，是終身事。果能顛沛造次必於是，豈有不得道理？」皆有很精到闡釋，而對現代為學研究有啟發性。

去年在金門時，我曾提到「2011年上海交大兩岸四地大學排名」，北京清華與台灣大學並列第一名，新竹清華排名第四，最近公布的「2012年上海交大兩岸四地大學排名」，喜見兩岸清華均有進步，北京清華與新竹清華分為第一與第三名，台灣大學則為第二名，第四至十名分為香港科大、香港中文大學、香港大學、北京大學、新竹交通大學、浙江大學、復旦大學；清華雖次於北京清大、台大，但是受限於規模以及資源投入，如將此兩項因素納入考慮，則新竹清華平均表現為最佳，是兩岸清華共同的榮耀。

最後向大家預告，新竹清華籌劃已久的「清華名人堂」，即將完成內裝工程；「清華名人堂」除在前壁上有梅校長與「國學院四大導師」浮雕以及胡適先生墨寶，內部首批胡適、楊振寧與李遠哲三先生半身銅雕已分別洽請兩岸三位雕塑大師進行，如一切順利，預定於十二月十九揭幕，目前已邀請到楊振寧與李遠哲兩先生共同揭幕，盛況可期，未來成為新竹清華高人氣景點，也邀請大家「共襄盛舉」。

▲ 與廈門大學朱崇實校長相見歡　▲ 廈大有「南方清華」之譽，活動可謂三地清華的共同盛會

▲ 世遷事易，相映成趣　　　　　▲ 與廈門清華同學會正副會長合影

國立西南聯合大學建校七十五周年紀念大會致詞

2012年11月3日　星期六

　　今天本人是懷抱著快樂與感念的心情來參加「西南聯合大學建校七十五周年紀念大會」；西南聯合大學當年在烽火連天、強敵壓境之下，由三校聯合，絃歌不輟，「五色交輝，相得益彰」，「中興業，須人傑」，培育許多傑出人才，賡續卓越學術研究，創造了中國教育史上的奇蹟；今日有幸躬逢盛會，對身為新竹清華的代表來說，既是尋根之旅，又得以拜見許多故人前輩，內心充滿溫馨感動。

　　北京清華、西南聯大與新竹清華共同的聯結是梅貽琦校長，上週五與六，也就是十月二十六與七日，新竹清華舉行「梅貽琦校長逝世五十周年紀念會」，承蒙北京清華的顧秉林前校長與雲南師大葉燎原書記均率團共襄盛舉。紀念會不僅緬懷梅校長事蹟行誼，並就與其辦學理念契合的主軸，包括通識教育、體育教育、全球化、學術自由與校園民主、大學的學術基礎與發展、人文教育與大學精神研討。

　　梅校長於1956年自美轉到台灣創建新竹清華，從尋覓勘查校地到籌措經費，披荊斬棘，蓽路藍縷，以六十八高齡，從親自打字、照料抄寫蠟板、油印考卷、檢齊裝封、監考、閱卷、登記分數，圓滿完成招收第一屆研究生十五人開始，第三屆研究生中即有李遠哲先生日後榮獲諾貝爾化學獎，加上華人中最先獲得諾貝爾物理獎的楊振寧和李政道先生出自西南聯大，使得清華成為華人地區唯一擁有三位諾貝爾獎得主的大學，而都出在梅校長任上，誠如《南渡北歸》作者、名作家岳南先生所言：「這個人才輩出，碩果延綿不絕的局機，不是偶然」。

　　在台灣清華，我們處處可看到梅校長的遺澤，新竹清華的校地是梅校長

親選的，依傍十八尖山，有成功、相思、昆明湖，沿襲北京清華園的「山明水秀」、「湖光山色」景觀，同時校地遼闊，預留了發展空間；台灣第一座也是唯一的一座學術用原子爐，是梅校長花了兩年多時間，親自規劃、參訪、洽談、購置、監督建造，現命名為「梅貽琦紀念館」；台北清華辦事處也是由梅校長選定使用，在他逝世後三年，由校友集資改建，命名為「月涵堂」；梅校長逝世後安葬於清華園的墓園，依山面水，園內遍植梅花，後來命名為「梅園」，園中並建有「梅亭」與「月涵亭」。

　　兩岸清華在分離四十三年後，到1991年終於有了轉機；當年兩岸之間沒有任何正式的往來，還是處於「不接觸、不迴避、不……」的時代，兩岸的清華大學也沒有正式聯繫；適逢清華慶祝80周年校慶，邀集四位頂尖科學家清華校友，即諾貝爾物理獎得主楊振寧與李政道先生、諾貝爾化學獎得主李遠哲先生、數學沃爾夫獎得主陳省身先生，同時蒞臨新竹校園；一日在早餐時，在陳省身先生提議下，劉兆玄校長即席寫了幾句話給北京清華的張孝文校長，大意是兩岸清華共同慶祝建校八十周年，傑出校友楊振寧、李政道、陳省身、李遠哲同蒞新竹校園共襄盛舉，特此致意，由各校友與校長共同署名，請主秘李家維教授電傳北京清華，據李主秘事後告知：「短訊傳過去約十分鐘，他接到北京清華來的電話，對方詢問方才接到一封署名劉兆玄校長的短信，是否是真的？當家維回答確認後，電話中聽到對方揚起一片掌聲及歡呼聲」。兩岸清華從1949年以來，有四十多年不相往來，第一次的正式「通話」卻是在這種情況下完成，實在令人感慨。

　　兩岸清華的特殊關係，可由我擔任校長不到三年期間，與顧秉林前校長有十一次交會看出，交流之密切，是任何其他兩岸大學校長所遠遠無法企及的；陳吉寧校長上任迄今，我們已三度會面，而他上月八日，訪問新竹清華時宣布他特別選擇新竹清華為其上任後第一個正式參訪學校時，也獲得在場同仁校友熱烈掌聲；新竹清華在公元兩千年開始與大陸高校有暑期交換生計畫；自2005年起，增辦學期交換學生活動，今年雙聯碩士學位上路，兩校聯合研究以及在大陸辦「新竹清華日」，無不與北京清華率先交流始，至今已有111位暑期交換生，69位暑交換生，也都是在大陸高校中人次最多的；這兩年我到美國北加州、南加州與港澳參加清華校友會也都是兩岸清華共同組成的校友會；最近新竹清華即將落成的「校友體育館」，是策劃校友組成「百人會」，由校友

會員每人捐贈一百萬元以上興建，北京清華EMBA校友會沈會承會長以及港澳清華校友會，北京清華畢業的李佳林會長都慷慨解囊；八月底我參加101年暑期大陸交換學生歡送會，在北京清華交換學生表演時，安排了一個唱校歌的節目，結果是兩岸清華師生合唱，看得其他學校交換學生驚訝羨慕不已；另外值得一提的是今年四月底邀請北京清華名師後裔訪台、七月初「徐賢修、徐遐生校長父子雙傑，清華傳承」新書發表會、九月二十一日舉行「清華文武雙傑，吳國楨省主席與孫立人將軍」紀念會等活動無不深深具有兩岸清華烙印；兩岸清華不僅同根同源，而都有同是一家人的認知，最為難得。

　　梅校長逝世十周年紀念會中錢思亮先生生（民二十年清大畢業，曾任臺大校長、中央研究院院長）代表各界所致紀念詞大意為「梅先生對國家的貢獻很多很大，每一件對別的人說都可稱為不朽。梅先生民國二十年接任清華大學校長，安定校園，不朽者一；清華自梅校長執掌不久，就已在世界有名大學中奠立學術地位，不朽者二；西南聯大時期，三大學合作無間，並把學校辦得很好，不朽者三；戰後復員到北平，兩年多的時間，清華的規模與素質比以前更擴大提高了，不朽者四；在新竹重建清華，極節省的、一點一滴的親自打下好的基礎，不朽者五；建立了中國第一座原子爐，以最少的人、最少的錢、最短的時間，一次就成功了，不朽者六」。清華何其有幸，有曠世不朽教育家引領，奠定了北京清華與新竹清華在兩岸分別成為數一數二名校的基礎和聲譽；我們欣見北京清華近年來快速進步，而新竹清華也能發揮優勢，例如據台灣科學雜誌「科學人」評選，今年台灣十項科技突破，清華工作即占了五項。清華人當在此關鍵時刻，承先啟後，由兩岸清華緊密攜手合作，追求卓越，早日邁入世界頂尖名校之林。

▲ 期許兩岸清華攜手合作，邁向頂尖

▲ 「五色交輝，相得益彰」，「中興業，須人傑」

清華三亞數學論壇致詞（中英文）

2010年12月23日　星期四

　　首先我謹代表「國立清華大學」（又稱新竹清華），或者僅僅是「另一個清華」，對於成立清華三亞「數學論壇」表示熱烈的祝賀。由於新竹清華由梅貽琦校長於1956年在台灣新竹創立，而梅校長在1931－1949年間曾擔任北京清華校長，新竹清華與北京清華有著同樣的根源。此外，當新竹清華建立時，它繼續成為「清華基金會」的支持受益者，該基金會是由美國政府退還多索的義和團的償款而設立的，並且運用該基金在1911年建立北京清華。

　　今天，兩個清華有著相同的名字，同樣的大學校訓，同樣的大學校歌，非常相似的校徽，以及相同的建築物命名體系，兩校的一致性和相似性的清單可以不勝枚舉；總而言之，兩校之間的聯結非常密切和強大。這種緊密關係，在世界大學名校之間不是空前，也是是極為少見的。

　　1949年，在國共內戰北京陷落之前的最後一刻，梅校長被國民政府派往北京的專機接往南京，而相當巧合的是，同年我隨家人經過此地（三亞）轉往台灣。在我的腦海裡對兩岸清華演變發思古之幽情之際，我特別興奮地見證在海南島上由另一個清華分支機構建立了世界級的中心。作為台灣「國家科學委員會」、「國家理論科學中心」主辦大學的校長，我預見「理論科學中心」中心與「數學論壇」之間的密切合作和積極互動，尤其是「數學論壇」主持人是由丘成桐教授擔任。而丘教授正是新竹清華2000年名譽博士，值得一提的是，丘教授是與其博士學位指導教授，也是清華校友的偉大的數學家陳省身教授於同年榮獲新竹清華名譽博士。

　　最後，讓我再次祝賀論壇的成立。謝謝！

On behalf of the National Tsing Hua University (NTHU), also known as Hsinchu Tsing Hua, or just simply "the other Tsing Hua," I would like to extend my hearty congratulations on the establishment of Tsing Hua Sanya Mathematical Forum. National Tsing Hua University shares the same root with Beijing Tsing Hua since we were founded by President Mei Yi-Chi in Hsinchu in 1956 and President Mei used to be the President of Beijing Tsing Hua during the period of 1931-1949. Furthermore, when NTHU was reinstalled in Hsinchu, it continued to be the beneficiary of the support from Tsing Hua Foundation which was established with the Boxers' indemnity returned by the U.S. government and the same fund was used to establish Beijing Tsing Hua in 1911.

Today, the two Tsing Hua share the same name, same university motto, same university song, very similar logo, and the same nomenclature system for buildings, the list of sameness and similarities can go on and on, but the fact is that the relationship and bonding between us is extraordinarily close and strong. It is truly one of a kind among the top ranked universities around the world.

It is perhaps not by coincidence that I went to Taiwan from this island in 1949, the year President Mei was picked up by a plane sent by the Nationalist Government to Beijing at the last minute before the fall of Beijing in the civil war. With much historical apprehension on my mind, I am, however, particularly thrilled to witness the establishment of a world-class Center from the other branch of Tsing Hua on this island. As the President of the university where the National Center for Theoretical Sciences, National Science Council is located, I foresee a close cooperation and active interactions between the center and the Mathematical Forum under the directorship of Prof. Shing-Ting Yau, who was conferred with an honorary doctoral degree, along with another great mathematician as well as Tsing Hua alumnus, Dr. Chen Hsin-Sheng, by NTHU in 2000.

Finally, let me congratulate the establishment of the Forum again. Thank you!

▲ 兩岸清華大學校長聚首首屆三亞國際數學論壇

兩岸清華研究生論文發表會致詞：
以文會友，以友輔仁

今天很高興來參加兩岸清華研究生論文發表會，此次論文發表，以藍色革命為主題，並依據兩岸清華研究的優勢領域，分設生物科技、新材料、新能源、社會科學、綠色供應鏈五個主子題，進行研討，以期開拓視野，啟迪智慧、增強創新意識，提高創新能力以及促進學術交流，營造濃厚的創新學術研究氛圍。規模與範圍都較以往擴大，允為可喜可賀。《論語・顏淵》篇中有曾子曰：「君子以文會友，以友輔仁」。今天各位在藍色革命領域各有學術專長，進行研討，希望藉初步交流而奠定未來建立深厚友誼的基礎，相互砥礪，造福人類社會，做到「以文會友，以友輔仁」。

今年適逢兩岸清華的永久校長梅貽琦校長逝世五十周年紀念。梅校長是清華第一屆直接留美生（1909），清華大學物理教授（1916年），教務長（1926年），代理校務（1928年），留美學生監督（1928－31年），清華大學校長（1931－48年），新竹清華大學校長（1956－62年）。終身服務清華，一生盡瘁清華大學，未曾一日間斷。清華事業就是他的事業。常言有云：見果知樹，兩岸清華今日均為兩岸數一數二世界名校，梅校長貢獻獨多且要。

梅校長素有寡言君子之稱，話少而切要。清華國學院四大導師之一的陳寅恪先生曾說：「假如一個政府的法令，可以像梅先生說話那麼嚴謹，那麼少，那個政府就是最理想的」。事實上，培養君子是清華的教育目標。民國三年，清華國學院另一位導師梁啟超先生來清華演講「君子論」，引用《易經》乾坤二卦卦辭「天行健，君子以自強不息；地勢坤，君子以厚德載物」來勉勵清華學生，後來濃縮為「自強不息，厚德載物」，成為代表清華的校訓。清華大學文學院前院長，有民國百年哲學第一人之譽的洪友蘭先生有人生四境界之說：

即人生分自然、功利、道德、宇宙四境界；自然境界追求本能的善，功利境界追求個體的善，道德境界追求社會的善，宇宙境界追求宇宙的善，認為梅校長是道德境界的典範。梁啟超先生在「君子論」中更期勉知識份子改良我社會，促進我政治。我國古訓有「道、德、仁、義、禮，五者一體」之說。仁者愛人：人之所親，有慈慧惻隱之心，以遂其生成。

今天看到兩岸清華優異學子齊聚一堂，切磋砥礪，甚為感動與欣慰，同時讓我想起梅校長講過的一個笑話：有一個公司老闆以懼內出名，想要了解如何可以不怕老婆，所以在一次聚會裏要求員工說，怕老婆的站到右邊，不怕老婆的站到左邊，結果只有一個員工站到左邊，他趕緊向他請教，不料這位員工告訴他，我老婆叫我不要到人多的地方去。怕老婆事實上在中外名人中常見，包括蘇格拉底、蘇東坡、林肯以及清華第二屆直接留美生胡適先生。胡適先生更組織PTT（怕太太）協會，以幽默方式處理，可見清華人的智慧。最後祝論壇圓滿成功。

第二屆北京清華——頂新兩岸領袖生來訪

2012年8月15日　星期三

　　首先歡迎北京清華——頂新兩岸領袖生來訪，這次除兩岸清華外，兩岸各有六校領袖生參與，是難得的增進了解，互相學習，建立友誼的機會。

　　新竹清華大學於1956年由校長梅貽琦校長在現址建校。梅校長於1931－1948年擔任北京清華校長，1956－62擔任新竹清華校長，是公認的兩岸清華永久校長。在去年4月24日校慶前一天，北京「中央電視台」、「新華社」與「中新社」記者曾連袂到新竹清華大學採訪。他們報導說：走進校園，馬上感受著同一個名字下兩所學校的親緣。兩岸清華同根同源，兩岸清華不僅有同樣的校名、校歌和校訓，觸目可見的紫色，「新竹清華的前五任校長都出自北京清華，他們把治學理念、育人精神和校風都帶到了新竹清華。兩岸清華人在一起，總有著別樣的親切。」清華在去年歡慶百周年時發動以「校友百人會」方式籌募建造多功能體育館經費，北京清華台灣校友會沈會承會長與香港清華校友會李佳林會長也共襄盛舉，顯示兩岸清華同為一家人的深厚情誼。

　　新竹清華建校後第一屆校友林多樑（Duo—Liang Lin）教授，為美國紐約州立大學水牛城分校退休物理學榮譽教授。他在北京奧運前名氣大噪，是因為在網路上網友狂傳在美國《華盛頓郵報》上發表的英文詩〈你們究竟要我們怎樣生存？〉並引起中西方網友熱議。這首詩主要內容是：西方略強當年侵略中國，鄙視中國人，在中國崛起時，又認為中國為主要威脅，一方面從殖民時代巧取豪奪資源，至今仍漫無節制消耗資源，種下地球暖化、氣候變遷、資源枯竭禍因，一方面又強烈譴責以中國為首的開發中國家發展工業促成污染加劇、摧殘地球，處處防堵，以雙重標準嚴格批判，充滿偽善；在北京奧運前後，西方媒體妖魔化中國可謂「無所不用其極」，中國做什麼都不對，點出問題，自然大快人心，獲得極大迴響。但暴露出兩個問題，第一這首詩根本不是林教

授寫的，他只是覺得部分有道理，而曾轉寄一些有人分享，這告訴我們資通訊發達時代，要冷靜接收訊息，不要隨意傳播；第二是儘管部分西方人得了便宜而賣乖，不懷好意，但人口暴增、資源枯竭、地球暖化、氣候變遷等是事實，不管公不公平，所有人類要面對；這也告訴我們，不能單向思考。美國作家，《大亨小傳》（*The Great Gatsby*）作者F. Scott Fitzgerald曾說：「the test of a first—rate intelligence is the ability to hold two opposed ideas in the mind at the same time, and still retain the ability to function.」也就是說有一流智慧的領導人要容納兩種相反的概念在心中盤桓，從中衡量，做出明智的抉擇，而不要被教條、迷信、口號、習俗甚至情緒誤導與迷惑，聞風起舞。重要的是認清事實，冷靜以對，西方媒體的偏見不會消失，人類面臨的生存危機，也真實存在，需要人類共同解決。

　　另一方面，現今世界的問題，也就是中國的問題，反之中國的問題，也是世界的問題。有學者估計，從永續發展觀點，目前全球七十億人對資源的消耗要1.5個地球才能支撐。有人說，西方自工業革命以來，放出溫室氣體，換來富足生活，到東亞開始步入小康，就大喊要限制使用化石能源，是多麼的不公平？這是我們面對的現實；山雨欲來風滿樓，中國處於暴風圈中，瀕臨危急存亡之秋，期盼兩岸領袖生未來面對關係人類生存發展的嚴峻局面，充實自己，發揮領導力量，協助尋求解決之道。

▲ 現今世界的問題，也就是中國的問題，反之中國的問題，也是世界的問題

▲ 新竹清華的前五任校長都出自北京清華

雲南師範大學參訪團歡迎會致詞

2013年9月25日　星期三

　　歡迎雲南師範大學參訪團來清華參觀，今天大家到新竹清華來，希望是抱著「走親戚」的心情；新竹清華是由梅貽琦校長在1956年設立，而梅校長是國立西南聯合大學校務委員會的三位常務委員之一，由於只有梅校長全期常駐昆明，是公認的實質校長；同時，雲南師範大學前身為西南聯大的師範學院以及國立昆明師範學院，而國立昆明師範學院第一任院長查良釗先生則曾為西南聯大教授及訓導長，所以兩校的淵源，非一般姐妹校可比。

　　很高興近兩年來，兩校越走越近；去年暑假，清華女籃代表隊在師長領軍下，曾到雲南師大「移地訓練」，據說對高原氣候不太適應，僅撐到第三節結束，今天到平地來比劃，相信雲南師大代表隊不致於對平地氣候不適應，這裡要特別提醒一下，本校女籃代表隊在三月初的「清華台大友誼賽」中，輕取學生人數是清華三倍的台大代表隊，所以是一支訓練有素的勁旅，等一下，大家不妨儘量發揮，才真正能達到切磋砥礪的效果。

　　去年十月二十六與二十七日，新竹清華舉辦「梅貽琦校長逝世五十周年紀念會」，很感謝北京清華的顧秉林前校長與雲南師大葉燎原書記專程前來參加並致詞；在次月三日在北京清華舉行的「國立西南聯合大學建校七十五周年紀念大會」上，我也與雲南師大楊林校長同台講話；西南聯合大學當年在烽火連天、強敵壓境之下，由三校聯合，絃歌不輟，「五色交輝，相得益彰」，「中興業，須人傑」，培育許多傑出人才，賡續卓越學術研究，創造了中國教育史上的奇蹟；梅校長逝世十周年紀念會中錢思亮先生（民二十年清大畢業，曾任臺大校長、中央研究院院長）代表各界所致紀念詞曾說「梅先生對國家的貢獻很多很大，每一件對別的人說都可稱為不朽。其中之一即是西南聯大時期，三大學合作無間，並把學校辦得很好」，西南聯大是新竹清華與雲南師大的共

同聯結，是兩校的共同資產。

　　楊林校長在「國立西南聯合大學建校七十五周年紀念大會」中說：「西南聯大給雲南留下了開啟民智的火種，傳播了現代文明」，也點出了大學的使命，而大學以其豐富的知識與見識資源，要如何多做一些有益地方、社會與國家的事業是師生同仁應常思索而念茲在茲的；新竹清華上週日到美國北加州矽谷地區辦理招生活動，是台灣所有大學中的的創舉，不僅因為清華以亞洲名校的聲譽有此條件，希望有多元化的優秀學生而有此需要，最主要的是清華作為台灣頂尖名校，有引領台灣高教國際化的責任，更由於清華是由美國退還多要的庚子賠款設立，培養了大批留美人才，同時現有清華師資中，也多為留美人才，在此時到美國招生有「投桃報李」的歷史意義，是一個幫助台灣與清華國際化「利人利己」的方案；當然大學辦學有多重目標，但在現有基礎上，儘量發揮優勢，在培養下一代優秀人才之外，多做一些對國家社會與人類有益之事，也是份內之事，願與雲南師大師生同仁共勉之。

　　最後我希望雲南師範大學參訪團在台灣有一個愉快的行程；新竹清華自然會盡力讓大家「賓至如歸」，如有任何不周之處，還望明白指教，大家「開誠布公」溝通，這也是友校交流的效益之一。

▲ 歡迎雲南師範大學參訪團來清華「走親戚」

▲ 本校女籃代表隊也是一支訓練有素的勁旅

▲ 大家不妨儘量發揮，才真正能達到切磋砥礪的效果

清華學院與清華國學院對談會致詞

2012年4月30日　星期一

　　首先歡迎北京清華名師後裔來清華學院參加對談會。今晚我原應到台北開會，因希望參加今晚的活動，改以視訊進行，召開會議的單位為慎重起見，除了利用我辦公室原有之視訊系統，另外架設一套系統備用，並出動兩位工程師確保臨場不出狀況，可見會議的重要性，更可見我對今天對談的重視。

　　今晚我到清華學院來最主要希望對同學說明這次邀請北京清華名師後裔來新竹清華的意義。今年適逢兩岸清華永久共同校長梅校長逝世五十周年。梅校長最有名的一句話是：「大學者，有大師之謂也」。清華與大師相連，始自1925年成清華國學院。一舉延攬梁啟超、王國維、陳寅恪、趙元任、李濟五位大師，震動學術界，對同年方成立大學部的清華大學而言，是與學術大師聯結之始，並為清華成為學術重鎮奠立基礎。梅校長於1931年起擔任校長，更積極延攬大師級學者使清華迅速成為頂尖名校。1956年梅校長來台創建新竹清華，也建立了招攬名師的傳統。因此清華與學術大師不解緣，應自設立國學院開始。清華國學院在成立四年後，因王國維與梁啟超兩位大師相繼去世，學校又有學制的考量而停辦，但其間已培養七十餘位傑出人才，據統計日後成為知名學者的有五十餘人，是清華歷史上光輝的一頁。

　　今天在座的有許多北京清華名師後裔。大師與名師有什麼區別？清華名師後裔編輯的《清華名師風采》採名家的看法，認為大師「中西會通、古今會通、文理會通」，「遊刃於自然、人文與社會諸學科之間，無不通用自如者」，「有科學家之瑩澈頭腦、文學家之深刻情緒」，「自然科學與社會科學之凝合」。名師在專業上揚名立萬，大師必為名師，名師不必為大師。

　　這次邀請北京清華名師後裔來新竹是紀念梅校長逝世五十周年，學校所規劃一系列活動之一，而我最關心的是希望有同學的積極參與，體認梅校長的

精神與貢獻，名師們對清華的意義。清華國學院的設立是當時曹雲祥校長委請
「直接留美班」第二屆校友胡適先生設計的。胡氏略仿昔日書院與英國大學制
度擘劃，以現代科學方法整理國故。清華學院與清華國學院對談自書院住宿的
共通點出發，撫今思昔，策勵將來。目前大學教育面臨網路科技突飛猛進帶來
的大變局，牽動到清華學院的未來。剛才我參加視訊會議與台北連線的經驗是
畫質聲響都屬上乘，效果幾與我在現場無異，而現在透過網路已可收視到許多
精緻而免費的課程，尤其最近網路課程進展神速，美國史丹佛大學有些網路課
程更有線上做習題及相應測驗的設計，通過了才能收視下一課，據說純從網路
學習甚至比到課室上課效果好。如此發展，已不難想像以後至少基礎課程漸以
網路課程為主流。未來大學教育教師在課堂中授課的角色將會減輕，但同學一
同生活、學習成長與導師指引人生方向的重要性將日益突顯，這也是清華學院
的挑戰與機會。

剛才兩位導師都強調清華國學院揭櫫的「獨立的精神，自由的思想」，培
養獨立思想能力是清華學院重要目標。現世許多問題如傳統能源枯竭、地球暖
化、人口爆炸、核能安全，以至民生面對的都市重劃、油電價格以及學費等都
有多元面相，莫不需要多方了解思考才能面對價值判斷的難題。舉例而言，現
在社會上談核色變，對空氣中無所不在的射線深懷恐懼，不敢涉足任何有輻射
警示但實際安全的地方。本校一位年逾七十的教授，在輻射警示區實驗室進口
處裝了一部輻射劑量器，放心使用其實驗室多年無礙，親身證明恐懼的無稽。
慎思明辨之際，還要掌握事實。

清華學院在學校是一個實驗性的創舉，英國劍橋、牛津大學最早施行住宿
學院制度，已有幾百年歷史，仍在演變中。清華學院自創立迄今已近四年，可
以確定的是不會像清華國學院一樣只有四年壽命，同時目前學校也沒有計畫推
行到全校，這是基於「因材施教」的理念，學校提供的是機會，學院第三學期
的構想固然可豐富充實學習經驗，對有些自己課業尚顧不好的同學，可能是不
可承受之重。學校一直都在密切注視清華學院的發展，並深盼其成長茁壯，具
體成為清華的驕傲與招牌，未來是掌握在相關師生同仁手中。

最後向大家鄭重推介今天在場的本校駐校作家岳南先生巨著《南渡北
歸》，分三巨冊，長達一百二十萬字，是以民初到國共內戰告一段落時期學術
大師故事為主題的巨作。時報出版社為本套書所出專刊中，列舉二十八位學術

大師，其中至少有十九位為清華人。從一個清華人的觀點來看本書，感覺處處皆見清華人，遍地皆為清華事，情節扣人心弦。在岳南先生的引介下，去年十二月我有機會趁在北京清華舉辦「新竹清華日」之便，與編輯《清華名師風采》的名師後裔於北京清華園見面，發想邀請名師後裔來訪，經幾個月的努力，得以在校慶時舉辦別開生面與意義非凡的系列活動，在此也特別歡迎與感謝北京清華名師梁啟超、王國維、李濟、聞一多、夏鼐、周先庚及史國衡等先生後裔專程從大陸來到新竹清華園，讓本年校慶活動生色不少。

▲ ①大師必為名師，名師不必為大師
　②梁啟超先生的外孫女吳荔明教授發言

憶清華名師演講會致詞

2012年4月29日　星期日

　　很歡迎大家來參加今天的「憶清華名師」演講會；很感謝北京清華名師梁啟超、王國維、李濟、聞一多、夏鼐、周先庚及史國衡等先生後裔專程從大陸來台參加校慶活動，也特別感謝現居台北王國維先生女兒，百歲人瑞王東明女士以及梁啟超曾孫女，本校客座教授梁帆女士今天也共襄盛舉。

　　今年適逢兩岸清華永久共同校長梅校長逝世五十周年。梅校長最為人傳誦的一句話是：「大學者，有大師之謂也」。大師是一流大學的靈魂，有了大師，才能提供一流教育，吸引優秀學生，爭取教研資源，發揮社會影響力。梅校長在擔任教務長期間，正是清華成立國學院，震動學術界之際；梅校長於1931年起擔任校長，更積極延攬大師級學者使清華迅速成為頂尖名校，到1941年，清華三十年慶之時，已有「中邦三十載，西土一千年」之譽。梅校長於56年前在台灣創建新竹清華，也積極延攬名師，中研院李遠哲前院長在很多場合提及，當年最優秀的師資都集中在清華，而這個優秀的傳統也一直延續到現在。

　　去年六月岳南先生，也就是今天的主持人，出版新書《南渡北歸》，是以民初到國共內戰告一段落時期學術大師故事為主題的巨作。時報出版社為本套書所出專刊中，列舉二十八位學術大師，其中至少有十九位為清華人。從一個清華人的觀點來看本書，感覺處處皆見清華人，遍地皆為清華事，情節扣人心弦。很高興清華有機緣請到岳南先生為駐校作家，而在他的引介下，去年十二月趁在北京清華舉辦「新竹清華日」之便，與編輯「清華名師風采」的名師後裔於北京清華園見面，發想邀請名師後裔來訪，經幾個月的努力，得以在今天舉辦這別開生面與意義非凡的活動。名師後裔聚首清華，漫談先人風采，是一場豐盛的歷史饗宴。值得一提的是《清華名師風采》採錄原則，「生不立

傳」，若名師仍在世則不收錄。新竹清華相對年輕，但已造就很多大師，未來出一本《新竹清華名師風采》是可以期待的。

綜觀兩岸高等教育史，清華大師雲集，不僅璀璨杏壇，更有足以影響社會思潮的能力。清華百年風華，有大師前賢光耀，發揚光大是現今清華人的責任與使命。學校特別安排名師後裔來台活動，「尋清華源流，留世間絕響」，除撫今思古，從不同角度和眼光考察、檢驗清大，並給予師生、校友更大的鞭策和鼓勵，再樹典範，進而使清大的教育與學術水準不斷提升。

▲ 大學者，有大師之謂也

◀①名師後裔聚首清華，
　漫談先人風采，是一
　場豐盛的歷史饗宴
②101歲的王東明奶奶
　很有精神的回憶並訴
　說與父親的互動
③梁啟超先生的外孫女
　吳荔明女士與曾孫女
　梁帆女士在新竹清華
　相見，左一為岳南
　先生

「梁任公來台百年紀念會」致詞

2011年12月28日　星期三

今天很歡迎大家來參加「梁任公來台百年紀念會」。今年適逢民國百年、清大建校百年亦為梁任公來臺百年，是三個百年同慶的佳年，且均與清大有緣。大約兩、三個禮拜前，楊儒賓教授建議舉辦「梁任公來台百年紀念會」，並願配合捐贈有關梁任公來台珍貴文物，感謝圖書館與楊儒賓教授在很短的時間內，積極籌辦此次紀念會，如期在梁任公來台百年舉行，並展示梁任公主題館藏與珍貴文物。

民國3年梁啟超先生在清華的演講「君子論」，引用《易經》乾坤二卦卦辭「天行健，君子以自強不息；地勢坤，君子以厚德載物」來勉勵清華學生，後來濃縮為「自強不息，厚德載物」，成為代表清華的校訓與清華精神，民國14年清華大學國學院成立時，梁啟超先生與王國維、陳寅恪、趙元任先生並列為四大導師，震動中國學術界，也讓北大黯然失色。值得一提的是梁啟超先生哲嗣梁思成與梁思永先生均為清華人，而於民國37年同時當選為中央研究院首屆院士。梁氏一族與清華淵源深厚。

梁啟超先生是百科全書式學者，是百年來中國最重要的思想家、哲學家、教育家、史學家、文學家和、新聞出版家和政論家之一。二十二歲時，即領導「公車上書」，反對清廷簽訂《馬關條約》，二十五歲時，因參與戊戌變法失敗而流亡。一生除積極參與社會與政治改革運動，倡導新文化外，浸淫古今中外多家學說，文思泉湧，著作等身，最膾炙人口的是曾應邀為蔣百里先生《歐洲文藝復興時代》作序，寫成之後，序的篇幅和蔣百里書相當，於是以《清代學術概論》為題，單獨成書。日後更對《清代學術概論》作了重要的補充，出版《中國近三百年學術史》，計25萬餘字，反請蔣百里先生作序，一時傳為佳話。

梁啟超先生〈新民說〉、〈論新民為今日中國第一急務〉等宏文，曾有多篇載入台灣中學課本中。梁啟超先生以「飲冰室」為齋號。源自，《莊子‧人間世》中「吾朝受命而夕飲冰，我其內熱歟」，意為早上接受任命，晚上就得飲冰，以解心中之焦灼。梁啟超先生用此號表現出他一貫的憂國憂民之心。本人在新竹中學唸高一時，作文比賽忝得第一名，獎品即為一本《飲冰室文集》，可謂與梁啟超先生有特別緣分。梁任公百年前來台，對當時正在萌發的台灣民族民主運動以及文化及文學上，都產生相當的影響力。今天大家有幸共同慶三個光輝百年，也要感謝駐校作家岳南主講「梁啟超與西方科學」，台師大國文系許俊雅教授主講「百年之遊：梁任公來台始末」，本校客座教授亦即梁任公曾孫女梁帆女士參與，以最恰當的方式紀念梁任公來台百年。

◀紀念會海報

▲ 清大建校百年亦為梁任公來臺百年

▲ 楊儒賓教授捐贈有關梁任公來台珍貴文物

接待陳寅恪先生三位女公子與家屬致詞

2013年3月11日　星期一

很歡迎陳寅恪先生三位女公子與家屬今天到新竹清華訪問；1925年清華國學院成立時，延攬四大導師，震動學術界，並使清華從留美預備學校，一躍而為國內學術研究重鎮，而陳先生在四大導師中與清華淵源最深，是兩岸清華永久的驕傲。

在過去一年中，清華有許多活動與國學院四大導師有關，首先是大約在同時邀請到梁啟超先生曾孫女梁帆女士擔任本校客座教授以及岳南先生為駐校作家；岳南先生為大陸知名作家，先後著有《陳寅恪與傅斯年》（2009年，台北遠流）與《南渡北歸》（2011年，台北時報出版社）等大作；《南渡北歸》是以民初到國共內戰告一段落時期學術大師故事為主題的巨作。從一個清華人的觀點來看本書，感覺處處皆見清華人，遍地皆為清華事，情節扣人心弦，而對陳先生事蹟敘述尤多；其次是於去年校慶時，邀請北京清華名師後裔來訪，舉辦「憶清華名師」演講會與座談會，當時梁啟超與王國維等先生後裔都專程從大陸來台參加校慶活動，美中不足的是未能請到陳先生後裔共襄盛舉，今天一舉來了七位，是一個美麗的註腳；值得一提的是，去年校慶日當天，王國維先生的女兒，百歲人瑞王東明女士也從台北來參加「憶清華名師」演講會，開朗而健談，風靡全場；王女士的自傳已於不久前由「清華出版社」與「商務印書館」共同出版。

我在2010年初開始擔任清華校長，幾乎立即就積極籌備次年的百周年校慶活動；在各種與清華有關史料與書籍中，都常接觸到關於陳先生種種行述；除《陳寅恪與傅斯年》、《南渡北歸》外，尚有汪榮祖先生所著《史家陳寅恪傳（增訂版）》（1984年，聯經出版社）、劉克敵先生所著《陳寅恪與中國文化精神》（2009年，福建教育出版社）、葉紹榮先生所著《陳寅恪家世》（2009

年，中國文史出版社）等，陳先生學問博大精深，同時代人對陳先生的評價，遠高乎對他人的評價，如胡適先生稱：「寅恪治史學，當然是今日最淵博、最有識見、最能用材料的人。」傅斯年先生說：「陳先生的學問近三百年來一人而已。」在「文人相輕」的文史學界，極為罕見；同時王國維與陳先生兩位大師相知相惜，至為感人，兩人雖共處時間不長，王先生自沉後，陳先生所撰《清華大學王觀堂先生紀念碑銘》，揭櫫「唯此獨立之精神，自由之思想，歷千萬祀，與天壤而同久，共三光而永光」，與王先生一起永垂不朽。

當然也看到三位女公子同著的《也同歡樂也同愁——憶父親陳寅恪母親唐篔》（2010年，新知三聯書店），從書中，了解三位命名的由來，因與三位外曾祖父，唐景崧先生（曾任台灣巡撫）的淵源，流求為台灣古稱，小彭源自澎湖群島，均與台灣有密切關係，美延則出自《荀子》「得眾動天，美意延年」，並發現陳先生與唐篔女士的媒人，竟是我唸的小學——「新竹師範附屬小學」，即「竹師附小」，的校長高梓女士；高校長自1925年起擔任北京女子師範大學體育系主任，到台灣後決定「從根做起」，放棄教授與台中女中校長之職，成為台灣第一位國小女校長。以「健康快樂」為願景，注重學生體育與健康以及品德，讓「竹師附小」成為全台國小之典範，亦為台灣教育史上的一則傳奇。鑒於「竹師附小」的辦學成功，1955年教育部以「利一校不如利全體學校」概念，打動高校長出任「台灣省國民學校教師研習會」主任，達十四年之久，所以高校長有「老師的老師」之稱，與陳先生為「教授的教授」遙相呼應；高校長在1997年以96高齡辭世，令人懷念不已；今在書中看到故人年輕時的行誼，倍感親切；三位在清華園長大，也是清華的故人，見故人而思故人，也是有緣。

清華在去年辦理與陳先生同事多年的梅貽琦校長逝世五十周年紀念活動；在紀念會上有人提及陳先生對梅校長的讚賞：「假使一個政府的法令，可以和梅先生說話那樣謹嚴，那樣少，那個政府就是最理想的。」等一下大家將會前往梅校長墓園，紀念梅校長與陳寅恪先生以及與諸位的因緣；中午時用餐的餐廳後棟建築，將於近日完工，目前有「名人堂」及其周邊「名人園」的構想，梅校長與四大導師雕像都在規劃之中，未來陳先生與梅校長雕像將長伴清華園中，屆時當邀請諸位陳先生至親光臨開幕式，為清華留下永久紀念；最後要感謝台灣大學圖書館林光美副館長玉成陳先生三位女公子與家屬到清華訪問，下

午希望大家有時間到上星期一才啟用的新圖書館參觀；陳先生學富五車，博聞強記，引經據典，讓人折服；在今日資訊科技突飛猛進時代，大師們如何治學，是很令人好奇與值得深思的問題。

▼ ①陳寅恪先生是兩岸清華永久的驕傲
　②清華大學接待陳寅恪先生後裔與家屬，當日與來賓合影

馬約翰教授誕辰130周年紀念會致詞

2012年12月9日　星期日

　　今天是抱著感謝與感動的心情來參加「馬約翰教授誕辰130周年紀念會」，今早先在馬教授的出生地鼓浪嶼參加馬約翰新銅像揭幕、馬約翰紀念館揭牌儀式；以及將鼓浪嶼人民體育場加掛「馬約翰體育場」銘牌揭牌儀式，另外欣見清華校友總會採編的《體壇宗師——清華師生記憶中的馬約翰》一書已由清華大學出版社出版。在感謝馬約翰教授對清華與中國體育的貢獻之餘，也要感謝許多對此次一系列活動盡心盡力的單位與個人。

　　清華大學一百年前在北京建校，各領域中大師鴻儒無數，但在校友心目中貢獻最大的教師，一定包括長期任體育部主任的馬約翰教授。馬教授是清華大學最負盛名的體育精神人物，工作了整整52年，將體育運動的精神帶給了清華。他按照規定每天下午從教室中將悶頭讀書的同學趕出來鍛鍊身體，從而形成了清華的「強迫運動」、「五項測驗」，「體育不及格不准畢業」等傳統，至今每年一度的北京清華大學校運動會即以馬約翰命名。馬教授同時是中國現代體育事業的開拓者和體育教育的奠基人，對中國體育事業作出了突出貢獻，是體育界的光輝旗幟。

　　1928年馬約翰教授與郝更生教授等主辦「清華暑期體育學校」，當時清華在國內大學體育最具優勢，思以貢獻於國人，利用暑期舉辦「清華暑期體育學校」，以後續辦共三期，培養全國男女學員三百人，對當時中國體育教育的提倡與推動有很大的貢獻；因此對體育的重視，是清華傳統。值得一提的是「清華暑期體育學校」第一任校長是梅貽琦校長，當時他是清華代理校長；很多人都知道梅校長自美學成返國後，雖一直在清華任教，擔任過與清華一體的三所一流大學的校長；可能比較不知道的是他1916年曾任清華教職員籃球隊隊長，「清華暑期體育學校」是他擔任的第一個校長職務，1931年他正式擔任清華校

長，與馬約翰教授合作打造清華為「體育大校」。

　　1956年，梅貽琦校長在台灣建立新竹清華，第一任體育組主任是1934年曾以清華學生身分參加全國運動會，獲男子十項全能和鐵餅冠軍的張齡佳教授，他對校內體育措施建立與優良傳統貢獻至鉅，至今為畢業校友津津樂道。多年來，運動會與梅竹賽均為年度盛事。今年由校友捐贈的多功能體育館「校友體育館」已完成啟用，大幅度充實本校體育設施，前景可期，因此新竹清華同樣有重視體育運動的傳統。

　　梅校長在〈清華大學與通才教育〉一文中，闡述體育的重要。很多校友在其回憶文章中常會詳述清華大學對體育特別注重的情狀；新竹清華五十六年前在梅貽琦校長領導下，強調學子要有健全體魄，才能擔負艱鉅工作；多年來校園體育風氣蓬勃發展；今年更獲頒教育部101年度大專組體育績優學校獎座。該獎項是教育部每年度由全國162所大專校院中，評選兩所學校獲獎。新竹清華能脫穎而出，除了學校慣有的靈活策略成功推行體育政策，而教師、職員、學生們向來重視體育發展，對於各項體育活動都能團結合作共同達成也是重要的因素。獲獎不僅是肯定學校體育的發展，更是肯定清華向來堅持德、智、體、群、美五育均衡發展的教育理念。

　　今天也很高興看到馬約翰先生哲孫馬迅教授參與盛會；馬迅教授繼承先祖衣缽，擔任體育教授，專長為韻律操，新竹清華「校友體育館」內包括一間韻律操練習場，我已面邀馬迅教授到校指導，屆時將是一個弘揚馬約翰精神的好機會。

◀ 於鼓浪嶼參加馬約翰新銅像揭幕、
　馬約翰紀念館揭牌儀式

馬約翰教授紀念會致詞

2013年5月3日　星期五

　　很歡迎馬迅教授、紀政榮譽博士與多位體育界先進蒞臨清華參加馬約翰教授紀念會；去年十二月九日，我應邀到廈門參加「馬約翰教授誕辰130周年紀念會」，先在馬教授的出生地鼓浪嶼參加馬約翰新銅像揭幕、馬約翰紀念館揭牌儀式；以及將鼓浪嶼人民體育場加掛「馬約翰體育場」銘牌揭牌儀式，另外欣見清華校友總會採編的《體壇宗師——清華師生記憶中的馬約翰》一書由北京清華大學出版社出版；在活動中，很高興的見到馬教授哲孫馬迅教授，知道馬迅教授也是體育名家，當即邀請馬迅教授能到新竹清華訪問，是今天盛會結緣之始。

　　馬教授原定到校參加校慶，因為須代表大陸到國外參加會議，延了約一週才能來台，巧在本校在昨天閉幕的大專運動會上大放異采，以十六金、三銀、九銅（田徑5金2銀1銅、游泳5金1銀3銅、桌球4金3銅、網球2金1銅、體操1銅），勇奪一般組（無體育系所院校）冠軍，戰果輝煌，再加上在大專聯賽一般組得到冠軍的棒球與足球隊，是新竹清華校史上最佳戰績，是名副其實的體育大校；同時清華在去年更獲頒教育部101年度大專組體育績優學校獎座。該獎項是教育部每年度由全國162所大專校院中，評選兩所學校獲獎。新竹清華能脫穎而出，除了學校慣有的靈活策略成功推行體育政策，而教師、職員、學生們向來重視體育發展，對於各項體育活動都能團結合作共同達成也是重要的因素。

　　新竹清華是體育大校，與北京清華早在馬約翰教授領導下建立注重體育傳統有密切關係。清華大學一百零二年前在北京建校，各領域中大師鴻儒無數，但在校友心目中貢獻最大的教師，一定包括長期任體育部主任的馬約翰教授。馬教授是清華大學最負盛名的體育精神人物，工作了整整52年，將體育運動的

精神帶給了清華。他按照規定每天下午從教室中將悶頭讀書的同學趕出來鍛鍊身體，從而形成了清華的「強迫運動」、「五項測驗」，「體育不及格不准畢業」等傳統，至今每年一度的北京清華大學校運動會即以馬約翰命名。馬教授同時是中國現代體育事業的開拓者和體育教育的奠基人，對中國體育事業作出了突出貢獻，是體育界的光輝旗幟。

馬約翰教授與梅貽琦校長長期合作打造北京清華為「體育大校」；1956年，梅貽琦校長在台灣建立新竹清華，強調學子要有健全體魄，才能擔負艱鉅工作；第一任體育組主任是1934年曾以清華學生身分參加全國運動會，獲男子十項全能和鐵餅冠軍的張齡佳教授，他對校內體育措施建立與優良傳統貢獻至鉅，至今為畢業校友津津樂道。因此新竹清華同樣有重視體育運動的傳統；曾在清華授課的美學大師朱光潛在〈談體育〉一文中，認為在教育中，德、智、美育為心智教育，體育除健身強體外，也是群育最好工具，在團體運動中培養合作互動、尊重紀律精神，同時生命是有機體，身心平衡與健全息息相關；有健康的身體，聰明智慧才能發展到最高度，具有和善性情與正面人生觀以及努力所需堅強意志、蓬勃的生命力，他並舉在滑鐵盧戰勝拿破崙的威靈頓名言「我的勝利，是在學校運動場打出來的」，強調體育的重要；歷年來清華校友表現不凡，應與校園體育風氣蓬勃有關。

昨天也知道馬迅教授尊翁馬啟偉先生曾是大陸連拿三屆世界冠軍女排教練，馬迅教授繼承先祖衣缽，擔任體育教授，專長為韻律操，也曾擔任大陸國家代表隊教練，其夫人也曾是韻律操國家代表隊選手，一門三代皆奉獻體育界；此次來校訪問，適逢清華由校友捐贈的多功能體育館「校友體育館」完成啟用不久，而「校友體育館」內包括一間韻律操練習場，據知今早曾安排馬迅教授，在「校友體育館」指點要訣，嘉惠學子，時地兩宜，別具意義，是最佳紀念並傳承馬約翰教授精神方式。

▲ ①與馬迅先生合影
　②兩岸清華同樣有重視體育運
　　動的傳統
　③馬約翰教授紀念座談會活動
　　海報

「清華校史上的政治學人」演講致詞

2013年4月28日　星期日

　　很感謝北京清華大學政治系張小勁主任到校作「清華校史上的政治學人」演講；清華校史上出過許多傑出人才，「清華人」是我這幾年很有興趣探討的題目，所以接到邀請時，不禁眼睛一亮，今天見到張教授，也有遇到知音的感覺。

　　在本年校慶時談「清華校史上的政治學人」具有特別意義，清華與民國同壽，整個清華史與民國史就息息相關；眾所周知，清華是運用美國退還多要的「庚子賠款」建立的，根據官方文書，1907年12月，老羅斯福（Theodore Roosevelt）總統在致國會的咨文中，要求國會授權退還多要的中國庚子拳亂賠款（庚款），作為中國人的教育費用。在他的努力下，這項提案在國會順利通過。到了1908年，羅斯福簽署法案，退還了庚款，主要用在興辦清華學堂，支持中國官派留美學生；而庚款之退還與用於教育，牽涉晚清三位極重要的政治人物，分別是慈禧太后、袁世凱與張之洞。

　　慈禧太后早年在清咸豐帝病逝於熱河夏宮後，以雷霆之勢，拔除了肅順等權臣，逐漸獨攬大權，在同治、道光兩朝呼風喚雨，但中國卻無力抵制歐洲強權，甚至敗於新興的日本之手；戊戌政變雖似鬧劇一場，也增加對外國強權的疑懼，終於導致「義和團拳亂」，幾致亡國，所以在中國歷史上，慈禧是典型的反面人物；但她在其後發動外交攻勢，包括熱情款待來華訪問的美國老羅斯福總統愛女愛麗思羅斯福（Alice Roosevelt），與美國老羅斯福總統交好，應與美國最終退還庚款不無關係，歷史的吊詭，莫盡於此；至於袁世凱，時任軍機大臣，曾欲用庚款為其他用途，幸得1905年至1909年任美國駐華大使的柔克義（William Woodville Rockhill）先生，成功協助清廷駐美公使梁誠先生堅持將美國退還多索的庚款作為教育之用，才沒有得逞。另一方面，當年署理留學

生出國的大臣張之洞主張選送的學生要具備深厚的國學根基，而後來這些直接留美生學成返國後，許多成為各行業的領袖，與他們具有卓越識見與善於表達應有密切關係。

曾任西南聯大常務委員，前北京大學校長蔣夢麟先生在《西潮》一書中曾回憶：中日甲午戰爭後，中國力求追隨日本而發憤圖強，日本成為中國人的偶像，留日學生一度高達五萬人，而到歐美留學的很少；但不久發現，日本值得效法的東西多是從歐美學習而來，巧在美國退還庚款，中國利用庚款選派了許多留美學生，而在學成歸國的留美學生人數逐漸增加之後，開始掌握政府、工商業以及教育界許多重要職位；據統計，由庚款選派出國的「清華人」超過一千人，對中國現代化發揮了巨大的影響力；另一方面，北京清華名師後裔在一百年底編輯出版了《清華名師風采》，包括文科卷、理科卷與工科卷三巨冊，收錄名師117人，長達兩千餘頁；因此談起「清華人」，有「五四以前及以後對中國思想界影響最大分別是梁啟超與胡適先生」，兩人著述全集分別達一千四百萬字與一千八百萬字；陳寅恪先生被譽為「三百年來史學第一人」，王國維先生學術成就「幾若無涯岸之可望、轍跡之可尋」；趙元任先生「中國語言學百年第一人」；馮友蘭先生「中國哲學百年第一人」，兩岸清華永久校長，梅貽琦校長是民國以來有數的偉大教育家；吳國楨與孫立人校友，對台灣在關鍵時期社會政治、軍事局勢發揮了中流砥柱的作用；在我國駐美大使中，知名度最高，貢獻最大的胡適、葉公超、蔣廷黻先生；得到諾貝爾物理獎的楊振寧、李政道先生，化學獎的李遠哲先生；台北市設立紀念傑出文學家故居包括的胡適、林語堂、錢穆、梁實秋、殷海光諸先生；大陸中國物理學會為紀念五位對中國物理發展最有貢獻的物理學界前輩，設立的胡剛復、饒毓泰、葉企孫、吳有訓、王淦昌物理學獎等等，如果開一門「清華人」的課，恐怕是沒完沒了！今天張小勁主任到校作「清華校史上的政治學人」演講，將讓我們更多了解清華政治學人的事蹟與作為，為「清華人」增添新章，也希望更多的清華人如張教授一樣致力於弘揚清華精神。

▲ 清華政治學人的事蹟與作為,為「清華人」增添新章

國家圖書館出版品預行編目

一個校長的思考. 一：教育的職業與志業-清華文史與校務 / 陳力俊著. -- 臺北市：致出版，2018.09
　面；　公分
　ISBN 978-986-96827-1-8(平裝)

1. 教育　2. 文集

520.7　　　　　　　　　　　　107015146

一個校長的思考（一）

教育的職業與志業——清華文史與校務

作　　者／陳力俊

編　　輯／黃鈴棋

出版策劃／致出版

製作銷售／秀威資訊科技股份有限公司

　　　　　114 台北市內湖區瑞光路76巷69號2樓

　　　　　電話：+886-2-2796-3638

　　　　　傳真：+886-2-2796-1377

網路訂購／秀威書店：https://store.showwe.tw

　　　　　博客來網路書店：http://www.books.com.tw

　　　　　三民網路書店：http://www.m.sanmin.com.tw

　　　　　金石堂網路書店：http://www.kingstone.com.tw

　　　　　讀冊生活：http://www.taaze.tw

出版日期／2018年9月　　　定價／500元

致 出 版　　　　　　　　　向出版者致敬